COCO CHANEL

HAL VAUGHAN

COCO CHANEL

Sypiając z wrogiem

Przełożyła HANNA PAWLIKOWSKA-GANNON

WYDAWNICTWO MARGINESY

Książka dedykowana jest
tym wszystkim Francuzom i Francuzkom,
którzy nawet uginając się pod jarzmem nazistów,
nie godzili się na kolaborację.

Oczywiście dedykowana jest również
Phuong, jak zawsze.

Pilno mi usłyszeć
Dzieje twojego życia – nadzwyczajna
Musi to być opowieść.

W. SHAKESPEARE, BURZA
przekład Stanisław Barańczak

PROLOG

Błyszczy mimo wieku, jest jedynym niewygasłym wulkanem Owernii... najbardziej błyskotliwa, najbardziej porywcza, najcudowniej nieznośna ze wszystkich kobiet[1].

Ledwie ciało Gabrielle Chanel spoczęło w specjalnie zaprojektowanym grobowcu w szwajcarskiej Lozannie[2], a już Paryż ogłosił, że pierwsza dama Francji, klientka i admiratorka Chanel, żona prezydenta Georges'a Pompidou otworzy w stolicy, w październiku 1972 roku oficjalną wystawę poświęconą życiu i pracy projektantki. Trochę wcześniej Hebe Dorsey, legendarna redaktorka działu mody w „International Herald Tribune", donosiła, że „uroczystość ku czci Chanel" prawdopodobnie w ogóle się nie odbędzie, w najlepszym razie zostanie przełożona na później. Dorsey zapowiedziała, że redaktor „Paris Match" Pierre Galante wkrótce ujawni szokujące dokumenty z archiwów francuskiego kontrwywiadu. Sugerowała, że w czasie niemieckiej okupacji Paryża Chanel romansowała z baronem Hansem Güntherem von Dincklage, „niebezpiecznym współpracownikiem niemieckiego wywiadu, najpewniej agentem gestapo"[3].

Chanel, uosobienie dobrego smaku Francji, w łóżku z niemieckim szpiegiem czy jeszcze gorzej, z agentem znienawidzonego gestapo? Dla Francuzów, zwłaszcza dla francuskich Żydów, weteranów ruchu oporu czy ocalałych z obozów koncentracyjnych, osoby współpracujące z Niemcami to byli pariasi, niezasługujący nawet na oplucie. Prawda, że przez lata modny Paryż plotkował o Chanel zabawiającej się w czasie okupacji z niemieckim kochasiem znanym jako Spatz – po niemiecku to znaczy „wróbel" – w eleganckim hotelu Ritz, gdzie nazistowskim szychom typu Hermanna Göringa czy Josepha Goebbelsa nadskakiwał szwajcarski zarząd. Ale gestapo? Czyż Chanel nie ubierała pani Pompidou? Czyż nie była przyjmowana w Pałacu Elizejskim? Czy taka ikona francuskiej socjety mogłaby pójść do łóżka z „niemieckim szpiegiem"? Trudno w to uwierzyć. Chociaż dziesiątki tysięcy kolaborujących Francuzów i Francuzek uniknęło kary, to dobrowolne dzielenie łoża i pomaganie niemieckiemu oficerowi w 1972 roku jeszcze pachniało zdradą. A ten związek trwał ponad dziesięć lat, co skłoniło jednego z obserwatorów do rozważań, czy Chanel „interesowała się choć trochę ideologią, czy po prostu chciała być kochana, a całą politykę miała w nosie"[4].

Trudno było wybrać gorszy moment na państwowe obchody upamiętniające życie i osiągnięcia Chanel. Amerykański wydawca Alfred A. Knopf opublikował właśnie *Vichy France. Old Guard and New Order, 1940–1944* (Francja Vichy. Stara gwardia i nowy porządek, 1940–1944) amerykańskiego historyka Roberta O. Paxtona. To studium reżimu Vichy marszałka Philippe'a Pétaina wprawiło w zakłopotanie wielu francuskich uczonych, zwłaszcza że wyprzedziło ich rodzime prace akademickie na ten temat. W swojej książce, opracowanej na podstawie materiałów z archiwów niemieckich, jako że rząd francuski zamknął dostęp do archiwów Vichy, Paxton udowadniał, że kolaboracja Pétaina z nazistami była całkowicie dobrowolna, a nie wymuszona na rządzie Vichy siłą[5].

Dla politycznej przyszłości Pompidou na dwadzieścia cztery miesiące przed wyborami i dla firmy Chanel, której założycielka miała rzekomo powiązania z gestapo, odłożenie „uroczystości ku czci Chanel" było jedynym możliwym rozwiązaniem. Zwłaszcza że również w biografii autorstwa Pierre'a Galante'a, która miała się ukazać w Paryżu i Nowym Jorku, znajdowały się solidne dowody tej kolaboracji. Galante, były bojownik ruchu oporu i małżonek angielskiej aktorki Olivii de Havilland, twierdził, że jego informacje pochodzą ze źródeł francuskiego kontrwywiadu.

O książce mówił cały Paryż, jeszcze zanim się ukazała. Edmonde Charles-Roux, powieściopisarka wyróżniona Nagrodą Goncourtów, była oburzona rewelacjami Galante'a. Uznała jego twierdzenia za nonsensowne: „[Dincklage]* nie był w gestapo"[6]. Utrzymywała, że Spatza i Chanel łączyła „miłosna przyjaźń". (Madame Charles-Roux także pisała biografię Chanel i raczej nie miała dostępu do źródeł Galante'a).

Marcel Haedrich, wcześniejszy biograf Chanel, twierdził, że Spatz był po prostu bon vivantem, który „kochał jedzenie, wino, cygara i ładne ubrania [...] a dzięki Chanel miał łatwe życie [...] czekał na nią w salonie, całował ją w rękę i szeptał: «jak się dzisiaj miewasz»"[7]. A ponieważ rozmawiali po angielsku, mogła powiedzieć: „On nie jest Niemcem, jego matka była Angielką"[8].

We wrześniu 1972 roku na pytanie nowojorskiej gazety przemysłu tekstylnego „Women's Wear Daily": „Czy Chanel, największa paryska krawcowa, była rzeczywiście agentką gestapo?", Charles-Roux odpowiedziała: „[Dincklage] nie był w gestapo. Był związany z tutejszą komisją [w Paryżu] i dostarczał informacji. To brudna robota. Musimy jednak pamiętać, że trwała wojna, a on miał nieszczęście być Niemcem". Wiele lat później Charles-Roux dowiedziała się, że została wprowadzona w błąd, skołowana przez Chanel i jej prawnika, René de Chambruna[9].

Wyzwolenie Paryża w sierpniu 1944 roku zaczęło się od krwawych walk ulicznych. Niemieckie wojsko starło się z niechlujną, obdartą bandą partyzantów generała Charles'a de Gaulle'a, zwaną Forces Françaises de l'Intérieur (Francuskie Krajowe Siły Zbrojne – FFI). Chanel nazwała ich Fifikami. Dołączyli do nich partyzanci komunistyczni, Franc-Tireurs et Partisans (Wolni Strzelcy i Partyzanci – FTP) i funkcjonariusze policji w cywilu. Niektórzy

* Wszystkie przypisy nieopisane inaczej pochodzą od Autora.

bojownicy ruchu oporu stawali przeciw Niemcom uzbrojeni tylko w lekką broń policyjną, inni mieli rewolwery i karabiny z pierwszej wojny; nieliczni dysponowali koktajlami Mołotowa i bronią zabraną poległym szkopom. Do partyzantki należało wielu studentów, podwijali rękawy na chudych rękach, na nogach mieli sandały. Opaski FFI, FTP i policji zastępowały mundury.

W ostatnim tygodniu sierpnia paryskie powstanie wsparła wyekwipowana przez Amerykanów i dowodzona przez generała Leclerca (wojenny pseudonim Philippe'a de Hauteclocque'a) Armia Wolnych Francuzów i niemiecki garnizon skapitulował. Po czterech latach brutalnej okupacji Paryż był wolny. Nie groziły już aresztowania, tortury i deportacje do obozów koncentracyjnych. Biły kościelne dzwony, brzmiały gwizdki, ludzie tańczyli na ulicach. Oprócz niektórych prowincji, jak Alzacja i Lotaryngia, kraj znalazł się we władzy Wolnych Francuzów generała de Gaulle'a.

W końcu sierpnia naród ogarnęła żądza zemsty. Doszły do głosu wstyd, ukrywany strach, nienawiść i frustracja. Żądni zemsty obywatele przeczesywali ulice francuskich miast i miasteczek. Karano winnych, a także wielu niewinnych, załatwiając przy okazji prywatne porachunki. Pobito wielu rzekomych kolaborantów, niektórych zamordowano. „Horyzontalne kolaborantki" – kobiety i dziewczyny, o których wiadomo było, że sypiały z Niemcami – włóczono po ulicach. Nielicznym wypalono na ciele swastykę, wielu ogolono głowy. Cywilnych *collabos* – nawet lekarzy, którzy leczyli szkopów – rozstrzeliwano bez ostrzeżenia. Szczęśliwcy trafili do więzienia, mieli być sądzeni za zdradę w późniejszym terminie. W końcu żołnierze generała de Gaulle'a i wyznaczeni przez niego tymczasowi sędziowie pokoju położyli kres tej bratobójczej wojnie.

Chanel, dwudziestowieczny *monstre sacré* mody, znalazła się wśród tych, których miała dosięgnąć zemsta. Francuzi nazywali to *épuration* – czystką, przemyciem ran Francji po śmierci i cierpieniach tak wielu obywateli pod rządami nazistów.

Parę dni po wyjściu z Paryża ostatniego żołnierza niemieckiego Chanel pospieszyła, by rozdawać amerykańskim szeregowym flakony Chanel No 5. I wtedy zaaresztowały ją Fifiki. Zadziorni młodzi ludzie zaprowadzili ją do kwatery głównej FFI na przesłuchanie.

Chanel wypuszczono po kilku godzinach, uratowała ją interwencja Winstona Churchilla za pośrednictwem Duffa Coopera, brytyjskiego ambasadora przy francuskim rządzie tymczasowym de Gaulle'a[10]. Kilka dni później uciekła do Lozanny w Szwajcarii, gdzie po jakimś czasie dołączył do niej Dincklage, nadal przystojny czterdziestoośmioletni mężczyzna. Chanel miała lat sześćdziesiąt jeden.

Rząd de Gaulle'a wkrótce polecił sędziom z Ministerstwa Sprawiedliwości utworzenie specjalnych sądów do przeprowadzenia procesów osób podejrzanych o pomaganie reżimowi nazistów, które zgodnie z kodeksem karnym Francji było przestępstwem. Jako jedni z pierwszych na ławie oskarżonych zasiedli szef reżimu Vichy Philippe Pétain i jego premier Pierre Laval. Obydwóch uznano winnymi zdrady i skazano na śmierć. De Gaulle ocalił Pétaina ze względu na zaawansowany wiek, ale Lavala rozstrzelano.

Podczas powojennego procesu rozliczeń francuskie sądy wojskowe i cywilne przeprowadziły 160 287 spraw, procesów i przesłuchań. Chociaż 7037 osób skazano na śmierć, wykonano zaledwie około 1500 egzekucji. Pozostałym zamieniono karę śmierci na więzienie[11].

Upłynęły prawie dwa lata od wyzwolenia, zanim francuski sąd wydał „pilny" nakaz sprowadzenia Chanel przed oblicze władz. Szesnastego kwietnia 1946 roku sędzia Roger Serre polecił policji i francuskim patrolom straży granicznej doprowadzić ją do Paryża na przesłuchanie. Miesiąc później zlecił pełne śledztwo dotyczące jej wojennej działalności. Ale to nie relacja Chanel z Dincklagem zwróciła uwagę Serre'a. Sędzia odkrył, że

Chanel współpracowała z niemieckim wywiadem wojskowym i działała w parze z francuskim zdrajcą, baronem Louisem de Vaufrelandem. Policja francuska zidentyfikowała barona jako złodzieja i niemieckiego agenta z okresu wojny, określanego w dokumentach niemieckiej Abwehry jako *V-Mann*[12], co w żargonie gestapo i niemieckiego wywiadu oznaczało zaufanego agenta.

Serre miał czterdzieści osiem lat[13] i ponaddwudziestoletnie doświadczenie zawodowe. Maglował Vaufrelanda miesiącami. Od funkcjonariuszy francuskiego wywiadu dowiedział się, w jaki sposób Chanel i Vaufreland współdziałali z niemiecką armią. Jak przystało na sumiennego śledczego, powolutku zdobywał szczegóły rekrutacji Chanel na agentkę Abwehry, jej współpracy z Vaufrelandem, wyjazdu do Madrytu w 1941 roku w towarzystwie niemieckiego szpiega w misji zleconej przez Abwehrę[14].

Podczas przesłuchań i składania zeznań Chanel utrzymywała, że opowieści Vaufrelanda to „fantazje". Jednak francuska policja i dokumenty sądowe mówią co innego: kiedy latem 1941 roku bojownicy francuskiego ruchu oporu strzelali do Niemców, Chanel została zwerbowana jako agentka Abwehry[15]. Na pięćdziesięciu stronach bardzo szczegółowo opisano, jak z zaufanym agentem Abwehry F-7117 – baronem Louisem de Vaufrelandem Piscatory połączył ją w parę niemiecki agent, porucznik Hermann Niebuhr alias doktor Henri Neubauer. Latem 1941 roku Chanel i Vaufreland udali się do Hiszpanii ze szpiegowską misją dla niemieckiego wywiadu wojskowego. Zadaniem Vaufrelanda było wytypowanie mężczyzn i kobiet, których można by zwerbować lub przymusić do szpiegowania na rzecz nazistowskich Niemiec. Chanel, która za pośrednictwem księcia Westminsteru Hugh Grosvenora poznała sir Samuela Hoare'a, brytyjskiego ambasadora w Hiszpanii, miała być przykrywką dla działalności Vaufrelanda.

Należy wątpić, czy sędzia Serre kiedykolwiek dowiedział się wszystkiego na temat kolaboracji Chanel z nazistowskim reżimem. Mało prawdopodobne, by czytał raport brytyjskiego wywiadu dokumentujący to, co w 1944 roku powiedział funkcjonariuszom MI6 hrabia Joseph von Ledebur-Wicheln, agent Abwehry i zdrajca. W dokumentach jest opowieść Ledebura o tym, jak Chanel i baron von Dincklage jechali w 1943 roku do zbombardowanego Berlina, by oferować usługi Chanel jako agentki reichsführerowi SS Heinrichowi Himmlerowi. Ledebur wyjawił także, iż Chanel po odwiedzeniu Berlina podjęła drugą misję i pojechała do Madrytu na polecenie brigadeführera SS Waltera Schellenberga, szefa wywiadu SS. Serre nigdy nie odkrył, że Dincklage od zakończenia pierwszej wojny światowej był oficerem niemieckiego wywiadu wojskowego, agentem Abwehry F-8680[16], nie poznał rozmiarów kolaboracji Chanel z nazistami w okupowanym Paryżu ani nie dowiedział się, że była płatną agentką Waltera Schellenberga. Nie miał pojęcia, że Dincklage pracował we Francji dla Abwehry i gestapo, a nie tylko dla Abwehry w Szwajcarii i później, podczas okupacji Paryża[17].

METAMORFOZA – GABRIELLE PRZEMIENIA SIĘ W COCO

Jeśli urodziłeś się bez skrzydeł, nie rób niczego,
co przeszkodzi im wyrosnąć...
Wstawaj wcześnie, pracuj ciężko.
To ci nie zaszkodzi, umysł będzie zajęty, a ciało aktywne...[1]

COCO CHANEL

Gabrielle Chanel, uosobienie francuskiego szyku, urodziła się w przytułku dla ubogich w Saumur, we francuskim Kraju Loary, w upalne sierpniowe popołudnie 1883 roku; pochodziła z chłopskiej rodziny, która mieszkała na skraju lasu kasztanów w Cévennes, a gdy zaraza zbożowa zniszczyła jej pola, zajęła się handlem obwoźnym. Przy urodzeniu nazwisko Gabrielle zapisano jako „Chasnel". Może pomylił się urzędnik, a może, co bardziej prawdopodobne, był to zapis rodowego nazwiska, według dawnej ortografii. (Owo dodatkowe „s" narobiło zresztą kiedyś trochę zamieszania w papierach policyjnych[2]).

Matka, Jeanne Devolle, w chwili urodzenia Chanel niezamężna, dopiero kilka lat później poślubiła jej ojca, domokrążcę Alberta Chanela. Przez dwanaście lat do śmierci Jeanne rodzina złożona z trzech córek – Julie-Berthe, Gabrielle i Antoinette – oraz dwóch braci, Alphonse'a i Luciena, podróżowała wraz z Albertem konnym wozem, którym jeździł z towarem od jednego targowego miasteczka do drugiego. Pomieszkiwali to tu, to tam w nędznych kwaterach. Jeanne zmarła w 1895 roku, mając zaledwie trzydzieści trzy lata.

Po jej śmierci Albert umieścił obu synów na farmie jako parobków, a dwunastoletnią Gabriellę i jej dwie siostry wysłał w ponury region Corrèze w centralnej Francji. I tam w przyklasztornym sierocińcu Aubazine'a, ufundowanym w XII wieku przez Étienne'a d'Aubazine, siostry Chanel zostały podopiecznymi katolickich zakonnic.

Wiele lat później, zastanawiając się nad swoją przeszłością, Chanel wspominała: „Od najwcześniejszego dzieciństwa miałam pewność, że zabrano mi wszystko, że jestem martwa. W życiu można umierać niejeden raz"[3].

Żaden z jej biografów nie rozważał, jak życie w klasztorze wpłynęło na Chanel. Ona sama nigdy nie mówiła o tym okresie swego życia, o długich latach katolickiej dyscypliny, o ciężkiej pracy i skromnej egzystencji. W tamtych czasach doktryna katolicka kładła nacisk na grzech, pokutę i odkupienie. Wiemy też, że na przełomie XIX i XX stulecia instytucje takie jak Aubazine indoktrynowały katolicką młodzież w nienawiści do Żydów. Chanel nie była wyjątkiem. Często zdarzały jej się antysemickie wybuchy. Znany francuski autor i redaktor francuskiego magazynu mody „Marie Claire" Marcel Haedrich przytacza rozmowę z Chanel na temat swojej książki *And Moses Created God* (I Mojżesz stworzył Boga). Chanel zapytała Haedricha: „Dlaczego Mojżesz? Chyba nie wierzysz, że te stare historyjki jeszcze kogoś interesują? A może masz nadzieję, że Żydom się spodoba ta opowieść? I tak nie kupią twojej książki!"[4]. Kiedy rozmowa zeszła na nowe butiki z modnymi ubraniami, które wyrastają w Paryżu jak grzyby po deszczu, Chanel oznajmiła: „Boję się tylko Żydów i Chińczyków, ale Żydów bardziej"[5]. Haedrich stwierdził: „Antysemityzm Chanel przejawiał się nie tylko w jej wypowiedziach, był pełen pasji, staroświecki i żenujący. Jak wszystkie dzieci z jej pokolenia uczyła się katechizmu, a czyż to nie Żydzi ukrzyżowali Jezusa?".

Chrześcijanie utrzymywali przez stulecia, że to Żydzi zabili Chrystusa. Od czasów średniowiecza Europejczycy głosili, że „Żydzi przynoszą nieszczęście", i nie dopuszczali ich do wolnych zawodów i korporacji. Żydzi w czasach szekspirowskich mieli zakaz wjazdu do Anglii, stali niżej w hierarchii społecznej, nadawali się jedynie do zbierania podatków, a nie było to zajęcie, które zaskarbiałoby im sympatię chłopskich rodzin, takich jak Chanelowie. Później naziści, ale też zupełnie z nimi niezwiązani mieszkańcy Europy gorąco wierzyli w judeo-bolszewicki spisek i obwiniali Żydów o wymyślenie komunizmu.

W wieku lat osiemnastu Chanel przeniosła się na katolicką pensję dla dziewcząt w Moulins. W tym czasie Francuzi nadal dyskutowali nad sprawą Dreyfusa, skandalem, który podzielił Francję na niemal całe dziesięciolecie. Chodziło o aresztowanie w 1894 roku, proces i skazanie na podstawie fałszywych oskarżeń o zdradę kapitana Alfreda Dreyfusa, młodego oficera francuskiej kawalerii alzacko-żydowskiego pochodzenia. Po wyroku Dreyfusa wywieziono do kolonii karnej na Wyspę Diabelską w Gujanie Francuskiej, później proces powtórzono i w końcu w 1906 roku został oczyszczony z zarzutów. Przywrócony w szeregi francuskiej armii w randze majora Dreyfus służył z honorem podczas pierwszej wojny światowej i w 1919 roku odszedł na emeryturę w stopniu podpułkownika.

Sprawa Dreyfusa obnażyła gorące antysemickie nastroje i decydującą rolę Kościoła katolickiego oraz sprzymierzonych z nim monarchistów i nacjonalistów w ich podsycaniu. Kiedy nastoletnia Chanel przebywała w klasztorze, a następnie katolickiej społeczności Moulins, „antysemityzm był w pełnym rozkwicie". Popularny dziennik katolickich asumpcjonistów „La Croix" (Krzyż) „pienił się na Żydów". Typowym rzecznikiem Kościoła był jezuita, ojciec Du Lac, duchowy przewodnik antysemickiego publicysty Édouarda Drumonta, autora *La France juive* (Żydowska Francja). Drumont ukuł slogan „Francja dla Francuzów", którego echo nadal słychać we francuskiej polityce, szczególnie w kampaniach Jeana-Marie Le Pena i jego córki Marine, stojącej obecnie na czele silnej i skrajnie prawicowej partii Front Narodowy.

Chanel nie mogła uciec przed propagandową kampanią Kościoła katolickiego przeciwko żydowskiemu oficerowi Dreyfusowi. Później jej strach przed Żydami i nienawiść do nich stały się głośne i obmierzłe nawet dla tych, którzy sami uprawiali łagodniejszą wersję antysemityzmu.

Kiedy Chanel miała lat dwadzieścia, przydzielono jej pracę szwaczki, a w wolnym czasie śpiewała w kawiarni, do której uczęszczali głównie oficerowie kawalerii. To tam stała się „Coco", a imię to albo zostało zaczerpnięte z jednej z jej piosenek, albo stanowiło skrót francuskiego określenia utrzymanki: *cocotte*.

Jej płomienne czarne oczy, nienaganna sylwetka, urocza smukłość pensjonarki zdobyły wreszcie serce bogatego Étienne'a Balsana, byłego oficera kawalerii. Chanel odłożyła na bok igłę, nici, kawiarnianą kokieterię i czekające ją całe życie bezbrzeżnej nudy. W wieku dwudziestu trzech lat została kochanką Balsana, zamieszkała na najbliższe trzy lata w jego zamku ze stajnią koni wyścigowych niedaleko Compiègne, siedemdziesiąt pięć kilometrów od Paryża. W gęstych lasach Compiègne, pośród wrzosowisk, jeziorek i bagien, Chanel, jej kochanek i jego przyjaciele jeździli na koniach z Balsanowskiej stajni po myśliwskich ścieżkach francuskich królów.

Balsan, z rodziny bogatych przemysłowców produkujących tkaniny, którzy dostarczali mundury dla francuskiej armii, zadbał o to, by Chanel nauczyła się porządnie jeździć konno, w męskim i damskim siodle, nauczył ją też, jak prowadzić stajnie. Na zdjęciach Chanel prezentuje się wspaniale; zwłaszcza na dużym siwym wierzchowcu, w meloniku na zaplecionych włosach, z piersią pewnie i dumnie wypiętą. Miłość do koni i umiejętności jeździeckie bardzo jej się przydadzą, kiedy po latach będzie

Udawana scena zazdrości – od lewej: Boy Capel w satynowym kimonie grozi Léonowi de Laborde, który osłania senną Chanel w szlafroku kąpielowym, około 1908

jeździła na polowania z Hugh Grosvenorem, diukiem Westminsteru, znanym jako Bendor, i z jego przyjaciółmi, do których należeli także Winston Churchill i jego syn Randolph.

Życie Chanel odmieniło się w ciągu kilku miesięcy. Wystarczy przejrzeć jej fotografie z tamtego okresu: Chanel na koniu, Chanel w ramionach eleganckiego Léona de Laborde pod okiem Étienne'a Balsana; z Arthurem Capelem (swoim przyszłym kochankiem) w satynowym kimonie, z wielkim kijem w ręku, gdy tymczasem ubrany w piżamę Laborde żartobliwie broni Chanel przed rzekomym atakiem Capela. Na jednym ze zdjęć Chanel patrzy wzrokiem małej dziewczynki, która dopiero co wstała z łóżka, kruczoczarne włosy opadają jej na ramiona, spływają po białym szlafroku kąpielowym. Inne zdjęcie zrobione później tamtego lata pokazuje towarzystwo Balsana przy śniadaniu ubrane w cieniutkie piżamy i szlafroki. Capel, Laborde, Gabrielle Dorziat, Balsan, Chanel, Lucien Henraux i Jeanne Léry.

W 1908 roku Chanel zakochała się w Arthurze Capelu, towarzyszu od jazdy konnej i przyjacielu Balsana. Capel, noszący przydomek „Boy", pochodził z angielskiej klasy wyższej – był przystojny, bogaty i wybuchowy. Boy zainstalował Chanel w mieszkaniu w Paryżu i pomógł jej założyć sklep i pracownię kapeluszy dla pań. Balsan stracił kochankę (a miał niejedną), ale na całe życie pozostał przyjacielem Chanel.

Boya Capela i Chanel łączyło pokrewieństwo dusz. Szczodry kochanek zapłacił za dobrą angielską szkołę z internatem dla siostrzeńca Coco, André Palasse'a, po tym jak jego matka Julia-Berthe, starsza siostra Chanel, popełniła samobójstwo. Później, kiedy Chanel zajęła się modą damską, Capel finansował jej butiki w Paryżu, Deauville i Biarritz.

Pomiędzy rokiem 1914 i 1918, w okresie Wielkiej Wojny, Chanel wynajęła apartament z widokiem na Sekwanę i Trocadéro; wkroczyła na drogę, która doprowadziła ją do wielkiego bogactwa. Już wkrótce zatrudniała prawie trzy tysiące osób produkujących kolekcję dżersejowych sukien. Później otworzyła swój

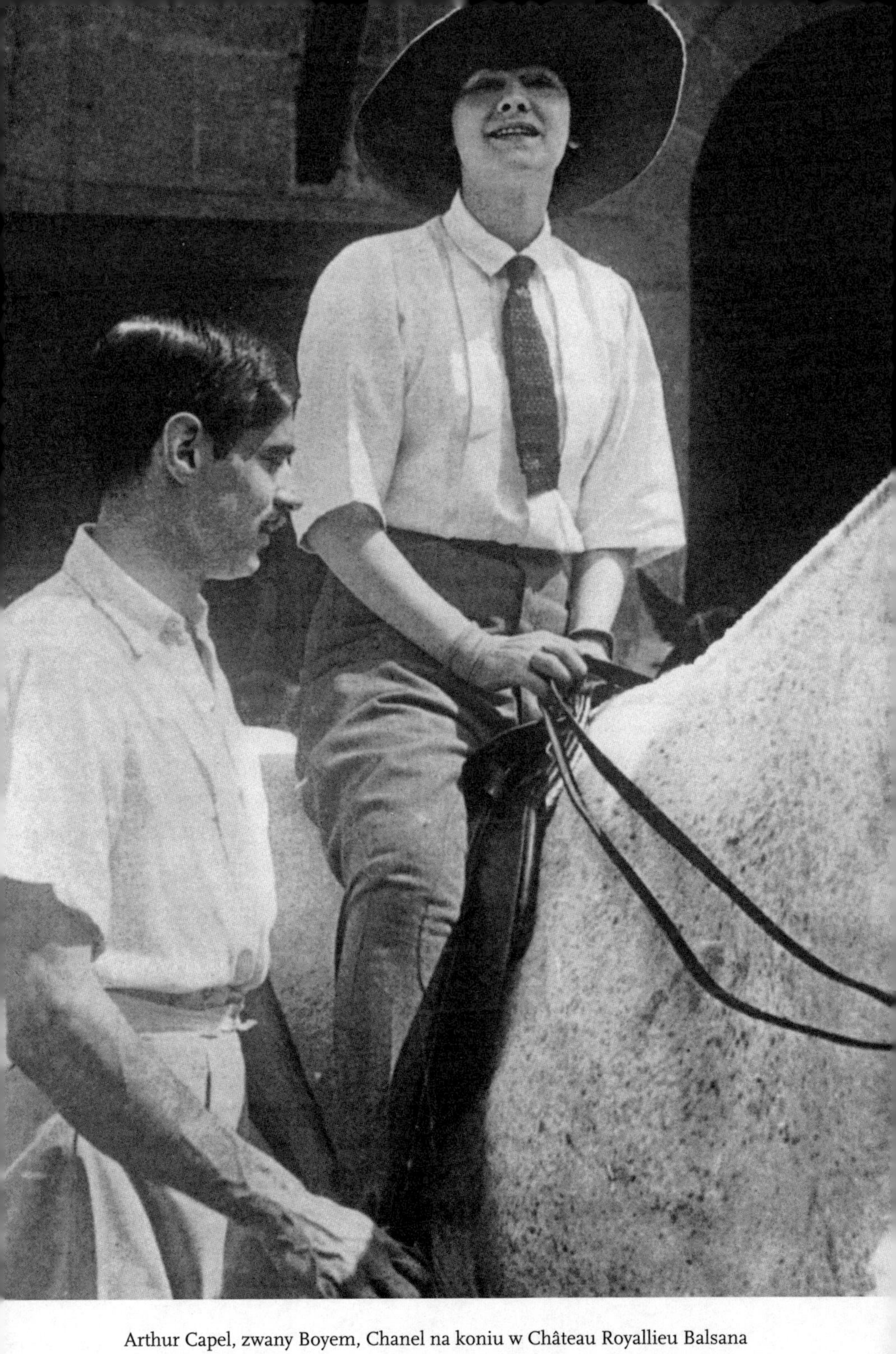

Arthur Capel, zwany Boyem, Chanel na koniu w Château Royallieu Balsana
w lesie Compiègne. W 1908 roku nawiążą romans, który potrwa jedenaście lat

sztandarowy paryski butik-rezydencję na zapleczu eleganckiego placu Vendôme przy ulicy Cambon 31. Tutaj zaczęła budować Dom Mody Chanel, symbol francuskiego stylu, wyrafinowania i rękodzielniczego kunsztu. Interes szedł świetnie, a Chanel wykreowała nawet *les Tissus Chanel*, specjalne tkaniny wysokiej jakości.

Przez jedenaście lat Coco była szczęśliwą kochanką i przyjaciółką Boya Capela. Niskie pochodzenie nie pozwoliło jej jednak zostać żoną Anglika, reprezentanta najwyższych sfer. W 1918 roku Boy poślubił córkę angielskiego lorda. Jednak Chanel i on nadal byli kochankami. Wracając do domu, by spędzić Boże Narodzenie z żoną i nowo narodzonym dzieckiem, Boy zginął w wypadku samochodowym. Jego śmierć wstrząsnęła Chanel, zwłaszcza kiedy odkryła, że nie była jego jedyną kochanką. Londyński „Times" ujawnił w lutym 1920 roku, że Capel zostawił Chanel i drugiej kobiecie – włoskiej hrabinie – całkiem pokaźne zapisy. Przybita niewiernością kochanka, zrozpaczona po jego śmierci Chanel pogrążyła się w bolesnej żałobie. Dwadzieścia pięć lat później na wygnaniu w Szwajcarii zwierzyła się Paulowi Morandowi, przyjacielowi i biografowi: „Jego śmierć była dla mnie strasznym ciosem. Tracąc Capela, straciłam wszystko. Muszę przyznać, że to, co nastąpiło potem, to nie było szczęśliwe życie"[6].

Chanel na łasce Boya Capela, rysunek Sema (Georges Goursat), około 1910

Twarz, która fascynowała największych francuskich malarzy:
Misia Godebska, 1905

ZAPACH KOBIETY

Kobieta, która nie używa perfum, nie ma przyszłości.

PAUL VALÉRY

Marie Sophie Olga Zénaïde Godebska – „Misia" dla elity paryskiej cyganerii – została podobnie jak Chanel zesłana do katolickiego klasztoru w wieku lat dziesięciu. W dzieciństwie swoją grą na fortepianie zachwycała Franciszka Liszta i Gabriela Fauré. Pod okiem surowych zakonnic stała się z czasem doskonałą pianistką. „Zaniedbanie nauczyło Misię niezależności, a samotność odwagi"[1].

Nieszczęśliwa i przytłoczona klasztornym stylem życia Misia, ukończywszy lat osiemnaście, uciekła do wiktoriańskiego Londynu. Miała wiele romansów ze starszymi mężczyznami. W końcu dołączyła do swojej rodziny w Belgii, a zanim skończyła dwadzieścia lat, odziedziczyła znaczną sumę pieniędzy po bogatym wuju. Rok później wyszła za mąż za dwudziestopięcioletniego Thadée Natansona. Małżonkowie przenieśli się do Paryża, gdzie jej uroda w połączeniu z „obrazoburczą i pełną wyższości postawą" wprowadziły ją od razu w swobodny i beztroski tryb życia cyganerii na przełomie stuleci. Przez kilka następnych lat Misia żyła z dnia na dzień, „gęsto okraszała swoje wypowiedzi czteroliterowymi wyrazami" i uwodziła najbardziej twórcze talenty Paryża[2]. Marcel Proust sportretował ją jako księżnę Jurbieletiew, która wydawała mu się równie upojna i powabna jak sam rosyjski balet. Misia z mężem Thadée szybko dołączyli do grupy artystów uważanych wówczas za niekonwencjonalnych. Ona stała się ulubioną modelką Vuillarda, Bonnarda, Toulouse-Lautreca i Renoira. Każdy z tych artystów malował ją wielokrotnie. Obecnie portrety Misi przy fortepianie, przy stole czy w teatrze wiszą w najlepszych muzeach. Miłośniczkę sztuki pociągał świat teatru i baletu, stała się bliską przyjaciółką impresaria baletu Siergieja Diagilewa. Biografowie Misi piszą, że „siadywała w majestacie u jego [Diagilewa] boku, różowa eminencja Ballets Russes”[3].

Znajomość z Misią oznaczała po pierwszej wojnie dopuszczenie do ekskluzywnego kręgu Diagilewa i paryskiej elity. W trzech kolejnych mariażach była panią Tadeuszową Natanson, panią Alfredową Edwards (bardzo bogaty przedsiębiorca, notoryczny koprofil, który zmusił Natansona do odstąpienia Misi w ramach spłaty długu), a w końcu została żoną hiszpańskiego malarza José Marii Serta.

Chanel poznała Misię na kolacji wydanej przez słynną aktorkę Comédie-Française Cécil Sorel. Misia zapamiętała to ich pierwsze spotkanie i po wielu latach opisała je w niepublikowanych wspomnieniach:

> Moją uwagę przykuła młoda kobieta o bardzo ciemnych włosach [...] nie powiedziała ani słowa, [ale] promieniowała wdziękiem, który wydawał mi się nie do odparcia [...] nazywała się panna Chanel. Robiła na mnie wrażenie obdarowanej nieskończonym czarem [...], kiedy podziwiałam jej cudowne futro, zarzuciła mi je na ramiona, mówiąc z uroczą spontanicznością, że będzie bardzo szczęśliwa, mogąc mi je dać... to był tak ładny gest, kompletnie mnie oczarowała, myślałam tylko o niej.
>
> Kiedy odwiedziłam jej butik przy ulicy Cambon, były tam dwie kobiety, które o niej rozmawiały, nazywały ją „Coco” [...] to imię mnie przygnębiło... serce mi

zamarło, miałam wrażenie, że mój ideał został zbrukany... Po co ubierać kogoś tak wyjątkowego w tak wulgarne imię? [I nagle] pojawiła się kobieta, o której myślałam od poprzedniego wieczoru [...] czas płynął jak zaczarowany [...] mówiłam głównie ja, bo ona prawie się nie odzywała. Myśl o pożegnaniu się z nią zdawała się nie do zniesienia [...] tego samego wieczoru jedliśmy z Sertem kolację w jej apartamencie [...] pośród niezliczonych chińskich parawanów znaleźliśmy Boya Capela.

Sert był szczerze oburzony zadziwiającym zaczadzeniem, w jakie wprawiła mnie moja nowa przyjaciółka. Nie miałam zwyczaju tak dać się ponieść [...] [po śmierci Boya Capela] Coco tak głęboko przeżywała [stratę], aż popadła w neurastenię, rozpaczliwie próbowałam wymyślić coś, co by ją zajęło [...] Następnego lata zabraliśmy ją z Sertem do Wenecji...[4]

Igor Strawiński i Wacław Niżyński w teatrze Châtelet w Paryżu na premierze wystawionego przez Diagilewa baletu *Pietruszka*, 1911

Między tymi dwiema pięknymi kobietami coś zaiskrzyło. Połączyły się atomy Gabrielle Chanel i Misi Sert, jak mawiają Francuzi. Chanel wspomina Misię: „Dla Misi na zawsze pozostałam

Misia, około 1910

nieodgadniona, a więc interesująca. Rzadko spotyka się osoby, które potrafią być tak miłe dla kobiet i artystów. Dla Paryża była i jest tym, kim bogini Kali w hinduskim panteonie – boginią destrukcji i tworzenia zarazem"[5].

Według Arthura Golda i Roberta Fizdale'a, biografów Misi, w tych wczesnych latach ich bliskiej przyjaźni tak oceniała ona Chanel:

> Projekty Coco narzucały kosztowną prostotę, niemal ubogi wygląd bogatych kobiet, i Chanel zarobiła na tym miliony. Jej geniusz, jej szczodrość, jej szaleństwo w połączeniu z zabójczym dowcipem, sarkazmem i wręcz maniakalnymi skłonnościami do destrukcji intrygowały i przerażały wszystkich.

Przyjaźń Misi i Chanel miała swoje wzloty i upadki, ciągle jednak tworzyły duet połączony niezliczonymi tajemnicami, nie wyłączając morfiny, którą brały, by dalej działać, nie po to, by żyć, raczej by wytrwać.

Stary świat arystokratycznych przywilejów zmierzał do końca, a Chanel stała się symbolem nowej epoki. Przekroczyła trzydziestkę i zaczęła kreować postać Coco, kobiety nowej epoki. Promowała kolekcje swobodnych czy raczej „ubogo wyglądających" strojów dla bogatych kobiet: kostiumy podróżne z wełnianego dżerseju z dopasowaną bluzką, sportowe ubrania i buty na płaskich obcasach.

Ówczesne kolorowe pisma reprodukowały jej kreacje. Kiedy Ameryka odkryła Chanel, wszystko obracało się wokół dżerseju. W 1918 roku mogła sobie pozwolić na wydanie 300 000 franków[6] w złocie na zakup luksusowej willi w Biarritz, kwatery głównej firmy na południu Francji. Już w 1915 roku „Harper's Bazaar" zadekretował: „Kobieta, która nie ma przynajmniej jednej kreacji Chanel, jest rozpaczliwie niemodna. W tym sezonie nazwisko Chanel jest na ustach każdego z kupujących"[7].

Chanel była na ustach wszystkich redaktorów związanych z modą, ale umysły aliantów, Anglików, Francuzów, Włochów i wielu innych, zaprzątało zwycięstwo nad szkopami. Prezydent Stanów Zjednoczonych Woodrow Wilson rozpoczął swoją drugą kadencję w Białym Domu w marcu 1917 roku i przekonał Kongres do wypowiedzenia wojny Niemcom w kwietniu. Teddies, jak Francuzi nazywali jankesów, pod wodzą generała Johna J. „Czarnego Jacka" Pershinga płynęli do Francji, podczas gdy bogaci paryżanie uciekali do Deauville i Biarritz, gdzie panie tłoczyły się w butikach Chanel, by przymierzać jej stroje.

Europą wstrząsały historyczne wydarzenia. Rewolucja październikowa 1917 roku wyniosła do władzy bolszewików Lenina i Trockiego; Turcja poddała się sprzymierzonym, a Niemcy w swojej ojczyźnie cierpieli głód. W 1918 roku alianci wzmocnieni przez oddziały amerykańskie zatrzymali wiosenną ofensywę kajzera na froncie zachodnim. Jedenastego listopada 1918 roku podpisali zawieszenie broni z Austro-Węgrami i Niemcami. Pierwsza wojna światowa dobiegła końca.

Kiedy zdemobilizowani żołnierze niemieccy wyruszali w długą drogę powrotną do domu, w Paryżu strzelały korki od szampana. Chanel ubierała się w „obszerne, luźne dżerseje tak proste jak mundurki dziewcząt w szkole z internatem i niezwykle szykowne"[8]. Jeździła limuzyną Rolls-Royce, a klientki płaciły 7000 franków za sukienkę – równowartość 3600 dolarów w obecnej walucie[9].

Jednak w Europie zaczęła szaleć inflacja. Cena bochenka chleba w Niemczech przeliczona na dolary amerykańskie podwoiła się z 13 centów za bochenek w 1914 do 26 centów w 1919 roku[10]. Potem ceny rosły dwukrotnie, trzykrotnie, aż osiągnęły niewyobrażalny poziom. Gospodarka niemiecka zmierzała do groźnej katastrofy.

Tysiące mil od Paryża dwaj przyjaciele, oficerowie niemieckiej kawalerii, powoli zmierzali do domu[11]. Porucznicy baron Hans Günther von Dincklage i Theodor Momm, służący w hanowerskim elitarnym pułku ułanów królewskich, należeli do milionowej rzeszy przegranych żołnierzy niemieckich i austriackich, którzy próbowali zacząć nowe życie po czterech latach wojny. Każdy z nich walczył na froncie wschodnim konno, a później w błocie i krwi okopów jako spieszony „kawaleryjski karabin"[12]. Wracali ze wschodu do pokonanej ojczyzny i jej chaotycznej polityki. Duch bolszewickiej rewolucji w Rosji i rewolty w niemieckiej bazie morskiej w Wilhelmshaven rozprzestrzeniły się po kraju i wymusiły abdykację cesarza Wilhelma II. Długotrwała blokada brytyjska przyniosła Niemcom powszechny głód.

W czerwcu 1919 roku nowo utworzona republika niemiecka zgodziła się na warunki ustalone przez Wielką Brytanię, Francję, Włochy i Stany Zjednoczone w traktacie wersalskim. Już wkrótce jednak Niemcy doszły do wniosku, że to reparacje narzucone warunkami traktatu były powodem katastrofy ekonomicznej i trudności finansowych. Adolf Hitler podarł ten traktat, kiedy objął władzę w kraju zniszczonym, zgnębionym klęską, którego naród tęsknił za odzyskaniem dawnej świetności. „Ludzie nieustannie rozdzierani wewnętrznymi sprzecznościami, niepewni, niezadowoleni, sfrustrowani, pragnęli, by ktoś uwolnił ich od trudu podejmowania indywidualnych decyzji i dokonywania wyborów. To największy luksus, kiedy ktoś inny podejmuje decyzje i bierze na siebie ryzyko"[13].

Zamożna rodzina Theodora Momma prowadziła przed wojną dobrze prosperujący biznes tekstylny w Niemczech i Belgii[14]. Po powrocie do cywilnego życia na początku 1919 roku Theodor przejął firmę w Bawarii. Przez wiele lat interesy Momma w Niemczech, Holandii i we Włoszech szły doskonale. Po dojściu do władzy Hitlera Momm wstąpił do Narodowosocjalistycznej Niemieckiej Partii Robotników (NSDAP) – partii nazistów – i w 1938 roku został członkiem wspierającym paramilitarnej Schutzstaffel (SS)[15].

Dincklage, arystokrata i członek rodziny o tradycjach wojskowych od dwóch pokoleń, wstąpił do niemieckiego wywiadu wojskowego[16]. Jego dziadek, Lieutenant-General (generał broni) Georg Karl, walczył w wojnie francusko-pruskiej (1870–1871), kiedy armie niemieckie pokonały siły Napoleona III i zajęły tereny Alzacji-Lotaryngii. Ojciec Dincklagego Hermann, w randze majora kawalerii, tak jak i syn, walczył przeciwko aliantom w pierwszej wojnie

Porucznik Hans Günther von Dincklage (pośrodku) i koledzy oficerowie na froncie rosyjskim, około 1917

światowej[17] – Spatz na froncie rosyjskim ze swoim regimentem kawalerii ułanów królewskich. Lorry Valeria Emily, matka Dincklagego, z pochodzenia Angielka, była siostrą wyższego oficera niemieckiej marynarki admirała Williama Kuttera[18]. Rodzina Dincklage dzieliła z wieloma Niemcami, a na pewno z członkami niemieckiego korpusu oficerskiego, poczucie *Völkisch* – nacjonalistycznej i rasowej kultury wojny, której dramatyzmu dodała trauma lat 1914–1918[19].

Po egzekucji cara Mikołaja II i jego rodziny w Rosji radzieckiej powstała w Berlinie Komunistyczna Partia Niemiec. Dincklage dołączył do niemieckich oficerów, by wraz ze skrajnie prawicowym Freikorps zwalczać komunistów. W 1919 roku członkowie Freikorps zamordowali intelektualną przywódczynię niemieckich komunistów, Różę Luksemburg. Hermann Göring nazwie Freikorps „pierwszymi żołnierzami Trzeciej Rzeszy". Po wielu latach, kiedy Heinrich Himmler został dowódcą hitlerowskiego SS, uczcił Freikorps, twierdząc, że jego oficerów łączy z SS duchowa więź[20].

Według francuskiego kontrwywiadu, po 1919 roku Dincklage został zwerbowany przez niemiecki wywiad jako agent numer F-8680 pracujący dla Republiki Weimarskiej[21]. Ten parlamentarny system przetrwał do marca 1933 roku, kiedy nowo wybrany rząd kierowany przez nazistów położył kres republice.

Dincklage był idealnym kandydatem do pracy w wywiadzie wojskowym i do roli tajnego agenta. Mówił biegle po francusku i angielsku, miał nienaganne maniery rodem ze starej szkoły, bezlitośnie wykorzystywał mężczyzn i uwodził kobiety, a ze swoich przyjaciół robił informatorów i agentów. Blondyn z niebieskimi oczami, średniego wzrostu – około 173 centymetrów, wyrobiony towarzysko i pełen wdzięku, budził sympatię i zaufanie. Spatz Dincklage był przystojny, uważano, że ma ciepłą, otwartą osobowość, która oddziałuje i na mężczyzn, i na kobiety. Jednak Spatz nie był z pewnością aryjskim playboyem, jak uznali niektórzy z biografów[22]. Berlińscy mocodawcy nauczyli go wszystkiego, czym musi się wykazać każdy szpieg: był więc pomysłowy, spostrzegawczy, opanowany, wrażliwy, pełen empatii, zdolny wtopić się w otoczenie. Ukrywał swoje cele, potrafił skłonić użyteczne dla siebie osoby do zdrady własnej ojczyzny i zbierania strategicznych i taktycznych informacji przydatnych niemieckiemu wywiadowi armii i marynarki.

Choć Dincklage był szpiegiem, nigdy nie groziło mu niebezpieczeństwo – ani we Francji przed pierwszą wojną, ani później w Polsce czy w Szwajcarii. Był niemieckim dyplomatą, więc chronił go immunitet dyplomatyczny. W czasie pokoju najgorsze, co mogłoby mu się przydarzyć, to wydalenie z kraju. Jednak ani Francuzi, ani Szwajcarzy nie kwapili się do wywołania sporu z wrażliwym nazistowskim reżimem z powodu wydalenia jednego z jego dyplomatów.

Zimę i wiosnę 1919–1920 Chanel spędziła w Wenecji. Oczarowały ją jej kręte kanały i uliczki wychodzące na wspaniałe, zalane słońcem *piazze* i *campi*, uznała, że Wenecja o każdej porze roku jest miejscem magicznym. Misia i José Maria Sert wspominali, jak Chanel modliła się i szlochała, targana smutkiem, ale też upokorzona tym, że nie była jedynym obiektem uczuć Boya Capela; z pewnością tak samo opłakiwała wiadomość o jego śmierci włoska hrabina. Isabelle Fiemeyer opisuje Chanel modlącą się w siedemnastowiecznym kościele Santa Maria della Salute, przy migotliwym świetle tysiąca świec błyskających w mroku pod czujnym wzrokiem pięciu Tycjanowskich świętych[23].

Wiosną Chanel odzyskała formę. Pod wpływem poczucia humoru Sertów i uroku miasta wydobyła się z ponurego nastroju.

Przejście od wojny do pokoju to okres wielce burzliwy i obfitujący w rewolucyjne zmiany. Automobil stał się dostępną zabawką dla bogatych i zagrożeniem dla pieszych. Prezydent Woodrow

Wilson otrzymał pokojową Nagrodę Nobla, a w Stanach Zjednoczonych wprowadzono prohibicję i hordy zamożnych Amerykanów zwaliły się na Paryż. Benito Mussolini wkroczył do włoskiej polityki, a komunizm i radziecka rewolucja zainfekowały Europę, budząc przerażenie klas średnich i wyższych. W niemieckim szpitalu wojskowym na Pomorzu mały człowieczek z krótkim sztywnym wąsikiem dochodził do siebie po doznanych na froncie zachodnim obrażeniach oczu podczas gazowego ataku Anglików pod Ypres. Nazywał się Adolf Hitler.

Paryż stanowił epicentrum powojennego trzęsienia ziemi w kulturze – okres ten Francuzi nazwali później szalonymi latami dwudziestymi. F. Scott Fitzgerald uznał go za epokę jazzu, a Gertruda Stein i Ernest Hemingway – za epokę straconego pokolenia. Pierre Galante, biograf Chanel, nazwał owe czasy „latami szaleństwa, kiedy artyści tęsknili za sławą, a zwykli ludzie gonili za przyjemnościami, szczęśliwi, że przyszło im żyć po okropnościach tamtej wojny, która miała położyć kres kolejnym wojnom"[24].

W 1920 roku Paryż był mekką dla wszystkich, którzy pisali, malowali, komponowali czy rzeźbili. To jakże wówczas radosne miasto wabiło artystów, muzyków, kompozytorów i pisarzy. Chcieli być częścią nowej ery, chcieli pić i smakować życie przepełnione radością, zabawą i twórczą inwencją. Paryskie towarzystwo spotykało się w kawiarniach czy w pracowniach artystów, a wieczory ożywiały błyskotliwe rozmowy, muzyka i miłość do sztuki. Miasto „zapomniało o ponurych latach"[25]. Miejscowi i ekspatrianci, tacy jak Hemingway, błagali o coś nowego. W malarstwie, rzeźbie, dyskusjach i literaturze czuło się głód oryginalności. Malarze tacy jak Picasso, Modigliani, Braque i Marie Laurencin byli dopiero wschodzącymi gwiazdami. Le Corbusier proponował coś zupełnie nowego w architekturze mieszkaniowej; Ravel i Strawiński w muzyce, Diagilew i Niżyński w tańcu; Gide, Cocteau i Mauriac w literaturze. Jazz symbolizował beztroską wesołość szalonych lat, a narodziny masowej produkcji, samochodów, nowoczesnych tańców, radia i popularnych sportów podsycały unoszący się w powietrzu zapach utopii. Bogaci Europejczycy głosili wiarę w postęp, nieskrępowany indywidualizm i ekstrawagancję. Monety w kieszeniach burżujów dzwoniły i brzęczały, domagały się wydawania. Na paryskim Montmartre i Montparnasse Hemingway pił i jadał kolacje z Henrym Millerem, również przybyszem z Ameryki, nasiąkając miejscową atmosferą, której migawki obaj umieszczali w swoich dziełach. F. Scott Fitzgerald z żoną przyjechali do Francji w 1921 roku, ale wszystko ich nudziło. Nigdy nie nauczyli się więcej niż kilku słów po francusku, wrócili więc do Ameryki, w sam raz, żeby w październiku 1921 roku urodziło się tam ich dziecko. Małżonkowie zawitali znów we Francji w kwietniu roku 1924. Rok później ukazał się *Wielki Gatsby* Fitzgeralda, a państwo F. Scott i Zelda osiedlili się w Paryżu. W maju 1925 roku poznali tam Hemingwaya.

To dziesięciolecie jednym przyniosło radość, innym strach. Lata dwudzieste dla Chanel zaczęły się od rodzinnej tragedii. Młodsza siostra Antoinette pisała z Kanady o swojej rozpaczy z powodu rozpadającego się małżeństwa z przystojnym kanadyjskim oficerem. Wywiózł on Antoinette z Francji w głąb Ontario, gdzie wiodła żałosną egzystencję. Uwielbiana przez Chanel urocza i krucha Antoinette pomogła jej uruchomić butiki. A teraz błagała siostrę o pieniądze na powrót do Paryża. Choć nie ulegało wątpliwości, że Antoinette była nieszczęśliwa, Chanel nalegała, by młodsza siostra ratowała swoje małżeństwo.

Ale Antoinette uciekła z młodym, przystojnym Argentyńczykiem, którego Chanel poznała w Paryżu i poleciła kanadyjskiej rodzinie Antoinette. Przyjęto go serdecznie, a w 1920 roku Antoinette wyjechała z nim do Buenos Aires. W tym samym roku zmarła tam na hiszpankę, która zabiła ponad 50 milionów ludzi na świecie.

Chanel wróciła z Misią z Wenecji jesienią 1920 roku. Wkrótce stała się lokomotywą zmian w modzie ery jazzu, zdecydowana zrewolucjonizować kobiecy strój. Zamierzała przekształcić kobiety z wyperfumowanych, upudrowanych ślicznotek dodających splendoru mężczyźnie w ubrane w jej „małe czarne" smukłe osóbki, których szafy pełne będą elastycznych strojów-futerałów, opinających sylwetkę niczym skóra węża. Zbijała fortunę jako uosobienie kobiecych ambicji i wyemancypowania: swobody zarabiania, kochania, życia zgodnie z własnymi upodobaniami, a nie pod kuratelą jakiegokolwiek mężczyzny – „wyzwolona od przesądów, niegardząca homoseksualną przygodą"[26]. Projektowane przez nią ubiory zainspirowały nowoczesne kobiety do noszenia sukienek ze zwykłymi krótkimi rękawami, a czasami nawet bez rękawów, i do zrolowania pończoch trochę poniżej kolan. Francuskie i amerykańskie magazyny mody, takie jak „Mademoiselle", „Femina" czy „Minerva" prezentowały jej kreacje: „Chanel proponuje zachwycający ciemnozielony kostium... Lady Fellowes pokazuje się w Ritzu w sukience z surowego jedwabiu... Chanel lansuje czarną tiulową sukienkę... Wieczorowa kreacja Chanel: suknia-futerał z białej satyny, na wierzchu haftowany i przybrany paciorkami płaszczyk"[27]. Krytycy jednak potrafili być okrutni: „Kobiety mają przestać istnieć... zostają tylko chłopcy wykreowani przez Chanel"[28].

„Harper's Bazaar" pokazał Chanel w bogatym naszyjniku z pereł (prezent od wielkiego księcia Dymitra Pawłowicza), ubraną w krótką ciemną tunikę i plisowaną spódniczkę. Na innym zdjęciu jest w czarnej jedwabnej piżamie, w zębach trzyma perłę z naszyjnika, na kolejnym przesuwa perły między zmysłowymi wargami, półleżąc w ulubionym egzotycznym wnętrzu pełnym chińskich parawanów, skóry, jedwabiu i satyny, a wszystko to pod okiem chińskiego jelonka i lwa z brązu.

Niezmiennie skłonna do podbijania męskich serc zagięła parol na Igora Strawińskiego, Pabla Picassa, rosyjskiego wielkiego księcia Dymitra Pawłowicza i mężczyznę, którego, jak się później okazało, kochała i przez którego była kochana przez całe życie – Pierre'a Reverdy'ego. Szkoda, że Chanel i Ernest Hemingway

Chanel, rok 1920; wtedy to jej młodsza siostra Antoinette zmarła na hiszpankę nigdy się nie spotkali. Jej paznokietki mogłyby przedziurawić nadęte ego Papy macho. Bo mimo swej niezależności Chanel, ten wulkan energii, potrzebowała podziwu i miłości. Musiała mieć u boku mężczyznę, zawsze szukała uczucia i nigdy nie znalazła takiego, które by ją satysfakcjonowało. W jednej ze swoich maksym stwierdziła: „Nie czuć się kochana, to czuć się odrzucona bez względu na wiek”[29].

Dla Misi Sert przyjaciółka stanowiła zagadkę. „Bogatej kobiecie narzuca kosztowną prostotę [...] zarabiając na tym miliony. Geniusz Chanel, jej szczodrość, wizerunek kobiety, która wszystko zawdzięcza sobie, jej porażający sarkazm i nieposkromiona zdolność do destrukcji wszystkich przerażały i intrygowały”[30].

Przerażała czy nie, ale Paryż bez wątpienia doceniał jej geniusz w tworzeniu haute couture dla pań, kostiumów do baletów i na bale maskowe, scenografii i biżuterii. Zawsze innowacyjna Chanel stworzyła postać kobiecą nigdy dotychczas niespotykaną w paryskiej socjecie.

Po mistrzowsku opanowała sztukę wspinania się po szczeblach kariery, a paryżanie się tym zachwycali. „Sierota pozbawiona domu, miłości, bez ojca i matki... z mojej samotności zrodził się kompleks wyższości, skromne życie dało mi siłę i dumę; dążenie do zwycięstwa i zamiłowanie do wielkości [...] a kiedy życie przyniosło mi wystawną elegancję i przyjaźń takiego Strawińskiego czy Picassa, nigdy nie czułam się głupsza czy gorsza. Dlaczego? Ponieważ wiedziałam, że właśnie przy takich ludziach osiąga się sukces”[31]. Taki był wizerunek własny Coco i legenda, w którą miał wierzyć świat: bohaterska Marianna dzielnie i z mozołem zwalczająca przeciwności, by osiągnąć sławę, bogactwo, władzę i akceptację elit.

Na początku lat dwudziestych Chanel nie była już tylko powszechnie znaną właścicielką sklepu. Teraz stała się cenionym mecenasem sztuki. Wyłożyła pieniądze na *Święto wiosny*, balet wystawiony przez Siergieja Diagilewa w jego choreografii, i zaprosiła do swojego nowego domu Bel Respiro na paryskim przedmieściu

Siergiej Diagilew i Igor Strawiński (1882–1971) w Sewilli
w okresie współpracy z Ballets Russes, około 1923

Garches rodzinę Igora Strawińskiego, rosyjskiego kompozytora i pianisty. Kiedy Chanel nie przekomarzała się z Misią w swoim nowym apartamencie, położonym tuż obok Champs-Élysées, lubiła flirtować ze Strawińskim. Eleganckie mieszkanie numer 29 przy Faubourg-Saint-Honoré zostało urządzone przez Chanel i Misię w tonacjach „beżu, bieli i czekoladowego brązu"[32]. W designerskiej rezydencji, której ogrody sięgały alei Gabriel, skupiało się życie kulturalne Paryża – zaiste niezły postęp od czasów, kiedy Coco była po prostu cwaną dziewczyną w rewii w Royallieu wystawionej przez Étienne'a Balsana. Teraz cała paryska śmietanka – artyści, arystokraci, bogacze, a często także cieszące się złą sławą typy z półświatka – spotykała się u niej na obiadach, kolacjach i wieczorkach. Towarzystwo Chanel często zaczynało wieczór, popijając Pod Bykiem na Dachu (Boeuf sur

Francuski poeta, dramaturg i reżyser filmowy Jean Cocteau (pośrodku), a obok niego (od lewej) Lidia Sokołowa (z domu Hilda Munnings), angielski tancerz i choreograf Anton Dolin, Leon Wójcikowski i Bronisława Niżyńska po pierwszym przedstawieniu *Niebieskiego pociągu* w Wielkiej Brytanii w teatrze Coliseum w Londynie. Kostiumy zaprojektowała Chanel le Toit), w nocnym lokalu na Prawym Brzegu przy ulicy Boissy-d'Anglas, kilkaset metrów od rezydencji Chanel. Od chwili otwarcia w 1922 roku Boeuf stał się „miejscem", scenkę miał co prawda niewielką, ale za to „największe skupisko osobowości na metr kwadratowy"[33]. Lokal stał się mekką twórczej elity Paryża, „miejscem, gdzie ludzie padali sobie w ramiona na powitanie, rozglądając się równocześnie ponad głowami pozostałych, kto jeszcze przyszedł [...] poczucie humoru było tu równie obowiązkowe jak szampan: «jeden koktajl i dwa Cocteau»". Później Chanel ze swoim otoczeniem udawała się na kolację do domu albo na tańce do hrabiego de Beaumont[34]. „W te wieczory zaczynały się i kończyły romanse między pisarzami i artystami (prawdziwymi lub fałszywymi) a milionerami. Pili, tańczyli i kochali"[35]. Chanel w niczym im nie ustępowała. Bawiła się w towarzystwie Sertów, Beaumontów, Strawińskiego, Picassa, Cocteau, Diagilewa i Pierre'a Reverdy'ego, nowoczesnego poety włóczęgi, podziwianego przez artystów i pisarzy: Jeana Cocteau, Maxa Jacoba, Juana Grisa, Braque'a i Modiglianiego. Nowo odkryci przyjaciele Chanel doceniali jej „talent, dowcip i inteligencję [...] jej minimalistyczne podejście do mody nie było odległe od ich abstrakcyjnego pojmowania sztuki"[36].

Pomiędzy 1921 a 1926 rokiem Chanel ciągle na nowo nawiązywała i zrywała romans z Pierre'em Reverdym. Z czasem ich stosunki przerodziły się w głęboką przyjaźń, która trwała ponad czterdzieści lat. Często dostarczała inspiracji poecie. „Nawet nie wiesz, droga Chanel, jak cień odbija światło, i z takiego cienia właśnie czerpię tę czułość dla Ciebie. P"[37].

Jednak Reverdy, esteta, poeta poetów, który czarował Chanel zdaniami typu „Co by się stało z marzeniami, gdyby ludzie byli szczęśliwi"[38], nie mógł strawić ziemskiej codzienności świata Chanel. Trzydziestego maja 1926 roku na oczach kilkorga przyjaciół spalił część rękopisów i wyniósł się do niewielkiego domku obok opactwa benedyktynów w Solesmes, gdzie mieszkał przez następnych trzydzieści lat razem z żoną Henriette.

Chanel kochała go i on także ją kochał. Edmonde Charles-Roux, autorka biografii Chanel, uważa, że Reverdy, który w tym samym roku przeszedł na katolicyzm, udał się na wygnanie, poszukując natchnienia i Boga. Jego rozstanie z Chanel było nieuniknione.

Chanel początkowo czuła się dotknięta, ale pogodziła się z losem. Niemniej jednak nigdy do końca nie straciła Reverdy'ego. Od czasu do czasu odwiedzał Paryż i zazwyczaj miał dla niej czas.

W ciągu tej długoletniej przyjaźni Chanel dawała Reverdy'emu siłę, wiarę we własne możliwości twórcze i wsparcie finansowe. Była hojna i taktowna, kupowała potajemnie jego rękopisy, finansowała go za pośrednictwem wydawcy, pokrywała koszty publikacji[39]. Pomimo sukcesu najciemniejsze lęki Reverdy'ego i jego posępne spojrzenie na życie potrącały u Chanel melancholijną strunę – wspomnienie własnego dzieciństwa. Bo Reverdy, syn plantatora winorośli, był kimś z tej samej rasy. Mimo że prowadził niemal klasztorne życie, ich romans zdawał się nie mieć końca.

Kiedy Reverdy był nieosiągalny, zawsze znalazł się w pobliżu urodziwy wielki książę Dymitr Pawłowicz. Wypadł z łask na dworze bliskiego kuzyna Mikołaja II, cara Rosji, w 1916 roku. Mikołaj nie był zachwycony tym, że dwudziestojednoletni gwardzista wdał się w długotrwały romans homoseksualny z przystojnym, przebierającym się często za kobietę, biseksualnym mężem carskiej siostrzenicy, księciem Feliksem Jusupowem. (Książę Feliks wybrał Dymitra do pomocy w zgładzeniu Grigorija Rasputina, mnicha, którego wpływu na carycę obawiano się w kręgach dworskich i w parlamencie rosyjskim[40]). Dymitra wygnano na front perski na początku pierwszej wojny. Jak się okazało, był to raczej akt łaski, który oszczędził mu koszmaru bolszewickiej rewolucji 1917 roku i prawdopodobnie ocalił życie. Dymitr w końcu uciekł do Francji z niewielkim dobytkiem, zabrał jednak swój zbiór drogich kamieni, w tym sznury wspaniałych pereł. Niektóre wylądowały na szyi Chanel, inspirując kolejną jej kreację: modę na sztuczną biżuterię.

Po przybyciu do Francji pretendent do rosyjskiego tronu, wysoki, elegancki, niestroniący od alkoholu Dymitr Pawłowicz rozpaczał wraz z innymi rosyjskimi wygnańcami nad zagładą rodziny Romanowów. Dymitr potrafił być miły i lubił się bawić. Jego doskonała prezencja, zielone oczy, długie nogi Romanowów i wdzięk uwiodły Chanel. Tego właśnie potrzebowała po intensywności związku z Reverdym i po krótkim romansie ze Strawińskim.

Pod koniec 1920 roku, kiedy wielki książę stał się częścią intymnego życia Chanel, paryscy plotkarze ochrzcili jej nową przygodę mianem „okresu słowiańskiego". Na cześć nowego amanta Coco chciała stworzyć autentycznie rosyjską kolekcję. Zatrudniła siostrę Dymitra wielką księżnę Marię i jej rosyjskich przyjaciół wygnańców. Byłe damy dworu carycy dostarczały koronki i materiały wyszywane paciorkami po znacznie niższej cenie niż francuscy rękodzielnicy. Tworzyły zadziwiające kombinacje dzianiny i futra, jak choćby biały płaszcz Chanel z haftowanych i przycinanych rosyjskich soboli, pokazany w numerze „Vogue'a" z 1920 roku.

Powiększając słowiańską kolekcję, Chanel włączyła komponent nigdy dotychczas nieoglądany na kontynencie: wywodzące się z rosyjskich tradycji elementy chłopskiego stroju z naszyjnikiem z pereł – wycięte w karo tuniki z rękawami do łokcia, orientalne hafty, kordonkowe dzianiny i zachwycające kaskady cekinów i kryształków. A dla bardziej klasycznych gustów stworzyła kolekcje nowoczesnych strojów: wełniane dżerseje, sukienki z cienkiego bawełnianego muślinu, tiul na dzień, lamy i metaliczne koronki na wieczór. Było to wszystko bardzo wystawne. Podobnie jak poprzednia dżersejowa kolekcja, tak i „rosyjski styl" okazał się wielkim sukcesem. Sprzedawał się tak dobrze, że Chanel musiała szybko zatrudnić pięćdziesiąt rosyjskich szwaczek, a także projektantów i techników; wszyscy pracowali w powiększonym atelier przy ulicy Cambon pod jej krytycznym okiem.

Wielki książę dał Chanel coś znacznie rzadszego i cenniejszego niż kilka sznurów pereł. Tak jak angielskie wełniane swetry Boya Capela natchnęły ją do skopiowania ich w strojach kobiecych, tak Dymitr Pawłowicz zainspirował ją do stworzenia rosyjsko-słowiańskiej kolekcji i do zajęcia się perfumami.

Podczas pierwszej wojny światowej kobiety, jeśli chodzi o higienę osobistą, skazane były na ługowe mydło babek. Później używały zapachów wypreparowanych z kombinacji kwiatów – fiołków, róż, kwiatów pomarańczy, jaśminu – albo zapachów pochodzenia zwierzęcego. Na wieczorowe wyjścia bardziej wyrafinowane damy stosowały puder i skrapiały się kwiatową mgłą. Mężczyźni woleli Bay Rum albo wodę kolońską Roger & Gallet, obficie rozpylane, by zamaskować nieprzyjemne wonie. Teraz rozeszły się pogłoski, że Coco ma zamiar wylansować „tajemną wspaniałą wodę Chanel"[41]. Jej sekret, według paryskiej plotki, znany był piętnastowiecznej rodzinie Medyceuszy we Florencji. Kobiety wierzyły, że perfumowany płyn chroni ich skórę, a mężczyźni leczyli nim skaleczenia brzytwą.

W tym okresie młodsza generacja Francuzek zaczynała już nosić małe czarne sukienki Chanel, swetry i krótkie plisowane spódniczki. Dlaczego więc nie połączyć nowego zapachu z tym, co już jest modne? Kropelka zapachu za uchem, na nadgarstku czy we wgłębieniu obojczyka oznaczała słodką woń sukcesu; była wcieleniem słów poety Paula Valéry'ego: „Kobieta, która nie używa perfum, nie ma przyszłości". Chodziło o umiejętność ubierania się i demonstrowanie postawy zamożnej paryskiej pani domu.

Z pomocą Dymitra i zaprzyjaźnionego rosyjskiego chemika Chanel zabrała się do opracowywania zapachu, który stał się częścią tradycji lat międzywojennych, wonnym symbolem *garçonnes*, chłopięcych wyemancypowanych kobiet o figurze unisex, tańczących tango i charlestona, czasami palących opium i akceptujących z entuzjazmem sztukę Cocteau i Picassa. Te kobiety miały krótko, po męsku ostrzyżone głowy, nosiły męskie mary-

Wielki książę Dymitr, kochanek Chanel, który pomógł jej wylansować słynne perfumy Chanel No. 5, 1910

narki i krawaty, spodnie i luźne sukienki szokującej długości do kolan i bez rękawów, za to z frędzlami. Odpowiednie perfumy pasowałyby doskonale do makijażu, szybkich samochodów, sportów, podróży i charlestona.

Dymitr przedstawił Chanel swojego rosyjskiego przyjaciela emigranta, Ernesta Beaux, który był niegdyś oficjalnym *parfumier* cara, i rozpoczęło się kolejne śmiałe przedsięwzięcie w modzie. Urodzony w Moskwie Beaux uciekł z Petersburga po rewolucji bolszewickiej 1917 roku, by walczyć z czerwonymi. Dołączył do antybolszewickiej rosyjskiej Białej Armii i znalazł się na Dalekiej Północy, koło kręgu arktycznego, gdzie słońce świeci całą noc, a jeziora i rzeki pachną świeżo jak nigdzie na świecie. We Francji szybko zyskał sławę cenionego chemika i specjalisty w tworzeniu egzotycznych perfum. Beaux prowadził właśnie doświadczenia z wykorzystaniem sztucznych komponentów do wzmocnienia rozmaitych mieszanek naturalnych. W swoim laboratorium w Grasse na południu Francji, miejscowości znanej jako światowe centrum perfumeryjne, Beaux pod czujnym okiem Chanel – obdarzonej wrażliwym zmysłem powonienia – tworzył swoją magię. Upierał się, że potrafi zamknąć w probówkach świeżość słonecznego arktycznego dnia.

Ówczesne perfumy, wyciągi z fiołków, róż i kwiatów pomarańczy w ekstrawaganckich flakonach, wydawały się Chanel banalne. Powiedziała Beaux, że w swoich perfumach chce mieć wszystko, ich zapach ma przywoływać kobiecość. Geniusz Beaux miał polegać na dodaniu syntetycznych komponentów chemicznych, by uwypuklić naturalny zapach i utrwalić go tak, żeby w odróżnieniu od zapachów czysto naturalnych utrzymywał się na skórze.

W 1921 roku Beaux przedstawił Chanel kilka kompozycji ponumerowanych od 1 do 5 i od 20 do 24. Początkowo wybrała numer 22 i skierowała go do sprzedaży. Jednak najbardziej zachwycił ją numer 5 i zdecydowała, że musi zostać wprowadzony w 1921 roku, razem z jej kolekcją. Nazwie nowy zapach Chanel No. 5.

Recepturę Chanel No. 5 zna jedynie grupka wtajemniczonych. Wiadomo, że jest niezwykle skomplikowana. Perfumy zostały stworzone z mniej więcej osiemdziesięciu składników, co nadal obowiązuje. Najważniejszy jest wysokiej jakości jaśmin, występujący jedynie w Grasse.

Chanel nie chciała słyszeć o barokowych flakonach, jakich używała konkurencja. Żadnych rzeźbionych amorków ani kwiatków. Wybrała minimalistyczną koncepcję geometrycznego prostopadłościanu, to był jej pomysł na nowoczesne opakowanie.

Nazwa perfum, jej cyfra – fetysz 5, okazała się rewolucyjna. Piątka wijąca się jak wąż przypominała pięć boskich głów hinduizmu albo pięć wizji Buddy. (Chanel wciąż od nowa celebrowała tę cyfrę. Pokazy jej kolekcji co roku odbywały się niezmiennie 5 lutego i 5 sierpnia).

By wypromować swój nowy wynalazek, Chanel – jak przystało na sprytną wieśniaczkę – posłużyła się wieścią gminną. Testowała Chanel No. 5, zapraszając przyjaciół do wytwornej restauracji w pobliżu Grasse, tam ukradkiem skrapiała perfumami gości przechodzących koło jej stolika, na co reagowali najpierw zaskoczeniem, a po chwili zadowoleniem. Usatysfakcjonowana wynikami prób Chanel wróciła do Paryża i spokojnie wprowadziła na rynek swój nowy pomysł. Nie anonsowała go w prasie. Używała go sama, rozpryskiwała zapach w sklepowej przymierzalni, dawała flakony perfum nielicznym przyjaciołom z wyższych sfer. Wkrótce o jej perfumach mówił cały Paryż.

Chanel poleciła Beaux, by rozpoczął produkcję No. 5. „Sukces przeszedł nasze najśmielsze oczekiwania – wspomina Misia Sert. – Jak wygrana na loterii"[42]. I tak perfumy Beaux o zapachu przeznaczonym dla kobiet wlano we flakon art déco, nazwano „Chanel No. 5" z zazębiającymi się literami C i wypuszczono w świat w butiku przy ulicy Cambon 5 maja 1921 roku. Twór Chanel i Beaux przetrwał zmienne koleje losów wielkiego kryzysu i drugiej wojny światowej. Matki i babki płaciły za ten zapach niewielkie fortuny, a młode kobiety mogły żywić nadzieję, że pewnego dnia będzie je na to stać.

Przez następne trzy lata z pomocą wielkiego księcia Dymitra Chanel skutecznie promowała No. 5 jako perfumy luksusowe. Szybko uświadomiła sobie, że aby zaspokoić rosnące zapotrzebowanie, jej niewielkie przedsiębiorstwo musiałoby zwiększyć produkcję.

W niedzielę wczesną wiosną 1923 roku Chanel ubrała się odpowiednio i udała na tor wyścigowy Longchamp. Było to i jest nadal eleganckie miejsce spotkań, położone w Lasku Bulońskim, gdzie Sekwana owija się wokół zachodniego krańca Paryża. To jest miejsce, dokąd należy pójść w niedzielę, by zobaczyć cały Paryż i samemu być widzianym, by obserwować „koniki" biegnące po owalnym torze, by zjeść dobry obiad po wydaniu pieniędzy na obstawienie konia, którego „właścicielem jest dżentelmen".

Ale tamtego popołudnia do Longchamp ściągnął Chanel Pierre Wertheimer i jego pieniądze. Spotkanie zaaranżował Théophile Bader, który trzymał rękę na pulsie „świata drobnostek". Jako książę francuskiego handlu detalicznego i jeden z właścicieli największego paryskiego centrum handlowego Les Galeries Lafayette Bader chciał mieć pewność stałych dostaw perfum z laboratorium Beaux w ilościach zadowalających jego klientów. „Ma pani perfumy zasługujące na znacznie większy rynek. Chciałbym, żeby poznała pani Pierre'a Wertheimera, do którego należą perfumy Bourjois, jest też właścicielem wielkiej wytwórni we Francji i ma dużą sieć dystrybucyjną", tłumaczył Chanel[43]. (Nie wiadomo, czy Bader wyjawił Chanel, że on i Wertheimer są partnerami biznesowymi).

Spotkanie Chanel z Wertheimerem w Longchamp z pewnością było krótkie i rzeczowe.

„Chce pan dla mnie produkować i rozprowadzać perfumy?".

„A dlaczego nie? – odpowiedział. – Ale jeśli mają się ukazywać pod nazwą Chanel, będziemy musieli się połączyć"[44].

Firmowy flakon Chanel No. 5 na rysunku francuskiego artysty Sema.
Flakon znalazł się w zbiorach nowojorskiego
Muzeum Sztuki Nowoczesnej w 1959 roku

Chanel przekazała nowo powstałej francuskiej firmie Les Parfums Chanel S.A. prawa do wytwarzania perfum, a także receptury i metody produkcji zapachów skomponowanych przez Beaux. W zamian za to została prezesem nowej jednostki z pakietem dwustu w pełni opłaconych akcji, z których każda warta była 500 franków. Jej własność obejmowała 10 procent wyłożonego kapitału. Gwarantowano jej także 10 procent kapitału wszystkich firm produkujących jej perfumy poza granicami Francji. Większość pozostałego kapitału, 70 procent akcji w obiegu, dostało się klanowi Wertheimerów, który finansował produkcję i zapewniał światową dystrybucję perfum z kwatery głównej korporacji w Nowym Jorku. Pełnomocnicy Badera (Adolphe Dreyfus i Max Grumbach) otrzymali 20 procent akcji. Trudno się nie zastanawiać, czy Chanel wiedziała, że Bader w istocie pobiera w ten sposób rodzaj znaleźnego.

Nonszalancja Chanel przy umowie z Pierre'em Wertheimerem – i zgoda na korzystanie z usług tego samego prawnika przy sporządzaniu kontraktów – zakrawa na kupiecką nieostrożność. Niewykluczone, że po beznadziejnym romansie z Pierre'em Reverdym i niedawnym rozstaniu z wielkim księciem Dymitrem była zbyt wyczerpana emocjonalnie, żeby uważnie przyjrzeć się sprawie. W istocie pomiędzy 1923 a 1937 rokiem Chanel była „Mademoiselle Ballet", uwięzioną w wirówce nadaktywności. Eksploatowała swoją twórczą energię, projektując kostiumy do baletów Diagilewa – *Niebieski pociąg, Orfeusz, Król Edyp* – i wielu innych produkcji teatralnych, często w choreografii Diagilewa z udziałem Wacława Niżyńskiego. Jej kostiumy do *Niebieskiego pociągu* wspaniale współgrały z subtelną seksualną transgresją tańca, z rozgrywaniem przez bohaterów stereotypów płci, androginii, homoseksualności, choć kobiety wyposażono w cechy męskie. Balet stanowił otwartą eksplorację awangardowej perwersji i Chanel musiała być zachwycona tym, że uczestniczy w podobnym przedsięwzięciu.

Poeta Pierre Reverdy, około 1940 roku; mężczyzna, którego Chanel bardzo kochała. Ich przyjaźń trwała czterdzieści lat

Pod koniec lat dwudziestych dzięki możliwościom produkcyjnym, umiejętnościom marketingowym i sile dystrybucji Wertheimerów perfumy Chanel No. 5 okazały się światowym sukcesem, zwłaszcza po drugiej stronie Atlantyku. Stały się najbardziej dochodowym i najbardziej długotrwałym osiągnięciem burzliwej kariery Chanel, pompując wciąż rosnące zyski, dzięki którym i Chanel, i Wertheimerowie zrobili się fantastycznie bogaci. Trzeba było jednak dopiero światowego kryzysu i drugiej wojny, żeby Chanel zrozumiała ekonomiczne znaczenie swoich nowych perfum i komplikacje partnerstwa z Wertheimerami. Kiedy po raz pierwszy podpisała umowę z tą rodziną, nie miała pojęcia i nawet nie umiała sobie wyobrazić, że Chanel No. 5 stanie się taką fontanną bogactwa.

A kim byli Wertheimerowie?

Pokonanie Francji przez armię niemiecką w wojnie francusko-pruskiej lat 1870–1871 rozdzieliło alzacko-żydowską rodzinę Wertheimerów. Émile został w Alzacji, stanowiącej teraz część zjednoczonej Drugiej Rzeszy Niemieckiej, a Julien i Ernest Wertheimerowie wybrali – podobnie jak 15 procent pozostałych Alzatczyków – obywatelstwo francuskie. Okazało się, że to Ernest miał nosa. W 1898 roku założył E. Wertheimer & Cie. i z Julienem u boku nabył większościowy pakiet w firmie A. Bourjois & Cie., wytwórcy *poudre de riz* (pudru dla kobiet), mydła i innych produktów kosmetycznych rozprowadzanych na całym świecie. Bracia kupili także zakład produkcyjny w Pantin, w pobliżu paryskiej ubojni La Villette, znanej jako „miasto krwi". Jak na ironię w czasie nazistowskiej okupacji Paryża to właśnie z kolejowej bocznicy w Pantin francuska i niemiecka policja deportowały niezliczone tysiące mężczyzn, kobiet i dzieci do Niemiec na pewną śmierć.

Wkrótce bracia dołączyli do innych francuskich Żydów i zainwestowali w Galeries Lafayette, wielki dom towarowy, który z olbrzymim powodzeniem prowadził Théophile Bader, najpierw na paryskim bulwarze Hausmanna, a następnie na terenie całej

Pierre Wertheimer, młodszy z braci, 1928. W 1924 roku Wertheimerowie kupili większościowe udziały w firmie perfumeryjnej Chanel

Francji. Produkty Bourjois dla kobiet i mężczyzn znalazły stałe miejsce na półkach Galeries.

Chanel nie była sprytną kobietą interesu. Wszystkie problemy związane z handlem, kontraktami i dokumentami „śmiertelnie ją nudziły". Przez całe życie łączyła ją chaotyczna relacja typu miłość-nienawiść z przebiegłym człowiekiem interesu Pierre'em Wertheimerem. Przekonała się, że została wykorzystana, i lamentowała: „Oszukał mnie", ale równocześnie dodawała swoim niepowtarzalnym szeptem „ten kochany Pierre"[45]. W istocie cztery lata po podpisaniu umowy z kapryśną projektantką Wertheimerowie zaangażowali prawnika do kontaktów z nią, bo stosunki stały się napięte.

A jednak niezamożna wychowanka sióstr ze zgromadzenia sercanek znalazła w czterdziestojednoletnim Paulu i trzydziestosześcioletnim Pierze Wertheimerach żyłę złota. Pomiędzy 1905 a 1920 rokiem bracia podpisali około stu umów o dystrybucji swoich produktów na świecie.

Chociaż Chanel cieszyła się nowo zdobytą sławą i bogactwem, musiała jeszcze zyskać akceptację najwyższych warstw francuskiej society, musiała zostać „namaszczona" przez angielską rodzinę królewską. Nadal była osobą, którą swoboda seksualna stawiała poza szacownym towarzystwem, mimo że „rewolucjonizowała francuską modę" od 1910 roku[46]. Jej miłosne wyczyny nie przeszkadzały Pierre'owi Wertheimerowi. Doskonale znał plotki na jej temat. W istocie Pierre podkochiwał się w Gabrielle Chanel, która w czterdziestym czwartym roku życia wyglądała dziesięć lat młodziej i nadal trudno było jej się oprzeć. Pomimo ich późniejszych kłótni, prawnych potyczek i problemów Pierre do końca życia był zakochany w Chanel. W końcu to on okazał się jej zbawcą.

Na sezon wakacyjny 1924–1925 Chanel pojechała samochodem do Monte Carlo z Sarah Gertrude Arkwright Bate. Sarah, nazywana przez wszystkich Verą, została opuszczona przez matkę i była przybranym dzieckiem Margaret Cambridge, markizy Cambridge, córki diuka Westminsteru, spokrewnionej z królem Edwardem VII i Winstonem Churchillem. Vera była więc od wczesnego dzieciństwa mocno związana z brytyjską rodziną królewską. Jej wygląd, jasna karnacja, posągowa figura oraz angielskie koneksje pociągały Chanel. Nikt nie był bardziej ceniony przez londyńskie towarzystwo. Vera miała licznych adoratorów: różnych Archiech, Haroldów, Winstonów i Duffów nie brakowało u jej boku. Chanel zatrudniła tę trzydziestopięcioletnią ulubienicę angielskiej rodziny królewskiej do reprezentowania Domu Mody Chanel w londyńskim i paryskim towarzystwie.

Lazurowe Wybrzeże było regionem pełnym życia, doskonałym na wakacje czy obchody Nowego Roku. Bogaci mieszkańcy kontynentu spotykali się z angielską elitą, Churchillami i Grosvenorami, którzy w okresie bumu lat dwudziestych cieszyli się w uzdrowiskach Monte Carlo, Deauville i Biarritz we Francji nieznanym dotąd komfortem. Pierre i Paul Wertheimerowie woleli tory wyścigowe w Tremblay, Ascot i Longchamp. Ten rok przyniósł braciom prawdziwą bonanzę: opłaciła im się inwestycja w Félixa Amiota; kiedy rząd francuski znacjonalizował jego firmę, dało to Wertheimerom niespodziewany profit w wysokości 14 milionów franków. (Było to posunięcie wręcz prorocze, Amiot, przyszły partner biznesowy Wertheimerów, chronił fortunę rodziny w złych dniach, które nadeszły).

Wcześniej, w 1923 roku, Adolf Hitler zorganizował pucz w monachijskiej piwiarni. Po nieudanym puczu był aresztowany, sądzony, uznany winnym zdrady i skazany na pięć lat więzienia z możliwością ubiegania się o zwolnienie warunkowe po dziewięciu miesiącach.

W celi numer 7 więziennej fortecy Landsberg Hitler podyktował pół biograficzny, pół polityczny traktat dla swoich akolitów *Mein Kampf* (często tłumaczony jako „Moje zmagania" czy

„Moja kampania", znaczenie tytułu można oddać też jako „Moja walka"), w którym opowiadał o swojej „czteroipółletniej [walce] z kłamstwami, głupotą i tchórzostwem". W pierwszym tomie wydanym na początku 1925 roku, biblii dla NSDAP, wyłożył nazistowskie credo nacjonalizmu, antysemityzmu i antykomunizmu. W tym samym roku Hitler zreorganizował partię nazistowską: jego błyskotliwe niekiedy przemówienia fascynowały miliony Niemców i Austriaków, w tym wielu rozczarowanych weteranów pierwszej wojny.

Kilka miesięcy później Joseph Goebbels został mianowany nazistowskim liderem okręgu Berlin. Francja i Wielka Brytania radośnie świętowały Boże Narodzenie 1924, a społeczną tkankę Republiki Weimarskiej zżerały chaos i hiperinflacja. Kraj ogarnęły zamieszki, kiedy ludziom przepadły oszczędności. W 1919 roku za dolar amerykański płacono 5,20 niemieckiej marki. W grudniu 1924 roku dolar amerykański osiągał cenę 4,2 tryliona niemieckich marek. Bochenek chleba w 1924 roku kosztował – w co trudno uwierzyć – 429 miliardów marek. Za kilogram świeżego masła trzeba było zapłacić 6 bilionów marek. Emerytury stały się bezwartościowe. Ludzie chcieli dostawać dniówki, żeby wynagrodzenie nie dewaluowało się codziennie. Pojawiły się tysiące bezdomnych, niemiecka kultura załamała się, upadła klasa średnia.

ZŁOTY DIUK COCO

Mademoiselle jest kimś więcej niż Grande Dame, ona jest Monsieur.[1]

FRANCUSKI „VOGUE", MARZEC 2009

Zaczęło się od tego, że Vera Bate w sezonie bożonarodzeniowym 1923 wcieliła się w rolę kupidyna. Błagała Chanel, żeby zechciała jej towarzyszyć na kolacji u przyjaciela z dzieciństwa, księcia Westminsteru, na pokładzie jego jachtu stojącego na kotwicy w zatoce Monte Carlo. (Jeden z biografów utrzymuje, że książę nieźle zapłacił Verze za możliwość zawarcia tej znajomości[2]). Chanel lekceważyła zaproszenie, dopóki nie odwiedził jej zaprzyjaźniony wielki książę Dymitr. Lekko ją zrugał. „Bardzo chętnie odwiedziłbym ten jacht". Kilka dni później Vera i Dymitr, a także idąca za nimi Chanel – podobno niechętna wyprawie – zostali zawiezieni na szkuner „Flying Cloud", wystylizowany na siedemnastowieczny statek piracki. Teraz zdobiły go błyszczące dekoracje świąteczne.

Specjalnie wynajęci na tę okazję cygańscy skrzypkowie przygrywali, kiedy książę oprowadzał Chanel po swoim czteromasztowym żaglowcu z wyszorowanymi do białości pokładami z drewna dębowego i nieskazitelnie białymi żaglami. Kabiny pod pokładem urządzone były jak niewielki dom na angielskiej wsi, z boazeriami z dębu i sosny, umeblowaniem z epoki królowej Anny, tapicerką i zasłonami z ręcznie drukowanych tkanin. Na jachcie znajdowała się kolekcja wspaniałych obrazów i sztychów. Bendor, czyli Hugh Richard Arthur Grosvenor, na tym tle prezentował się świetnie. Szeroki w barach, mierzący metr osiemdziesiąt Bendor był bohaterem wojennym, myśliwym, jeźdźcem, mordercą jeleni i dzików, zawsze czarującym gospodarzem o nienagannych manierach i olbrzymim bogactwie. Powoli, z determinacją diuk przystąpił do zdobywania względów Chanel.

Łatwo zrozumieć, dlaczego Chanel pociągała Bendora: była drobna, miała oliwkową karnację, seksapil, była dowcipna i inteligentna, znana z ciętego języka. W wieku czterdziestu lat z powodzeniem grała seksownego łobuziaka, eksponując swoją luksusową prostotę. Bez trudu mogła stawić czoło mężczyźnie, który wypróbowywał swój wdzięk na poważnych angielskich damach lub łatwych dziwkach.

Podczas wspaniałej kolacji i późniejszych tańców w lokalu w Monte Carlo Bendor odkrył kobietę, wobec której żaden mężczyzna nie pozostawał obojętny – jej nozdrza pulsowały w nagłym gniewie, poważny głos wznosił się i opadał do dobrodusznego rozleniwienia. Chwilami kociak, chwilami wamp, a przeważnie lisica – Chanel miewała zmienne nastroje. Pod jej urokiem Bendor topniał jak wosk. Ona później opisała go jako „człowieka bardzo wielkodusznego i uprzejmego, na podobieństwo licznych dobrze wychowanych Anglików – w każdym razie dopóki nie wylądują we Francji. W obecności pań kwintesencja wyrafinowania, ale kiedy ich nie ma – ulicznicy i sprytni myśliwi [...] ale nie mógł być inny, skoro utrzymał mnie przez dziesięć lat"[3].

Chanel projektowała akurat kostiumy do *Niebieskiego pociągu*, baletu-opery Diagilewa–Cocteau, którego paryską premierę przygotowywano w Ballets Russes. Na pokładzie „Flying Cloud" Bendor i jego goście musieli rozmawiać o wyimaginowanym błękitnym pociągu Cocteau. Libretto opery zawierało wszystko, co mogło się spodobać księciu, który kochał i Paryż, i Riwierę, a za kilka miesięcy miał zobaczyć balet i podziwiać kostiumy Chanel.

Prawdziwy pociąg należał do systemu francuskich kolei i zapewniał regularne połączenie brytyjskiej i francuskiej elicie, starającej się uciec z ponurego, mokrego i zimnego Londynu czy Paryża na pełne słońca Lazurowe Wybrzeże. W sztuce Cocteau nie brakowało plażowych romansów, żigolaków i ich kobiet ubranych przez Chanel w stroje plażowe i kostiumy do tenisa, komplety żeglarskie, spodnie golfowe i pasiaste swetry. Zespołowi towarzyszyła muzyka Dariusa Milhauda, a scenerię plażową stworzył Henri Laurens. Główna kurtyna była dziełem Pabla Picassa. Cała produkcja miała być prezentacją nowej sztuki i wielką zabawą.

Wakacje wkrótce dobiegły końca. Chanel i Vera wróciły do Paryża, by przygotować wiosenną kolekcję i skończyć kostiumy do *Niebieskiego pociągu*. Coco uparcie twierdziła, że Bendor nic ją nie obchodzi, a może tylko udawała przed Verą, która nadal występowała jako książęca stręczycielka. Książę wabił Chanel z Eaton Hall, swojej olbrzymiej wiejskiej posiadłości w miasteczku Eccleston w pobliżu Chester w Anglii, posyłając do Paryża przez swojego lokaja słodkie bileciki, a także koszyki truskawek, wiosennych krokusów, gardenii i orchidei własnoręcznie zrywanych w szklarniach i ogrodach rezydencji. Obdarowywał ją nawet świeżym szkockim łososiem, złowionym w jego posiadłości i wysyłanym do Paryża samolotem.

Wkrótce po spotkaniu z Bendorem w Monte Carlo, pomimo jego żarliwych wezwań kierowanych do Chanel z daleka, Vera zaaranżowała spotkanie z przystojnym, niebieskookim, nieco zniewieściałym trzydziestoletnim przyjacielem Bendora, który okazał się dziwnym trafem także kuzynem i przyjacielem Very z dzieciństwa – Edwardem, księciem Walii. W Wielki Czwartek Chanel poznała księcia na pamiętnej kolacji wydanej przez markiza Melchiora de Polignac i jego żonę Ninę Crosby w Chez Henri, eleganckiej paryskiej restauracji w pobliżu Cercle Gaillon na zapleczu opery[4]. Chanel znowu odniosła sukces. Edward, nazywany przez rodzinę i bliskich przyjaciół Davidem lub Bunnym, był oczarowany, błagał, by Coco zwracała się do niego David.

Następnego wieczoru, na długo przed kolejną kolacją, w której oboje mieli uczestniczyć, David wstąpił do mieszkania Chanel na koktajl. Wiele lat później Diana Vreeland, dawna naczelna „Vogue'a", twierdziła uparcie, że „namiętna, skoncentrowana i bardzo niezależna Chanel, prawdziwa *tour de force*" i książę Walii „przeżyli razem wielkie romantyczne chwile".

Jednak Bendor nigdy nie zrezygnował. Kilka tygodni później książę, który potrafił pokonać najbardziej zagorzałego przeciwnika, zjawił się w Paryżu. Był wczesnowiosenny wieczór. Joseph, kamerdyner Chanel, otworzył drzwi i zobaczył gigantyczny bukiet kwiatów ukrywający twarz posłańca. Legenda głosi, że kamerdyner, szukając drobnych, polecił: „Połóż je tam"[5]. Kiedy się odwrócił, by wręczyć mężczyźnie napiwek, rozpoznał księcia Westminsteru. Wkrótce, niewątpliwie na prośbę Bendora, książę Walii zjawił się w mieszkaniu Chanel przy ulicy Faubourg-Saint-Honoré, by się za nim wstawić.

Chanel nadal miała co do niego wątpliwości. Lady Iya Abdy usłyszała od niej: „Książę mnie przerażał"[6]. Chanel wiedziała wszystko o jego seksualnych eskapadach, ona zaś chciała być kochana na zasadach równości. „Nie jestem jedną z tych kobiet, które należą do wielu mężczyzn".

Vera Bate wprowadziła Chanel w wytworne towarzystwo, skupione wokół angielskiej rodziny królewskiej; tworzyli je: Westminster, książę Walii Edward, Winston Churchill i elita angielskiej socjety, która miała wstęp do pałacu Buckingham. Chanel i Bendor, para bardzo różnych ludzi, należących do odrębnych światów, często antagonistycznie nastawionych, nawiązywała właśnie trwające pięć lat romans i przygodę. Chanel trochę przypominała „Kopciuszka [...] flirciara, udawała oczarowanie i nagle pff, zdawała się znikać!"[7]. Bendor był jak „pirat szukający przygód [...] mężczyzna, który kochał swoje kobiety, ale [który] przede wszystkim kochał być zakochany".

Chanel doskonale zdawała sobie sprawę, jak postrzega ją konwencjonalne francuskie towarzystwo i jak ją oczernia. Dla nich była „dawną osobą z półświatka”[8], która utrzymywała wielkiego księcia Dymitra, pozostawała równocześnie w zażyłych kontaktach z francuskimi politykami, z księciem Walii, a według informacji francuskiej policji także z lordem Rothermere, Haroldem Harmsworthem, który wraz z bratem Alfredem był właścicielem londyńskiego „Daily Mail”. Będąc w sarkastycznym nastroju, Chanel powiedziała przyjaciołom: „Zawsze chciałam być kobietą z haremu i spośród moich trzech «facetów» – księcia Walii, wielkiego księcia Dymitra i księcia Westminsteru – wybieram tego, który będzie mnie chronił, najzwyklejszego z ludzi [Bendora]”[9].

Późną wiosną 1924 roku Bendor i Chanel w tajemnicy weszli na pokład „Flying Cloud”, zacumowanego w Bajonnie w Zatoce Biskajskiej. Tak opowiadała o ich pierwszych wspólnych dniach: „On miał jacht, a to najlepsza rzecz, jeśli chce się uciec i zacząć romans. Za pierwszym razem jest niezręcznie, za drugim dochodzi do drobnej kłótni, a za trzecim, jeśli się nie układa, można zatrzymać się w jakimś porcie”[10]. Pierwsze dni w zaczarowanym świecie stworzonym przez Bendora wydawały się im zapewne magiczne. Kiedy dotarli na Morze Śródziemne, na pokład sprowadzono orkiestrę z Monte Carlo, żeby mogli tańczyć co wieczór, bo Bendor to uwielbiał. Obsypywał Chanel drogimi klejnotami i innymi podarunkami, a ona wyznała swojej powiernicy: „Kochałam go albo tak mi się zdawało, co na jedno wychodzi”[11].

Niezwykłe bogactwo Bendora na pewno podnosiło jego atrakcyjność w oczach Chanel. Ten kuzyn Jerzego V był jedynym właścicielem Eaton Hall, posiadłości o powierzchni 11 tysięcy akrów, gdzie liczni ogrodnicy przez okrągły rok hodowali róże, goździki, orchidee, egzotyczne owoce i warzywa. Bocznica kolejowa łączyła posiadłość z główną linią kolei. Bendor był nawet właścicielem prywatnego pociągu, którym mógł jechać z Eaton Hall do Londynu, a tam należał do niego Grosvenor House (później wynajęty rządowi Stanów Zjednoczonych na amerykańską ambasadę), Bourdon House i dochodowe nieruchomości na terenie londyńskich Kensington Gardens. Miał także olbrzymie posiadłości w Australii i Kanadzie.

Do morskich podróży Bendorowi służyły do wyboru „Cutty Sark", przerobiony okręt marynarki, albo duży szkuner „Flying Cloud". Miał liczne stajnie, pawilony myśliwskie w Szkocji i we Francji, samochody Rolls-Royce i Bentley. Do rodzinnych klejnotów należały tiara Westminster i diamenty Arcot.

Bendor, podobnie jak jego długoletni przyjaciel Winston Churchill, urodzili się w świecie, w którym brytyjski szlachcic uważany był (sam zresztą też tak uważał) niemal za boga. Wraz z innymi filarami arystokratycznego ziemiaństwa wkraczał w dorosłe życie z przekonaniem, że jego przeznaczeniem jest rządzenie największym imperium, jakie widział świat.

Jeden z kumpli Bendora, kolega z Izby Lordów, opisał diuka jako „dobrodusznego faceta, niczym szczeniak nowofunlanda, który lubi niesforne zabawy i sporty, konie, samochody i panie. Taki tryb życia najwyraźniej mu służy, bo wygląda jak okaz zdrowia i siły"[12]. Churchill uważał, że Bendor jest „doskonałym myśliwym i wie wszystko o zwyczajach dzikiej zwierzyny [...] jest niezmordowanym kompanem na wojnie i w sporcie [...] niezbyt skłonny do zwierzeń czy publicznych wystąpień; był człowiekiem głęboko myślącym, obdarzonym rzadką mądrością i darem zdrowego sądu. Zawsze bardzo wysoko ceniłem jego opinie"[13].

Pewna Francuzka uznała Bendora za „czysty wytwór epoki wiktoriańskiej, który widzi tylko swoją strzelbę, konia wierzchowego, konia wyścigowego i swoje psy, podczas gdy współczesna mu angielska kobieta ma tylko urodzić dzieci i sprawiać przyjemność swoim panom [...] to człowiek, który potrafił wrzucić do kawy trochę cukru w papierowym opakowaniu i z zegarkiem w dłoni sprawdzać, ile czasu potrzeba, by cukier się stopił [...] to mężczyzna, który lubi chować diamenty pod poduszką swoich kochanek [...] który jednak potrafi potraktować kobietę brutalnie..."[14].

Bez względu na to, jakie były poglądy Chanel na bolszewizm przed 1925 rokiem, Bendor zaznajomił ją ze złem komunizmu i utwierdził w antypatii do Żydów. Wzdrygał się na dźwięk słowa „marksizm". Był także zdeklarowanym homofobem. Kiedy jego szwagier homoseksualista, lider Partii Liberalnej, opowiadał się za wolnymi związkami zawodowymi, Bendor ujawnił królowi Jerzemu V jego homoseksualizm, rujnując małżeństwo siostry i polityczną karierę szwagra[15].

Homofobia Chanel nie ustępowała poglądom Bendora. Zimą 1946 roku w St. Moritz na wygnaniu w Szwajcarii powiedziała podobno do Paula Moranda: „Homoseksualiści? Czyż nie kręcą się ciągle wokół kobiet – «moja śliczna, maleńka, mój aniele» – dusząc je nieustannymi pochlebstwami? Widziałam młode kobiety zrujnowane przez tych strasznych pedałów: narkotyki, rozwód, skandal. Użyją każdego sposobu, by zniszczyć konkurencję i zemścić się na kobiecie. Chcieliby być kobietami, ale kobiety z nich marne. Za to są czarujący!"[16].

Latem 1924 roku, kiedy separacja z Violet Rowley została zalegalizowana, Bendor przywiózł Chanel do Eaton Hall na sezon wieczorków, spotkań tenisowych, jazdy konnej po angielskiej wsi i przesiadywania w cudownych ogrodach. Jesienią jeździło się na polowania do Francji i łowienie łososi do Szkocji. Zdjęcia z tego okresu pokazują Chanel w licznych epizodach: uśmiechała się szeroko, miała czterdzieści jeden lat, a on czterdzieści siedem. Ubrana we własną wersję swetra z Fair Isle wydaje się nie wątpić w to, że potrafi oczarować największe angielskie damy i lordów. Na innym zdjęciu, zrobionym przez barona Adolfa Gayne'a de Meyera, twórcę amerykańskiej fotografii mody, Chanel pozuje do portretu we „wspaniałym" naszyjniku z pereł, prezencie od Bendora[17]. Na zdjęciu w „Vogue'u" Chanel uśmiecha się ubrana w klasyczny dżersejowy kostium z żakietem typu cardigan, na pięknej szyi ma sznury pereł[18]. Na jednym z rzadkich zdjęć pali papierosa, nigdy nie pozbyła się tego zwyczaju[19] (paliła camele, jeśli tylko mogła je dostać). Na innej fotografii widzimy Chanel i Verę Bate w workowatych spodniach i ciężkich tweedach,

Bendor, książę Westminsteru, i Chanel na torze wyścigu Grand National, maj 1924. Romans Chanel z Bendorem trwał pięć lat, a ich przyjaźń całe życie. Oboje bali się komunizmu, oboje też byli proniemiecko nastawionymi antysemitami gotowe do połowu ryb[20]. Trzymają myśliwskiego psa, Chanel ściska w dłoni wędkę, której koniec zabezpiecza korek. Istnieje także cudowne zdjęcie z listopada 1929 roku pod rękę z Winstonem Churchillem na polowaniu w Eaton Hall[21].

Bendor i Chanel często jeździli do Paryża na galowe wieczory i do opery. Kiedy w październiku 1924 roku książę pokazał się na próbie *Niebieskiego pociągu*, w plotkarskiej rubryce w „The Star" napisano: „Nie milkną plotki na temat przyszłości księcia [...] kiedy zaczęły się nieporozumienia między książęcą parą, mówiono, że następną księżną zostanie bardzo urodziwa dziewczyna, której rodzice zdobyli prominentną pozycję [...] Teraz pogłoski mówią, że będzie to mądra i urocza Francuzka, która prowadzi bardzo ekskluzywną firmę krawiecką w Paryżu"[22].

Książę zawsze dostawał to, czego pragnął, a Chanel nie odmawiano niczego, na co przyszła jej ochota. „Prawdziwe życie zaczęło się dla mnie z Westminsterem – wyznała w chwili słabości. – Wreszcie znalazłam ramię, na którym mogłam się oprzeć [...] on nie wiedział, co znaczy snobizm. Był uosobieniem prostoty"[23]. Mniej więcej trzynaście lat wcześniej Chanel i Étienne Balsan zażywali konnych przejażdżek na leśnych ścieżkach Compiègne, gdzie przez trzy lata mieszkała jako panienka do towarzystwa w Château de Royallieu. Teraz Coco przyjmowana była jako nieoficjalna pani Eaton Hall. Często bywała tam Vera Bate i pomagała przyjaciółce rozeznać się w angielskich obyczajach. Jednak Chanel jak zwykle sprawiła, że wszyscy mówili po francusku – nawet Bendor ze swoim strasznym akcentem – podczas gdy ona po kryjomu uczyła się angielskiego.

Życie z Bendorem, przynajmniej przez jakiś czas, przypominało niekończące się wakacje. W roli wdzięcznych gospodarzy urządzali wspaniałe bale, nawet dla pięćdziesięciu czy sześćdziesięciu gości. Podczas muzycznych kolacji orkiestra w czerwonych żakietach i skórzanych lakierkach grała do późnej nocy. Bataliony służących, pokojówek, lokajów, personelu kuchennego, ogrodników i partnerów do wszelkich możliwych sportów pracowały

Lady Dunn z Chanel i psem Gigot, około 1926

na okrągło, w Eaton Hall żaden z gości nie musiał nawet kiwnąć palcem. Pięćdziesięcioma czterema sypialniami, stajniami i siedemnastoma rolls-royce'ami zarządzał Percy Smith, surowy i władczy plenipotent Bendora. Odpowiadał za personel, dom i arcydzieła Rubensa, Rafaela, Rembrandta, Halsa, Velázqueza i Goi, które zdobiły ściany rezydencji.

Chanel podobnie jak Bendor uwielbiała jeździć konno, polować, łowić ryby, żeglować i uczestniczyć w wesołych przyjęciach. W ślepej pogoni za przyjemnością Chanel i Westminster całkowicie zignorowali masowe strajki drugiej połowy lat dwudziestych i wielki kryzys lat trzydziestych. To było zbyt nudne. W końcu ona należała teraz do klasy uprzywilejowanej. Dla księcia, Chanel i całego ich towarzystwa zabawa trwała bez przerwy. Często organizowano wypady do supereleganckiego i ekskluzywnego klubu Embassy, by potańczyć przy orkiestrze Ambrose'a. Maître d'hôtel Luigi zawsze rezerwował dla Bendora i Chanel stolik z widokiem na balkon i kręte drewniane schody.

W 1928 roku baśń toczyła się dalej, Chanel polowała na dziki z Churchillem w pałacyku myśliwskim księcia Westminsteru Mimizan, na południe od Bordeaux. Churchill, ówczesny minister skarbu, i jego syn Randolph pokazani są w wycinku „Daily

Mail"; jest tam i Coco w płaszczu, meloniku, długich butach i ze szpicrutą w ręku. Niczym królowa stoi między dwoma Churchillami, otoczona sforą myśliwskich psów rasy beagle. Tekst artykułu opatrzony jest własnoręcznymi adnotacjami Chanel: „Urocze zdjęcie [...] brakuje pióra w twoim kapeluszu. «Daily Mail», 11 stycznia 1928"[24]. Churchill pisał o tym w liście do swojej żony Clementine:

> Pojawiła się sławna Chanel i bardzo mi się spodobała – wyjątkowo zdolna i miła kobieta – najsilniejsza osobowość, z jaką kiedykolwiek zetknął się Benny [Bendor]. Zawzięcie polowała przez cały dzień, pojechała samochodem do Paryża po kolacji, a dzisiaj zajmuje się oglądaniem i poprawianiem sukien na niezliczonych manekinach. W sumie trzeba dokończyć 200 fasonów w niecałe trzy tygodnie. Wszystko to robi własnymi rękoma, przypina, przycina, drapuje. Niektóre trzeba zmieniać po dziesięć razy. Jest z nią Vera Bate, z domu Arkwright. „To szef pani sztabu?". „Nie". „Jedna z przybocznych?". „Nie. *Elle est là. Voilà tout*".[25]

Nieco później znów donosił Clementine, tym razem ze Stack Lodge w Szkocji: „Chanel jest tu zamiast Violet [drugiej żony Bendora] [...] łowi ryby od rana do wieczora i uśmierciła już pięćdziesiąt łososi (niektóre ważyły 24 funty [blisko 11 kilogramów – przyp. red.]). Jest bardzo miła – naprawdę silna osobowość, która może rządzić zarówno mężczyzną, jak i imperium. Benny w doskonałej formie i, jak mi się wydaje, niezwykle szczęśliwy, że trafił na równą sobie. Jej zdolności równoważą jego władzę"[26].

Churchill, najwyraźniej pod urokiem Chanel, nie mylił się. Jej twórcza energia zdawała się niewyczerpana. Bawiła się, jeździła konno, łowiła ryby, zaspokajała żądze Bendora, po czym wracała do swoich manekinów i tworzyła zachwycające kreacje jak jej seksowna i cudownie prosta „mała czarna", którą wychwalali znawcy mody. A pośród nich Janet Wallach, biografka Chanel i redaktorka działu mody, która pisała: „[Chanel] stworzyła eleganckie ubrania i eleganckie wnętrza zarazem wygodne, luksusowe i szykowne; podejmowała niezwykle licznych przyjaciół. Jej zainteresowania obejmowały zarówno sport, jak i tematy bardziej wyrafinowane intelektualnie, [utrzymywała nawet], że przeczytała wszystkie książki w swojej bibliotece"[27]. Podsumowując, Wallach stwierdziła: „Była bystra, miała cięty język i wystarczające poczucie humoru, by zabawić najbardziej zblazowanego mężczyznę".

Chanel umiała genialnie wykorzystać wszelkie okoliczności i wszystkich, z którymi się zetknęła. Teraz zabrała się do kreowania stylu życia opartego na zwyczajach księcia Westminsteru i na jego szyku. Jednak jej kariera i ambicje ich rozdzieliły. Bendorowi brakowało Chanel i miał do niej żal, że tyle czasu poświęca pracy. Jej przyjaciółka, lady Iya Abdy powiedziała: „Miała tylko dwie prawdziwe miłości [...] siebie i swój dom mody, wszystko inne to były zwykłe namiętności, słabość, przygody bez przyszłości, wykalkulowane związki"[28]. Mademoiselle doskonale wiedziała, że pragnienie Bendora, by się o nią „troszczyć", oznaczało po prostu „winna będziesz wdzięczność tylko mnie". Sfrustrowany jej częstymi wyjazdami Bendor błagał Verę, żeby pomogła zatrzymać Chanel w Londynie. Jego plan sprowadzał się do tego, by ją przekonać do otwarcia butiku w Anglii, gdzie wprawdzie byłaby zajęta, ale znajdowałaby się wygodnie blisko[29].

Londyński Dom Mody Chanel natychmiast okazał się sukcesem. Jego klientkami zostały księżna Yorku, przyszła królowa Anglii, i liczne prominentne przedstawicielki angielskiej szlachty, a także damy z towarzystwa. Nazwisko Chanel było na ustach wszystkich. W swojej paryskiej pracowni Chanel wyprodukowała toczek, niewielki kapelusik. Był idealnym dodatkiem do jej sukienki z czarnego krepdeszynu z długimi rękawami, czyli legendarnej „małej czarnej".

W okresie londyńskim Chanel wprowadziła na rynek wczesną wersję klasycznego dżersejowego kostiumiku z żakietem typu

Z Winstonem Churchillem w Eaton Hall, posiadłości księcia Westminsteru, wczesną zimą 1929. Ich przyjaźń trwała całe życie

Chanel w stroju myśliwskim z Winstonem Churchillem i jego synem Randolphem we Francji, 1928. Przyjaźń Churchilla z Chanel i jego podziw dla niej trwały niemal trzydzieści lat; historycy utrzymują, że po wyzwoleniu Paryża w 1944 roku to Churchill pomógł Chanel uniknąć procesu za kolaborację z Niemcami cardigan, wkładaną przez głowę bluzką z nisko zapinanym paskiem i plisowaną spódniczką. Każdy motyw, każda część ubrania, jaką zobaczyła, stanowiły dla niej inspirację, od tweedów Bendora, przez jego żeglarskie czapki, aż do kamizelek służących. Odważna i pełna inwencji sama nosiła rozszerzane u dołu spodnie i swetry pod szyję, prezentując się seksownie i swobodnie. Na zdjęciu w domku La Pausa widzimy Chanel z talią ściśniętą dekoracyjnym paskiem, uśmiechniętą i szczęśliwą, a jej dog niemiecki o imieniu Gigot (podarunek od Bendora, jego imię znaczy po francusku „bufka") patrzy prosto w kamerę[30].

Mimo zdarzających się sprzeczek Bendor nigdy nie przestał zarzucać Chanel prezentami: kupował jej dzieła sztuki, drogie kamienie, dostała domy w Mayfair i pięcioakrową działkę w pobliżu Roquebrune przy Cap-Martin pomiędzy Mentoną a Monte Carlo. Bendor kupił ją w 1928 roku za 1,8 miliona franków (ponad 3 miliony dolarów obecnie), po czym przekazał Chanel 5 lutego roku 1929. Tutaj zbudowali idealną willę La Pausa na szczycie Roquebrune w pobliżu Monte Carlo[31]. (Chanel dokończyła ją w 1929 roku, a całkowita inwestycja w La Pausa pochłonęła 6 milionów franków – równowartość niemal 12 milionów dolarów w 2010 roku[32]).

Metamorfoza Chanel dobiegła końca. Po czterdziestce ta porzucona, uboga sierota i utrzymanka przeobraziła się w księżniczkę z bajki w średnim wieku.

Jedyny syn księcia zmarł w wieku lat czterech w 1909 roku i Bendor rozpaczliwie pragnął męskiego dziedzica. Już około 1926 roku nalegał, by Chanel porzuciła karierę i stała się jego towarzyszką życia na pełny etat. Jednak trudno uwierzyć, że kiedykolwiek chciał uczynić z Chanel swoją żonę, księżnę i matkę dziedzica. Szansa, że Chanel po czterdziestce urodzi dziecko, była naprawdę niewielka. Później powiedziała podobno niemieckiemu dziennikarzowi, dlaczego nigdy nie wyszła za mąż.

Uśmiechnięta Chanel (po lewej) i Vera Bate (później Vera Lombardi) po wyprawie na ryby w szkockiej posiadłości Bendora; około 1925. Vera opowiedziała Churchillowi, jak wydała Chanel Brytyjczykom jako agentkę nazistów w Madrycie w 1944 roku

„Pewnie z powodu mojej pracy. Dwaj mężczyźni, których kochałam, nigdy tego nie rozumieli. Byli bogaci i nie pojmowali, że kobieta, nawet bogata, może chcieć pracować. Nigdy nie mogłabym zrezygnować z Domu Mody Chanel. To było moje dziecko. Stworzyłam je od zera. Powiedziałam kiedyś księciu Westminsteru: «Po co nam ślub? Jesteśmy razem [...] ludzie to akceptują». Nigdy nie chciałam być dla mężczyzny większym ciężarem niż ptak”[33].

Przyjaciele Chanel uważali, że dzieci ją onieśmielają, że ich nie rozumie i nie wie, jak z nimi rozmawiać[34]. A jednak Chanel i Boy Capel zaadoptowali nieoficjalnie André Palasse'a, siostrzeńca Chanel, i wysłali go do angielskiej szkoły z internatem, żeby zdobył jak najlepsze wykształcenie. Później Coco stała się zastępczą matką Gabrielle „Tiny" Palasse, najstarszej córki André, nazwanej Gabrielą na cześć Chanel.

Ani Chanel, ani Bendor nigdy naprawdę nie dążyli do małżeństwa. Aby udowodnić swoją niezależność, Chanel w końcu oddała jego sekretarce nieużywaną książeczkę czekową. „Korzystałam z własnych pieniędzy". Uparcie broniła się przed tym, by postrzegano ją jako utrzymankę jakiegokolwiek mężczyzny[35].

Kiedy Bendor zaprosił na połów ryb w Szkocji księżniczkę Stephanie von Hohenlohe, doskonałą sportsmenkę i olśniewającą wiedeńską piękność, reakcją Chanel było spotkanie w Paryżu z dawnym wielbicielem, poetą Pierre'em Reverdym, co wprawiło Bendora w szał zazdrości. Oświadczył, że „Chanel jest szalona", i bombardował ją kolejnymi listami. Chanel odpowiadała: „Nie oczekuję od ciebie niczego prócz polnych kwiatków własnoręcznie zerwanych"[36]. W rezultacie książę obsypywał ją kwiatami, a pod ich liśćmi ukryte były najcenniejsze klejnoty.

Mało prawdopodobne, by piękna i bogata Stephanie była kiedykolwiek konkurencją dla Chanel. Wiedeńska księżniczka miała częściowo żydowskie pochodzenie, a Bendor był zajadłym antysemitą. Łamiąc etykietę, posunął się do tego, że brytyjską rodzinę królewską określił jako „tych Żydów", żywił bowiem fałszywe przekonanie, że książę małżonek królowej Wiktorii, Albert Sachsen-Coburg-Gotha, miał żydowskie korzenie[37]. Po kilku kieliszkach whisky powtarzał w obecności Rothschilda: „Nie
znieść tych cholernych Żydów". Na ironię zakrawa
lat później pod władzą nazistowskiego re
ła „drogą księżniczką" Adolfa Hitlera. Rei
Himmler rozwiązał tę „żydowską kwestię
rową Aryjką". Od 1932 roku pracowała w Lo

nazistowskiego wywiadu i łączniczka pomiędzy brytyjskimi pronazistami a wpływowymi przedstawicielami londyńskiej socjety i polityki, do których należeli: Bendor, książę Walii, właściciel londyńskiego „Daily Mail" lord Rothermere, lady Margot Asquith, lady Ethel Snowden i lady Edith Londonderry. W 1937 roku Stephanie odegrała bardzo istotną rolę w organizowaniu spotkań Hitlera z Edwardem Woodem, lordem Halifaxem i księciem Windsoru – zdetronizowanym królem Edwardem VIII – oraz jego małżonką, amerykańską rozwódką Wallis Simpson. Wszyscy trzej byli zażartymi antykomunistami, obawiali się Rosji radzieckiej i głosili konieczność ugody z nazistowskimi Niemcami, które w ich pojęciu stanowiły główny szaniec obronny Europy przed komunistycznymi hordami.

Koniec baśniowego romansu Chanel i księcia nadchodził powoli, choć był nieunikniony. Chanel ceniła swobodę. Szukała prawdziwej miłości, a kiedy zdawało jej się, że już ją ma, miłość okazywała się niemożliwa. Niemożliwa, bo Chanel była kobietą niezależną i po niecałych pięciu latach z Bendorem styl życia księcia po prostu ją znudził. A on z kolei nie był już tak chętny, by dzielić jej tryb życia. Zaczynała go napawać przerażeniem myśl o spotkaniach z jej mądrymi paryskimi przyjaciółmi – żarty i zjadliwe wtręty Cocteau, Diagilewa i ich kochanka Serge'a Lifara były dla niego zupełnie niezrozumiałe. Jednak egocentryczny książę nadal trzymał się Coco pomimo burzliwych kłótni z powodu jego częstych niewierności. W końcu Churchill musiał mu przypomnieć o jego dynastycznych obowiązkach, o dziedzicu, którego powinien mieć, i o tym, że Chanel nigdy nie zostanie zaakceptowana na dworze.

Przez cały ten czas Chanel i Bendor rzekomo zupełnie nie zdawali sobie sprawy, że francuska policja i Sûreté dokładnie śledzą ich ruchy. Jeden z raportów informował, że:

Serge Lifar jako Vestris w kostiumie zaprojektowanym przez Chanel z Marie-Laure de Noailles na „Balu trzechsetlecia Racine'a", wydanym przez hrabiego de Beaumont w czerwcu 1939. Lifar był jednym z ulubionych baletmistrzów dowódcy Luftwaffe Hermanna Göringa. Po wyzwoleniu Paryża przerażony ukrywał się przed bojownikami francuskiego ruchu oporu w szafie w mieszkaniu Chanel przy ulicy Cambon

Książę często jeździ do Francji [i] do Château de Woolsack (w Mimizan w Landach). W Paryżu zatrzymuje się w apartamencie Chanel. Ta dawna przedstawicielka półświatka ma doskonałe kontakty w kręgach politycznych i dyplomatycznych. Książę Westminsteru, który jest

> rozwiedziony, bardzo się interesuje *petites mains* Chanel (małe rączki, czyli pracownice zatrudnione w Domu Mody Chanel do szycia sukien, przyszywania guzików). Ostatniego lata wiele [pracownic Chanel] spędziło wakacje w Château de Woolsack, gdzie czekały na nie książęcy stół i kwatera. Powtarza się to co rok.[38]

Vera Bate w 1929 roku rozwiodła się ze swoim amerykańskim mężem i poślubiła Alberta Lombardiego, oficera włoskiej kawalerii. Została obywatelką włoską. Francuska Sûreté poszerzyła swoje zainteresowania i objęła śledztwem także Verę i jej nowego męża. Raporty dokumentują ich rozmowy telefoniczne, podróże oraz stosunki z Chanel i Bendorem. W 1930 roku Vera porzuciła Chanel i podjęła pracę u konkurencji, w paryskim domu mody Molyneux. Po czym nagle wraz z mężem, obecnie już pułkownikiem we włoskiej kawalerii, przeniosła się do Rzymu. Sûreté podejrzewała, że Alberto pracował dla włoskiego wywiadu wojskowego[39].

Mijały lata. Bendor nie potrafił zrezygnować z nowych podbojów, nie chciał też rozstać się z Chanel. Później Chanel twierdziła: „Nigdy nie starałam się go zdobyć. Jeśli ktoś jest utytułowany, bogaty, bardzo bogaty, to staje się zwierzyną łowną, zdobyczą, zającem czy lisem. Te angielskie damy to wielkie łowczynie, nieustannie polują. Nigdy nawet sobie nie wyobrażałam, że pomyślę: oto mężczyzna, którego chcę i zdobędę go [...] gdzie moja strzelba?”[40].

Latem 1929 roku ich romans się skończył. Chanel i Misia Sert zgodziły się dołączyć do Bendora na pokładzie jachtu „Flying Cloud”. To musiał być cudownie ironiczny kontrast – czterdziestoosobowa załoga, solidne meble, wielkie łoża z baldachimami i cała ta ekstrawagancja zestawiona z dwiema zaprzyjaźnionymi i uszczypliwymi paryżankami, które potrafiły grać złośliwych urwisów, chichocząc i wspólnie zażywając narkotyki. Zabawa skończyła się nagle, kiedy jak grom z jasnego nieba nadszedł z Wenecji telegram z informacją, że Diagilew jest umierający.

Kiedy „Flying Cloud" dopłynął do Wenecji, Misia i Chanel pospieszyły do Grand Hôtel des Bains na Lido, gdzie znalazły ciężko chorego Diagilewa, którym opiekowali się jego kochankowie, tancerze Boris Kochno i Serge Lifar. Diagilew bardzo bał się śmierci. Ich wizyta zdawała się podnosić go na duchu. Chanel zostawiła Misię z Diagilewem, a sama wróciła do Bendora. Misia poprosiła katolickiego księdza, żeby udzielił Diagilewowi rozgrzeszenia. Ksiądz początkowo odmówił, ponieważ tancerz był prawosławny. Wobec furii Misi jednak ustąpił, i owa postać jak z Dostojewskiego, czarodziej baletu, człowiek, który wylansował Michela Fokine'a, Niżyńskiego, Léonide'a Massine'a i George'a Balanchine'a – rozstał się z tym światem.

Misia była zdruzgotana[41]. Później twierdziła, że „jakaś cząstka mnie odeszła wraz z nim". Lifar i Kochno nie mogli się pogodzić ze śmiercią mistrza, to były straszne chwile. Wiedziona przeczuciem Chanel wróciła do Wenecji, obydwie z Misią zorganizowały mszę i pogrzeb. Misia, Chanel, Lifar i Kochno w białych strojach odprowadzili trumnę Diagilewa płynącą gondolą po weneckich kanałach do grobu na cmentarnej wyspie San Michele.

Bendor upierał się, żeby Chanel wróciła na pokład szkunera. Ale romans się skończył, namiętność dawno minęła. Bendor nie potrafił zapanować nad swoimi odruchami. Jak przystało na myśliwego, musiał gonić za innymi kobietami, co dla Chanel było nie do przyjęcia. Kłócili się nieustannie. Może to część mitu, jednego z wielu, jakie dotyczą lat spędzonych z Bendorem, ale ta anegdota to wzruszające pożegnalne wspomnienie. Legenda mówi, że para kłóciła się na pokładzie jachtu „Flying Clouds" zakotwiczonego w pobliżu Villefranche na Lazurowym Wybrzeżu. Książę zszedł na brzeg. Wrócił z cudownym szmaragdem i w świetle księżyca wsunął klejnot w dłoń Chanel. A ona bez zastanowienia pozwoliła, by cenny kamień zsunął się do morza[42].

Kiedy Chanel przestała być kochanką najbogatszego człowieka w Zjednoczonym Królestwie, wróciła na krótko do Pierre'a

Reverdy'ego, czysto śródziemnomorskiego, udręczonego poety. Reverdy ze swoją ciemną karnacją i gęstymi czarnymi włosami mógł być obrazem utraconej miłości Gabrielle, ojca, którego prawie nie znała. W odróżnieniu od księcia Reverdy był partnerem, oboje mieli bardzo podobne pochodzenie. Kiedy zaczął wykazywać oznaki znudzenia mieszkaniem w apartamencie przy ulicy Faubourg-Saint-Honoré, Chanel znalazła mu w pobliżu kawalerkę. Ale Reverdy nie pozwolił się złapać. Wkrótce znowu uciekł do Solesmes, po kilku tygodniach wrócił do Chanel i przez jakiś czas hulał w towarzystwie Cocteau, Maxa Jacoba (żydowskiego poety nawróconego na katolicyzm), Blaise'a Cendrarsa, Légera i Braque'a.

Reverdy wolał teraz osiadłych w Paryżu amerykańskich muzyków jazzowych od przyjaciół Chanel. Coco kpiła z wieczornych eskapad: „Złe jedzenie, kiepskie trunki i idioci, powtarzający ciągle tę samą historię, żeby tylko coś mówić"[43]. Rzadko towarzyszyła Reverdy'emu w nocnym życiu, wolała wcześnie położyć się do łóżka, żeby rano wstać do pracy.

W końcu Chanel zwabiła Pierre'a do La Pausa, mając nadzieję, że zmiana klimatu i piękno jej śródziemnomorskiej kryjówki podziałają magicznie na ich romans.

Właśnie podczas pobytu w La Pausa Reverdy pomógł Chanel skompilować szereg maksym, które po latach zostały opublikowane w „Vogue'u". W młodości pisywała artykuły do paryskich pism kobiecych: „Le Mirroir du monde" „Les Femmes et le sport" i „Le Nouveau Luxe". Teraz, chciała stworzyć coś bardziej literackiego, tak jak kiedyś chciała śpiewać i grać na fortepianie. Wśród maksym można było przeczytać: „Nasze domy są naszymi więzieniami; znajdujemy wolność w ich urządzeniu". „Do brzydoty można się przyzwyczaić, do zaniedbania nigdy". „Prawdziwa wielkoduszność to zaakceptowanie niewdzięczności"[44]. Przypominało to trochę schematyczną poezję Reverdy'ego.

Po powrocie do Paryża Reverdy'ego znowu oczarowała, ale i zbrzydziła otaczająca Chanel aura zamożności. Mimo nienawiści do paryskiej socjety, brał od Chanel pieniądze i zdawał się znajdować przyjemność w stawianiu jej w kłopotliwym położeniu – wybuchał podczas wydawanej przez nią kolacji i uciekał. W końcu Chanel uświadomiła sobie, że chociaż bardzo kocha Reverdy'ego, on nigdy nie będzie pasował do jej świata. Obydwoje zgodzili się, że przyszła pora się rozstać, choć do końca życia pozostali przyjaciółmi, a czasem kochankami. Napisał dla Chanel kilka wzruszających linijek: „Kocham cię i zostawiam / Muszę iść dalej / może się jeszcze spotkamy / wymienimy wspomnienia, pogadamy o dawnych czasach / potem wrócisz do mnie / i będziemy się śmiać"[45]. (Po latach, w czasie okupacji, Reverdy jako uzbrojony francuski partyzant zaaresztował wojennego kolegę Chanel, francuskiego barona Louisa de Vaufrelanda podczas wyzwolenia Paryża i wsadził go do więzienia).

Dla paryskiej elity zerwanie Chanel z Reverdym nie miało tej wagi co jej rozstanie z Bendorem. „Proszę sobie wyobrazić – pisał jeden z biografów Chanel – ta mała wieśniaczka wyrwana ze swojego prowincjonalnego świata odmawia poślubienia księcia Westminsteru"[46]. Jako dziecko Chanel marzyła, by wyrwać się z więzienia klasztornego życia. Dzięki ciężkiej pracy, intuicyjnemu wyczuciu dobrego smaku, dzięki kobiecemu wdziękowi i upartej buntowniczej ambicji zostawiła za sobą biedę i weszła w świat jedwabi, satyny, cennych klejnotów, olbrzymiego bogactwa i sławy. Kiedy szykowała się do życia bez Bendora, była w idealnej sytuacji. „Nie można pozwolić, żeby o nas zapomniano, nie można wypaść z sań. Na tych saniach jadą ludzie, o których się mówi. Trzeba zająć przednie siedzenie i nie dać się z niego zepchnąć"[47].

Bendor znowu się zakochał. Wiosną 1930 roku przywiózł do Paryża narzeczoną, Loelię (wymawiało się to Lilia) Ponsonby, niemal o połowę od niego młodszą, dobrze urodzoną córkę królewskiego skarbnika, żeby przedstawić ją Chanel. Trzeba się zastanowić, czy Bendor świadomie postąpił tak okrutnie, czy po prostu nic sobie nie robił z uczuć Loelii. Tak czy inaczej upierał się, by Chanel z nią porozmawiała i powiedziała mu, czy panna się nadaje. Książę krążył po domu przy Faubourg-Saint-Honoré, który znał tak dobrze, a tymczasem pojawiła się wyrafinowana i elegancka Chanel – w klejnotach, ubrana w granatowy kostium z białą bluzeczką[48]. Dwudziestoośmioletnia Loelia poczuła się przy niej „niezręczna i zaniedbana". Loelia zapamiętała Chanel jako:

> niewysoką, ciemną i zwinną [...] uosobienie własnej mody [...] obwieszoną najróżniejszymi naszyjnikami i bransoletkami, które brzęczały przy każdym ruchu. Jej salon był urządzony z przepychem, usiadła w ogromnym fotelu na eleganckim tle dwóch parawanów z laki, a ja przysiadłam raczej w niekorzystnym położeniu, na stołeczku u jej stóp. Wątpię, czy mój tweedowy kostium przeszedł próbę. Żeby coś powiedzieć, wspomniałam, że pani George'owa Keppel dała mi na gwiazdkę naszyjnik Chanel. Natychmiast poprosiła, żebym dokładnie opisała naszyjnik. „Nie – powiedziała zimno – ten naszyjnik na pewno nie wyszedł z mojej firmy".[49]

Niektórzy biografowie utrzymują, że Bendor przyjechał do Paryża na spotkanie z Chanel kilka dni po ślubie z Loelią.

Jesienią 1929 roku załamała się nowojorska giełda. Amerykańskie papiery wartościowe na całym świecie wkrótce przyniosły ogromną stratę w wysokości 26 miliardów dolarów. W Ameryce, Wielkiej Brytanii i na kontynencie załamanie zmiotło wielkie fortuny. Polityczna przemoc, strajki generalne, lęk przed bolszewizmem i hiperinflacja w końcu zrujnowały do końca stabilność polityczną Niemiec, dzięki czemu do władzy doszedł Adolf Hitler wraz ze swoją partią nazistowską. W obawie przed Hitlerem i niemiecką agresją Francuzi wzdłuż części francusko-niemieckiej granicy zaczęli budować Linię Maginota.

Wielki książę Dymitr ożenił się z bogatą młodą kobietą z Nowego Jorku, a pięćdziesięcioletni Bendor nadal marzył o synu. Mimo wszystko od czasu do czasu sypiał z Chanel, grając rozpieszczonego, zepsutego i wymagającego seksualnie, pobłażającego sobie „równiachy".

Krach na Wall Street w czarny wtorek 29 października 1929 roku zniszczył amerykański handel i przemysł, i doprowadził do wielkiego kryzysu. Wybiła godzina Republiki Weimarskiej. We Francji pojawiły się pierwsze oznaki nadchodzącego spowolnienia gospodarczego, kiedy skończyły się amerykańskie pożyczki i inwestycje w Niemczech.

Dincklage i jego żona Maximiliane (zwana „Catsy") mieszkali teraz częściowo na francuskim słonecznym Lazurowym Wybrzeżu[50]. Dla małżeństwa Dincklage były to najlepsze chwile, mogli się cieszyć swoim szczęśliwym losem, skierowaniem do Francji z dala od niemieckich wstrząsów ekonomicznych i berlińskiego chaosu.

Dincklage dostał tę ciepłą posadkę w chwili, gdy prawie 6 milionów Niemców było bez pracy[51]. Nie zaszkodziło pochodzenie z rodziny o mocno zakorzenionych wojskowych tradycjach, jednak dziesięć lat pracy jako oficer wywiadu zaskarbiło mu przyjaźń generała Walthera von Brauchitscha, którego Hitler wybrał później na naczelnego wodza niemieckiej armii, Wehrmachtu.

Dincklage mówił bezbłędnie po francusku i po angielsku, toteż przykrywka zabawowego, kochającego słońce tenisisty amatora, a czasami niezależnego niemieckiego kupca, była łatwa do zaakceptowania. Piękna, flirtująca chętnie żona z domieszką żydowskiej krwi także pomagała, małżonkowie bez trudu nawiązali kontakty z miejscowymi i rosnącą kolonią niemieckich uchodźców. W archiwach miejskich Sanary-sur-Mer za rok 1930 odnotowano, że w miejscowej prefekturze policji prawo stałego pobytu otrzymali liczni Niemcy i Włosi, wśród których znalazła się także Maximiliane von Dincklage. Mieszkali tu Thomas Mann, Aldous

Huxley, angielska pisarka Sybille Bedford, Niemka i przyrodnia siostra Catsy. Później Sanary stało się schronieniem dla rosnącej liczby niemieckich intelektualistów i Żydów uciekających z Niemiec przed łobuzami w hitlerowskich brunatnych koszulach.

Państwo Dincklage wiedli przyjemne życie na gościnnym śródziemnomorskim wybrzeżu, pełnym słońca, świeżych ryb i lokalnego wina. Jak napisała na początku lat trzydziestych Marta Feuchtwanger, niemiecka ekspatriantka w Sanary: „Byliśmy nad morzem. Z klifu widzieliśmy głębokie niebieskie zatoczki i wysepkę w pewnej odległości. Była też prywatna plaża [...] wielkości chusteczki do nosa. Skały porastała gęsta roślinność: rozmaryn, szałwia, tymianek. Zapach był upajający"[52].

Spokój w Sanary-sur-Mer zakłócał jedynie stuk *boules*, kiedy miejscowi ze swoimi gośćmi grali w *pétanque*, albo odgłosy fal popychanych przez wiatr i rozbijających się o brzeg. Słońce, surfing, zabawa i dobre towarzystwo, wszystko podlane cudownym miejscowym winem – taki sposób spędzania czasu zapewniała przystań znajdująca się zaledwie kilkanaście kilometrów od Tulonu, kwatery głównej Floty Śródziemnomorskiej, gdzie stała zakotwiczona francuska flota. Flota i kwatera główna francuskiej marynarki w Tulonie stały się głównym celem Dincklagego w ciągu kilku najbliższych lat. Otrzymywał wynagrodzenie za pośrednictwem niemieckiej ambasady z funduszy pochodzących ze skarbca wywiadu wojskowego przywożonych przez kurierów. Dincklage opłacał agentów, przekupywał skorumpowanych urzędników i prowadził odpowiedni tryb życia. Berlińscy mocodawcy Spatza i Catsy płacili im za przeprowadzenie operacji szpiegowskiej, stworzenie sieci tajnych agentów, którzy za pieniądze lub z obawy przed szantażem przeniknęliby tajemnice francuskiej marynarki w bazie w Tulonie, gdzie przechowywano tajne plany i klucze do szyfrów. Po osiedleniu się w Sanary i zapoznaniu się z bazą morską i flotą w Tulonie Spatz i Catsy zabrali się do poszukiwania potencjalnych kandydatów, mężczyzn i kobiet gotowych zdradzić Francję.

Państwo Dincklage nie byli pierwszymi agentami Abwehry wysłanymi do Francji[53]. Francuskie Ministerstwo Spraw Wewnętrznych i Sûreté Générale doniosły, że osiem lat wcześniej przybyło do Francji trzech agentów niemieckiego wywiadu wojskowego, Herr von Brinkmann, hrabia von Brennkendorf i major Roll (imion nie podano), a każdy z nich miał przy sobie 500 tysięcy francuskich franków. Ich misja według źródła w naczelnym dowództwie armii polskiej miała polegać na zorganizowaniu w Paryżu siatki agentów, która spenetruje naczelne dowództwo armii francuskiej i zdobędzie francuskie plany wojskowe na wypadek wojny. Nie znaleziono informacji o aresztowaniu tych trzech szpiegów.

Dincklage był idealnym kandydatem do prowadzenia misji Abwehry na Lazurowym Wybrzeżu. Berlińscy mocodawcy wybrali człowieka z referencjami i odpowiednim pochodzeniem. W końcu Dincklage był potomkiem wysokich rangą oficerów, którzy służyli niemieckim cesarzom w dwóch wojnach. Jego matka, Lorry, była z pochodzenia Angielką. Jej brat, wuj Dincklagego, był admirałem w czynnej służbie niemieckiej marynarki. Od wczesnej młodości Günther nasiąkał towarzyskimi talentami starej Europy. Od 1914 do 1918 roku przechodził próbę w światowym konflikcie i w okopach na froncie rosyjskim. W innym miejscu i czasie Dincklage byłby idealnym kandydatem do CIA czy brytyjskiej tajnej służby MI6.

Matka Maximiliane była Żydówką, co żonie Dincklagego dawało możliwość grania roli osoby o poglądach antynazistowskich i było doskonałą przykrywką do szpiegowskich działań we Francji[54]. A Maximiliane także miała doskonałe referencje[55]. Dokument z 1929 roku z niemieckiego urzędu stanu cywilnego mówi o małżeństwie Dincklagego z Maximiliane, córką żydowskiej matki i arystokratycznego ojca, podpułkownika armii niemieckiej[56]. W raporcie napisano, że Dincklage w 1929 roku w stopniu majora odszedł ze służby, ale to była przykrywka wymyślona przez jego szefów z Abwehry w Berlinie. Dincklage po prostu zamienił mundur oficera kawalerii na cywilne ubranie oficera wywiadu. Francuski wywiad wojskowy przed drugą wojną światową zanotował: „Dincklage, alias Spatz [...] od 1920 oficer niemieckiego wywiadu wojskowego, znanego jako Abwehra"[57].

Sûreté, francuski wywiad wojskowy oraz kontrwywiad, Deuxième Bureau, potrzebowały sporo czasu, by uświadomić sobie zakres tajnych działań Dincklagego na Lazurowym Wybrzeżu. W 1934 roku w tajnym dokumencie Sûreté zatytułowanym „Podejrzani Niemcy w Sanary" opisano, w jaki sposób Dincklage (wówczas attaché specjalny ambasady niemieckiej w Paryżu) przeprowadzał operacje na południu Francji: „Mieszkał w licznych willach w śródziemnomorskim uzdrowisku Sanary-sur-Mer, 13 kilometrów od Tulonu; ale na wiele lat osiedlił się w Villa Petite Casa"[58]. Raport stwierdza dalej: „Małżeństwo Dincklage wynajmowało tę willę nawet na czas nieobecności na Lazurowym Wybrzeżu".

Przykrywką Günthera i Maximiliane w Sanary było aktywne życie towarzyskie. Zaprzyjaźnili się z sąsiadami, w tym z angielskim pisarzem pacyfistą Aldousem Huxleyem i jego żoną Marią. Sybille Bedford, przyrodnia siostra Catsy, opowiedziała o ich wyczynach w dzienniku prowadzonym od 1932 roku, kiedy to Dincklage wraz z Catsy grywał w kasynie i jadał kolacje z Huxleyami. „Huxleyowie organizowali pikniki o zachodzie słońca na plaży, w gaju oliwnym czy na klifie [...] jedliśmy pieczonego królika, kwiaty cukinii, wypijaliśmy dzbanki mrożonego ponczu – z białego wina, cytryny i rumu – przygotowanego przez Aldousa"[59].

Do przyjaciół małżeństwa Dinckleage w Sanary należał oficer marynarki francuskiej Charles Coton i jego żydowska narzeczona Alida Léa Salomon. Coton opisał Sanary jako „niewielki przyjemny port pełen artystów, pisarzy, malarzy i rzeźbiarzy. Panowała w nim gorąca intelektualna atmosfera"[60]. Wszyscy spotykali się w dwóch portowych kawiarniach. „Tańczyliśmy w Marine, a gadaliśmy w Nautique". Coton napisał później, że Dincklage wydał mu się wytworny. „Baron, znany jako Spatz, wspaniale grał w tenisa, grywałem z nim często. Z tego co wiem, opuścili Niemcy, ponieważ nie podobał im się reżim i mieli pewne problemy z powodów rasowych. Bo jego żona była Żydówką. [...] Nie wiem, słusznie czy nie, ale w Sanary krążyły pogłoski, że Dincklage jest niemieckim szpiegiem i między innymi dlatego mieszkał w Sanary, że było to blisko portu w Tulonie. Ale ze mną nigdy nie rozmawiał o sprawach wojskowych"[61].

Maximiliane von Schoenebeck, zwana „Catsy", żona barona von Dincklagego, w 1930 roku, kiedy szpiegowała na rzecz Niemców w pobliżu bazy marynarki francuskiej w Tulonie

Ta ostatnia uwaga Cotona była czystym kłamstwem. W 1933 roku francuski kontrwywiad już go śledził, podejrzewając, że oficer marynarki jest jednym z agentów Dincklagego w bazie w Tulonie. Później szpiegostwo Cotona potwierdziło się, a on został kurierem Dincklagego podróżującym pomiędzy Tulonem a Paryżem[62].

W 1930 roku berlińscy mocodawcy Dincklagego wycofali go z Sanary i przydzielili mu tymczasowe obowiązki dyplomaty w ambasadzie niemieckiej w Warszawie. Tam zaprzyjaźnił się z nim Bernard du Plessix, kolega dyplomata pracujący w ambasadzie francuskiej. Pisarka Francine du Plessix Gray, córka Bernarda i jego żony Tatiany, pamięta, jak rodzice zaprzyjaźnili się w Warszawie z Dincklagem. Plessix Gray pisze, że ojciec i matka uważali Dincklagego za „uroczego chargé d'affaires niemieckiej ambasady". Jednak w archiwach Niemieckiego Ministerstwa Spraw

Oficer marynarki francuskiej Charles Coton z żoną Alidą (Léą)
w połowie lat trzydziestych. Para należała do siatki Abwehry prowadzonej
przez Dincklagego, która zbierała informacje szpiegowskie dla Niemców
w bazie marynarki francuskiej w Tulonie

Zagranicznych nie ma wzmianki o tym, że Dincklage był chargé d'affaires, co w języku dyplomatycznym oznacza wyznaczenie pracownika na tymczasowego zastępcę nieobecnego ambasadora.

Nie ma jednak wątpliwości, że rok 1931 Spatz spędził w Warszawie[63]. Mimo dyplomatycznych kolacji i balów miastem targały intrygi, po upadku austriackiego Credit-Anstalt, niemieckiego Danat-Bank i po oficjalnym zamknięciu wszystkich niemieckich banków dławił je kryzys ekonomiczny. Kryzys finansowy popchnął polską politykę pod wodzą generała Józefa Piłsudskiego na prawo. W 1931 roku to przesunięcie do skrajnej prawicy było jeszcze bardziej wyraźne w Niemczech, gdzie multimilionerzy Alfred Hugenberg, Emil Kirdorf, Fritz Thyssen i Kurt von Schröder zgodzili się udzielić finansowego wsparcia nazistowskiej partii Adolfa Hitlera, liczącej zaledwie ośmiuset członków.

Franklin Delano Roosevelt został wybrany trzydziestym drugim prezydentem Stanów Zjednoczonych w 1932 roku. W tym samym roku Dincklage opuścił placówkę dyplomatyczną w Warszawie i powrócił do sekretnej misji w Sanary, gdzie podczas jego nieobecności przebywała Catsy.

Chanel zbliżała się do pięćdziesiątki. Nadal była fascynująca, uwodzicielska i ambitna – „pociągała i kobiety, i mężczyzn ze świata sztuki". We Francji czasy były ciężkie. Bogaci Amerykanie zaczęli znikać. Na Lazurowym Wybrzeżu zamknięto jedną czwartą luksusowych hoteli. A jednak pomiędzy 1931 a 1935 rokiem Dom Mody Chanel prosperował świetnie – interes niemal się podwoił, w 1931 roku zatrudniał 2440 kobiet, a w 1935 prawie 4000, tamtego roku w Europie, na Bliskim Wschodzie i w Ameryce sprzedano 28 tysięcy sukien. W Wielkiej Brytanii Chanel zdobyła rozgłos, kiedy młode damy z entuzjazmem przyjęły jej nowy projekt bawełnianej sukienki wieczorowej z piki, koronki i organdyny z nowatorskim zamkiem błyskawicznym.

Ameryka wabiła.

Z Iną Claire podczas pracy Chanel w Hollywood,
kiedy ubierała gwiazdy Goldwyna, 1931

HOLLYWOODZKIE PRZYJEMNOŚCI

Bóg stworzył gwiazdy. Ja je tylko produkuję.

SAMUEL GOLDWYN

Pewnego letniego dnia w 1930 roku w Monte Carlo wielki książę Dymitr przedstawił Chanel Samuelowi Goldwynowi, który chciał, żeby projektowała garderobę jego gwiazd – Joan Blondell, Madge Evans i Glorii Swanson. W szczytowym okresie amerykańskiego krachu ekonomicznego, kiedy 13 milionów obywateli nie miało pracy, Goldwyn zaproponował Chanel milion dolarów (w 2010 roku równowartość około 14 milionów dolarów[1]), jeżeli zgodzi się spędzić kilka tygodni w Hollywood. Oferta Goldwyna padła w momencie, gdy modele Chanel wychwalały amerykańskie, francuskie i niemieckie magazyny mody. „Vogue" posunął się tak daleko, że zaangażował aż czterech najlepszych fotografów mody – Cecila Beatona, Edwarda Steichena, Horsta i Hoyningena-Huene – by przedstawić jej kreacje.

Dla Chanel była to odpowiednia chwila, by wyjechać z Paryża i spróbować czegoś nowego. Jej główna rywalka Elsa Schiaparelli pokazywała swoje modele praktycznie pod nosem Coco przy placu Vendôme, tuż za rogiem od jej pracowni przy ulicy Cambon. „Włoska czarodziejka" była zdecydowana „podciąć skrzydła Chanel [...] nagłymi przebłyskami fantazji, surrealizmu i ekstrawagancji, charakterystycznymi dla lat trzydziestych"[2]. Na modę wywierały przede wszystkim wpływ sztuka i fotografia, a Schiaparelli dała się poznać, współpracując z Salvadorem Dali w tworzeniu surrealistycznych swetrów i pilśniowych szalonych kapeluszy.

Hollywood oznaczał wyzwanie, a podróż umożliwiłaby ucieczkę z Paryża i wyjście z cienia Schiaparelli. Chanel nie wątpiła we własne umiejętności i talent. W końcu od lat była ważną projektantką ubrań, biżuterii i perfum, „najlepiej sprzedającego się zapachu na świecie". Uwolniła kobiety „od kłopotliwych sukien i kapeluszy [...] tworząc dżersejowe stroje sportowe z marynarskimi detalami i plażowe piżamy – jak twierdziła, wykradła te pomysły z garderoby Bendora i innych mężczyzn"[3].

Jednak przemysł związany z modą kulał, dotknięty kryzysem ekonomicznym w Europie. Goldwyn zaoferował więcej niż tylko pieniądze. Był geniuszem reklamy, mógł zdobyć dla Domu Mody Chanel część amerykańskiego rynku prêt-à-porter, oczywiście bez paryskiej metki Chanel.

Później Chanel powiedziała podobno: „Hollywood jest stolicą złego smaku. Przypomina wieczór w Folies Bergères. Kiedy już się przyzna, że dziewczęta są piękne w tych swoich piórach, niewiele można dodać, a kiedy wszystko jest super: superseks, superprodukcja, wszystko wygląda podobnie i jest wulgarne"[4]. Jednak Chanel nie mogła odrzucić tego pakietu: pewny milion i rozeznanie Goldwyna w dziedzinie public relation.

Mimo deklarowanej niechęci do Żydów, Chanel podpisała wstępny kontrakt z Goldwynem, który urodził się jako Schmuel Gelbfisz i pochodził z warszawskiej dzielnicy żydowskiej. Jeden z pisarzy opowiada, jak Goldwyn starał się trzymać Żydów z daleka od Chanel. A ona zachowywała się grzecznie, mówiąc: „Są wspaniali Żydzi, Izraelici i są *youpins*" [pejoratywne francuskie określenie Żyda]"[5].

Masowo produkowane wówczas filmy „mówione" szybko się starzały i często nie przystawały do równie szybko zmieniającej się mody. Zdawało się, że suknie do kolan i modele unisex zniknęły w ciągu jednej nocy, a następnego dnia ich miejsce zajęły długie, opływowo zmysłowe sukienki. „Co w zeszłym roku wydawało się młode, w tym sezonie wygląda staro, tak jak dłuższe, szersze spódnice, wyższa talia wyglądały kiedyś stosownie, elegancko i wytwornie”[6]. Coś musiało się zmienić. Goldwyn, mistrz tworzenia wizerunku, stworzył kolejną hollywoodzką fantazję. Jego gwiazdy miała ubierać Chanel, w ten sposób „kobiety zobaczą na naszych filmach najnowszą modę paryską”[7].

Chanel zdecydowała, że Marie Sophie Godebska, jej starzejąca się polska Misia, musi przyjechać do Hollywood choćby po to, by czarować Goldwyna w jego rodzimej polszczyźnie. A poza tym Misi należał się odpoczynek. Jej kłopoty sięgały ponurej paryskiej historii rozpusty, jaka rozegrała się pod koniec libertyńskich lat dwudziestych. Ona i jej mąż José Maria Sert byli zakochani w zachwycającej dziewiętnastoletniej gruzińskiej księżniczce i początkującej rzeźbiarce Roussadanie Mdivani, znanej jako Roussy[8]. Ta niezwykle urodziwa manipulantka przyjechała do Paryża z rodzicami, którzy uciekli z ojczyzny, i studiowała sztuki piękne, kiedy w nastolatce zakochał się pięćdziesięcioletni José. Po czym Misia także poczuła działanie jej wdzięków. Ruszyły paryskie języki: „nierozłączne trio [...] ponury tercet [...] szprycują ją narkotykami i wykorzystują”. „Tatarski wdzięk Roussy oczarował małżeństwo Sertów”[9]. Chanel ostrzegała przyjaciółkę, że igra z ogniem. Ale Misia zgadzała się bez słowa, by José Maria dzielił z Roussy łoże. A w Paryżu rozeszły się plotki o tym, jak blisko jest Misia z Roussy i jak blisko z Misią była Chanel. Biografowie Misi mówią o tym tak: „Coco i Misię nieustannie widywano razem, a ich relacje były tak napięte, że uważano je za kochanki[10].

Homoseksualne i heteroseksualne romanse były w kręgu Chanel powszechne, podobnie jak zażywanie morfiny, kokainy czy innych narkotyków. Sertowie; Cocteau i jego nowy kochanek, francuski aktor filmowy Jean Marais; Serge Lifar; Étienne de Beaumont; malarz Christian Bérard; artysta i wydawca Paul Iribe – wszyscy oni nadużywali tych substancji. W 1935 roku sama Chanel okazała się uzależniona od sedolu robionego na bazie morfiny. Niestała i kapryśna pokryła medyczne koszty odzwyczajenia Cocteau od narkotyków, a w wywiadzie dla jakiegoś magazynu powiedziała o nim: „snobistyczny pedałek, który przez całe życie nie robi nic innego, tylko okrada ludzi”[11].

Choć obydwoje byli zagorzałymi katolikami, José Maria Sert rozwiódł się z Misią w procesie w sądzie cywilnym[12]. José, mężczyzna w średnim wieku, uciekł z dwudziestodwuletnią wówczas Roussy, wziąwszy z nią ślub cywilny w Hadze. Misia była zdruzgotana.

Wiosną 1931 roku przy dźwiękach gwiazdotwórczych werbli Goldwyna Chanel zabrała załamaną Misię i batalion modelek, asystentek i szwaczek do Nowego Świata na pokładzie statku Norddeutsche Lloyd SS „Europa”. Luksusowy liniowiec wyruszył z Calais, przepłynął trasę z szybkością 275 węzłów i pięć dni później przycumował w Nowym Jorku. Na liście pasażerów jako rok urodzenia Chanel zapisano 1889 zamiast 1883. W jakiś sposób odjęła sobie sześć lat, i nie było to ostatnie jej kłamstwo na temat wieku.

W apartamencie hotelu Pierre przy Fifth Avenue, wychodzącym na Central Park, Chanel rozmawiała z prasą, według słów „New York Timesa”: „Nie jako pełna życia gwiazda kina, raczej jak sprytna kobieta interesu”[13]. Ubrana w prosty strój sportowy z ciemnoróżowego dżerseju, białą trykotową bluzkę z bardzo chanelowskim kołnierzykiem i mankietami z białej piki „drobna, czarująca brunetka z równo podciętymi włosami powiedziała reporterom [za pośrednictwem tłumacza], że wkrótce długie włosy znowu staną się modne. Jeśli kilka wytwornych kobiet będzie nosiło długie włosy, reszta pójdzie w ich ślady”[14].

Jak zawsze bystra, urocza i bardzo francuska podejmowała subtelne próby sprzedania swojej sztucznej biżuterii; „na szyi miała długi, kilkakrotnie zakręcony sznur pereł, na ręku bransoletkę z wielokolorowych kamieni półszlachetnych. Wyjaśniła za pomocą wielu wymownych gestów, że lubi sztuczną biżuterię [...].

Robert Greig i Gloria Swanson w kostiumach zaprojektowanych przez Chanel w filmie *Tonight or Never*

Lubi nosić ją w dużych ilościach do ubrań dziennych, ale uważa, iż do stroju wieczorowego powinno się nosić jak najmniej biżuterii”[15].

Reporterowi „New York Times” Chanel wydawała się „nieco zdumiona liczbą przeprowadzających wywiady i członków komitetów powitalnych, tłoczących się w jej apartamencie”[16]. Jednak była nie tyle zdumiona, ile chora. Zapadła na grypę, ale to nie powstrzymało jej przed pryskaniem z małego rozpylacza na dziennikarzy i gości jeszcze nienazwanym, czy raczej nieponumerowanym, nowym zapachem. Wyznała swoim gościom, że nigdy nie chodzi do kina, że prawdziwe perfumy są tajemnicze i że mężczyźni, którzy się perfumują, są obrzydliwi. Później zasugerowała, nie precyzując, o co jej chodzi: „Jeśli jesteś blondynką, używaj niebieskich perfum”[17].

Chanel wkrótce wyruszyła na zachodnie wybrzeże. Goldwyn przygotował wszystko na jej triumfalny wjazd do Hollywood. Specjalny biały wagon zawiózł jego gwiazdę do słonecznej Kalifornii. Uroczyste powitanie Chanel i jej towarzyszek nastąpiło na peronie stacji Los Angeles w obecności Grety Garbo, która cmoknęła ją w policzek, a potem był wieczór w studiu, gdzie Chanel poznała aktualnych bohaterów nagłówków prasowych. Reflektory rozbłysły, Chanel była zagadywana i obcałowywana przez aktora Ericha von Stroheima, Claudette Colbert i Katharine Hepburn, która kręciła w tym czasie *Małe kobietki*. W tle trzy tysiące statystów obserwowało imprezę z gigantycznych estrad na planie filmowym.

Wszystko to było wspaniałe i pewnie bardzo nudne dla Chanel, ale prasowe charty były zachwycone i podekscytowane. Biograf Chanel, redaktor „Paris Match" Pierre Galante opisał, jak próbowali prawdziwego szampana, kawioru i „gapiąc się na paryskie modelki, śmiali się z francuskich dowcipów"[18]. Korespondenci wysyłali dokładne opisy otoczenia Chanel i pierwszego kontaktu jej z Garbo: „Spotkanie dwóch królowych", wykrzykiwali[19]. Podczas gdy mówiąca po polsku Misia ugłaskiwała ponurego Goldwyna – nazywając Sama „mamą" – Chanel uczyła się hollywoodzkich obyczajów. Według Galante'a, „Gwiazdy – aktorzy i aktorki – musieli być pobożni, potulni i uśmiechnięci albo groziło im wygnanie – kiedy miliony Amerykanów było bez pracy, wytwórnie wprowadziły surowy kodeks moralności i dobrego zachowania – rozwód był zabroniony, a sławnych aktorów fotografowano do kroniki filmowej i magazynów filmowych w skromnych domach albo w trakcie odwiedzania swojego kościoła czy pastora". W Hollywood zadekretowano, że aktorzy mają być „silni jak policjanci, nieskalani jak harcerze, powściągliwi jak kwakrzy, a jednak pomimo Amerykańskiego Kodeksu Przyzwoitości, jaki starali się wprowadzić detektywi wytwórni, za kolejnymi zasłonami na styl życia składały się rozpusta, nadużywanie narkotyków i orgie"[20].

Coco chłonęła z przyjemnością zakulisowe szczegóły techniczne kręcenia filmów – obserwowała gigantyczne aparatury dźwiękowe, specjalistów oświetlenia i makijażu. Projektowała kostiumy, a jej pracownice ubierały aktorów, tak jak ona ubierała wielu odtwórców głównych ról w baletach i operach w Paryżu. Jej asystentki zabrały się do wytwarzania ozdobnych „piórek", które mogli wykorzystać technicy. Coco znała swój fach, ale znała też swoje ograniczenia. „Nigdy nie byłam krawcową; podziwiam wszystkich, którzy potrafią szyć; ja się nigdy nie nauczyłam, kłuję sobie palce"[21].

Gloria Swanson w stroju zaprojektowanym przez Chanel w filmie z 1931 roku *Tonight or Never*

Chanel miała nadzieję, że wprowadzi swoje surowe standardy, ale hollywoodzki korespondent londyńskiego „Sunday Express" ocenił wizytowe piżamy jako „strój w złym guście, żadna dama się w czymś takim nie pokaże"[22]. A jednak w *Tonight or Never*, trzecim hollywoodzkim filmie z 1931 roku, do którego Chanel robiła kostiumy, Gloria Swanson w pierwszych scenach występuje w takiej piżamie. Chanel i jej pracownice podziwiały garderobiane w Hollywood, nawet jeśli ich kostiumy wydawały im się kiczowate. Od początku nie ulegało wątpliwości, że hollywoodzka przygoda Chanel skazana jest na klęskę. Powiedziała biografce Charles-Roux: „Atmosfera w Hollywood była infantylna, pewnego dnia podejmował nas sławny aktor, który na naszą cześć wszystkie drzewa w swoim ogrodzie pomalował na niebiesko. Mnie to rozśmieszyło, ale na Misi zrobiło wrażenie. Eric von Stroheim zaimponował

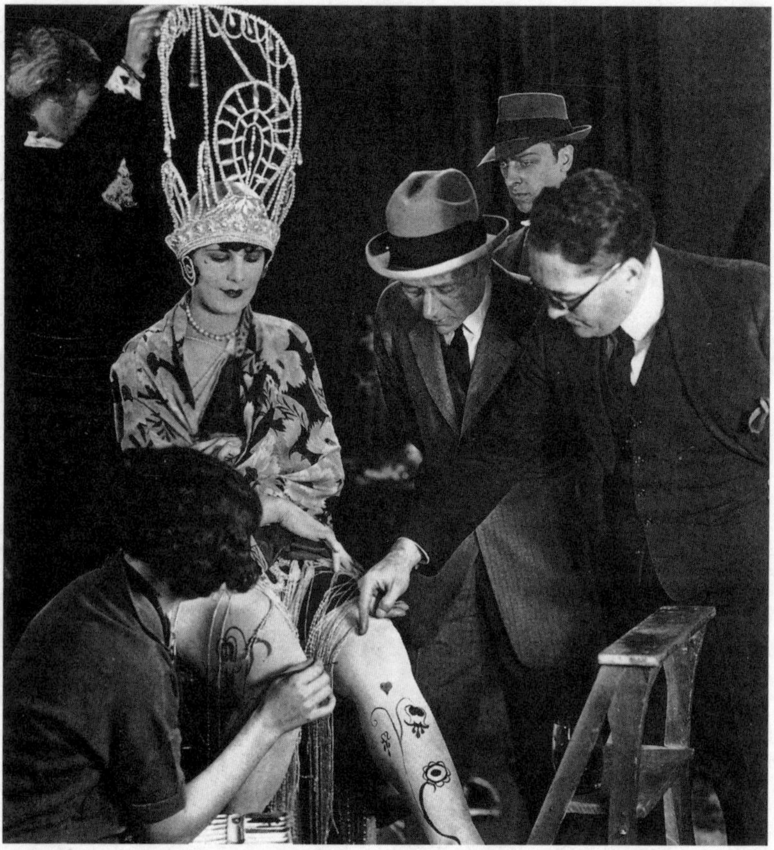

Paul Iribe (w głębi po prawej) w 1924 roku jako hollywoodzki reżyser filmu *Changing Husbands*. Iribe i Chanel zakochali się w sobie w 1931 roku, kiedy Paul pomagał jej w prowadzeniu interesów. Był wydawcą finansowanego przez nią prawicowego periodyku „Le Témoin", w którym znalazły się jego niezwykłe rysunki przedstawiające Chanel. Iribe zmarł w 1935 roku, Chanel była świadkiem jego śmierci

mi tylko dlatego, że brał osobisty odwet – Prusak prześladujący gorszych z natury Żydów, a w Hollywood większość stanowili Żydzi. Dla Żydów z Europy Środkowej ten aktor [von Stroheim] był wiecznym koszmarem"[23].

W końcu Chanel uznała, że jest zbyt wyrafinowana na hollywoodzkie błyskotki, bogate fasady, gust jego władców i koterie aktorskie, a także zderzenia ego bogiń srebrnego ekranu. Jej wąskie dżersejowe kostiumy z białymi kołnierzykami i mankietami nie były wystarczająco efektowne. Twórczej wizji Chanel brakowało seksowności poszukiwanej przez aktorów i reżyserów dla podniesienia atrakcyjności filmu. Dyskretna wytworność kostiumików Chanel na ekranach kinowych wydawała się nijaka. Chanel stwierdziła nieśmiało: „Lubię tylko filmy policyjne". Jej kostiumy właściwie nie wzbudziły zainteresowania, a filmy, przy których pracowała, nie odniosły sukcesu.

Zanim Chanel wyruszyła do domu, odwiedziła jeszcze raz Nowy Jork. Wielkie miasto ją bawiło. Spotkała się tutaj z dwiema najważniejszymi redaktorkami pism o modzie w Ameryce: z Carmel Snow z „Harper's Bazaar" i Margaret Case z „Vogue'a". To te kobiety dyktowały w najbliższych latach, jak mają się ubierać Amerykanki.

Chanel potrzebowała czegoś więcej. Odwiedziła Saks Fifth Avenue, Lord & Taylor, Bloomingdale's i Macy's. Jednak naprawdę zafascynował ją okręt flagowy gotowej konfekcji, sklep New York's S. Klein na Union Square na Manhattanie.

Chanel odkryła samoobsługowy system sprzedaży Kleina: kobiety wszystkich zawodów, wszystkich ras i narodowości przymierzały jedną rzecz po drugiej pod okiem żujących gumę sprzedawczyń w otoczeniu ostrzegawczych napisów: NIE KRADNIJ! NASI DETEKTYWI OBSERWUJĄ! NIE PRZYLEPIAJ GUMY POD UMYWALNIĄ!

To była Ameryka nieznana Chanel; patrzyła na tysiące sukien skrojonych jak francuskie, tylko z innych materiałów. Duże pieniądze można zarobić na kopiowaniu, pod warunkiem że zainwestuje się ogromne pieniądze w reklamę i promocję. To była dla Chanel lekcja na całe życie, jeśli chodzi o handel masowy.

Zaledwie po miesiącu spędzonym w Ameryce Chanel odpłynęła do domu na francuskim liniowcu oceanicznym SS „Paris". Na pokładzie było wielu Amerykanów, a wśród nich matka

Franklina D. Roosevelta. Krótka przygoda w Ameryce była słodka i gorzka zarazem. Coco zdeponowała w banku niezłe honorarium, a rozgłos dał jej przewagę nad rywalami na amerykańskim rynku, nawet jeśli pobytu w Hollywood nie można było nazwać triumfalnym. Po całym tym zamieszaniu i gorączce reklamowej Chanel ubrała Glorię Swanson do *Tonight or Never* Goldwyna, Goldwyn Girls w komedii muzycznej *Palmy Days* i trzy czołowe aktorki – Inę Claire, Joan Blondell i Madge Evans – w *The Greeks Had a Word for Them*. Według „New Yorkera", Chanel wyjechała z Hollywood lekko obrażona. Pismo twierdziło, że dla magnatów filmowych kostiumy Chanel nie były dość rewelacyjne. „Dzięki Chanel dama wyglądała jak dama, ale Hollywood chce, żeby dama wyglądała jak dwie damy"[24].

← Od lewej: Madge Evans, Ira Claire i Joan Blondel w filmie z 1932 roku *The Greeks Had a Word for Them*. Chanel projektowała kostiumy aktorek

PAUL SCHODZI ZE SCENY, WKRACZA SPATZ

Jak z diabłem schodów zmaga się zawzięcie
Gdy ten pozór nadziei przybrał i rozpaczy.

T.S. ELIOT, ŚRODA POPIELCOWA
przekład Adam Pomorski

Po powrocie z Hollywood Chanel potrzebowała natychmiastowej zmiany otoczenia, pojechała więc do Londynu, by „zanurzyć się w szlachectwie"[1]. Bendor, nadal pod urokiem Chanel, udostępnił jej bezpłatnie osiemnastowieczny budynek z dziewięcioma sypialniami, z ozdobnymi stiukowymi sufitami, gzymsami i sosnową boazerią przy ulicy Audley pod numerem 9 z przeznaczeniem na biura rozwijającej się filii Domu Mody Chanel w Zjednoczonym Królestwie. Wydał ponad 8 tysięcy funtów, by odnowić dom zgodnie z jej gustem, i wypożyczył jej inny budynek, przy Grosvenor Square 29, na wystawę projektów, by zebrać fundusze na Royal British Legion. Od pięciuset do sześciuset osób przychodziło codziennie oglądać ubrania Chanel, mimo że nie można było niczego kupić. Serdecznie powitali ją Churchillowie wraz z niefrasobliwym młodym Randolphem, który towarzyszył Chanel na otwarciu wystawy.

Wiek Chanel zaczynał być widoczny. Rysy jej się wyostrzyły, szyja naprężyła, przepracowanie i nieustannie palone camele nie wpływały korzystnie na jej urodę. Leciutko zezowata, ale próżna

Chanel nie chciała pokazywać się w okularach. (Na jednym z nielicznych zdjęć Rogera Shalla widzimy Chanel oglądającą w okularach jeden ze swoich pokazów mody ze schodów przy ulicy Cambon w latach trzydziestych[2]). Ikona mody Diana Vreeland uważała, że Chanel w latach trzydziestych była „ożywiona, śniada, miała szeroką twarz z policzkami czerwonymi jak dubonnet i poruszała nozdrzami niczym młody byczek”[3]. Bez względu na wygląd Chanel była teraz królową cieszącą się władzą, wypowiadała się agresywnie, paplała bez ustanku, drwiła: „Jestem nieśmiała. Ludzie nieśmiali mówią dużo, bo nie mogą znieść milczenia. Zawsze jestem gotowa powiedzieć jakieś głupstwo, żeby tylko wypełnić tę ciszę. I tak ciągnę, przechodzę od jednej sprawy do drugiej, żeby tylko nie stworzyć okazji do milczenia. Wypowiadam się gwałtownie. Wiem, że bywam nie do wytrzymania”[4].

Wiek nie zmniejszył zamiłowania Chanel do robienia pieniędzy. W 1931 roku Janet Flanner napisała w sylwetce dla „New Yorkera”, że „[Chanel] co roku próbuje nie tylko pobić konkurencję, ale także samą siebie. Podano do publicznej wiadomości [nie zrobiła tego ona], że jej ostatnie roczne interesy [obroty] wyniosły sto dwadzieścia milionów franków, czyli niemal cztery i pół miliona dolarów” (dzisiaj 60 milionów). Pisanie tego tekstu nie było łatwe. „Ponieważ Chanel nigdy nie chce rozmawiać, nie udziela wywiadów, do niczego się nie przyznaje i sprytnie rozdziela pieniądze pomiędzy różne banki w wielu krajach, nie można dokładnie obliczyć fortuny, jaką zebrała. Według pogłosek z londyńskiego City, może to być około trzech milionów funtów (dzisiaj około 230 milionów dolarów), co we Francji, a zwłaszcza dla kobiety jest olbrzymią sumą”[5].

Z braku konkretnych danych najbardziej chyba realistyczną ocenę jej finansowego geniuszu wygłosił podobno przedstawiciel banku Rothschildów, europejskiej instytucji, która zbiła fortunę nawet na bitwie pod Waterloo, stwierdzając z całą powagą: „Panna Chanel wie, jak osiągnąć bezpieczne dwadzieścia pięć procent”[6].

Chanel nie umiała liczyć bez pomagania sobie palcami, ale nie miała wątpliwości, że bracia Wertheimerowie oszukują ją przy podziale zysków ze sprzedaży jej perfum. Była coraz bardziej niezadowolona z umowy zawartej w 1924 roku, kiedy Wertheimerowie przejęli kontrolę nad Société des Parfums Chanel, spółką, do której należała receptura zapachu i wszystkie jej kosmetyki. Przez kolejne dwadzieścia pięć lat powtarzała jak litanię: „Podpisałam coś w tysiąc dziewięćset dwudziestym czwartym. Dałam się oszukać"[7]. Księgowy usiłował ją przekonać, że rachunki Société des Parfums Chanel są w absolutnym porządku, a niskie dywidendy to nie wynik oszustw, tylko olbrzymich inwestycji, niezbędnych, by Chanel No. 5 stała się marką światową. Ona jednak była przekonana, że obrabowali ją piraci, żydowscy piraci.

Do walki z Wertheimerami wynajęła młodego prawnika, René de Chambruna. Chambrun, w prostej linii potomek rodziny Lafayette, miał podwójne obywatelstwo, amerykańskie i francuskie. W 1930 roku Chanel poprosiła, żeby wytoczył szereg spraw, których celem miało być nękanie Wertheimerów, była to jednak kiepska próba odzyskania kontroli nad spółką. Procesy ciągnęły się latami, a Chanel je przegrała. Chambrun był jej przyjacielem i prawnikiem przez piętnaście następnych lat i przez całą wojnę. Oskarżony o współpracę z nazistami odegrał zasadniczą rolę w przygodach Chanel podczas okupacji niemieckiej.

Kreatywność Chanel nigdy nie zmalała. Porzuciła tweedy, ubrania sportowe i wygląd *garçonne* na rzecz popołudniowych, kobiecych sukienek. Pojawiała się na swoich wystawnych wieczornych przyjęciach w zwiewnych połączeniach tiulu i koronki. Pomimo światowego kryzysu ekonomicznego lansowała kolekcję sztucznej biżuterii wzorowanej na ofiarowanych przez Bendora prawdziwych klejnotach[8]. Był to hołd dla jej pomysłowości, dobrego smaku Étienne'a de Beaumonta, hrabiego Fulca della Verdury i paryskich rzemieślników, których zatrudniła. Wiele lat wcześniej Beaumont, francuski arystokrata najwyższej próby, zapraszał ją

Suzanne i Otto Abetzowie z René de Chambrunem (w środku) w drodze ze szpitala w Wersalu w styczniu 1941 roku po wizycie u Pierre'a Lavala, kiedy minister dochodził do siebie po nieudanym zamachu na jego życie

na swoje bogate paryskie wieczory i wówczas niektóre z obecnych tam kobiet z wyższych sfer potraktowały ją pogardliwie. Później powiedziała malarce Marie Laurencin: „Te wszystkie błękitnokrwiste zadzierają nosy, ale jeszcze będą się czołgać u moich stóp"[9]. W istocie choć drwiła z tych kobiet, to w głębi duszy im zazdrościła.

Beaumont i Fulco della Verdura wkrótce lansowali olśniewającą kolekcję sztucznej biżuterii Chanel. Wyciągnięto z sejfu niektóre lśniące dary jej kochanków. Kamienie wyjęto z oprawy, która pomogła w projektowaniu biżuterii Chanel, w tym kopii starego rosyjskiego naszyjnika z wieloma sznurami pereł z gwiaździstym medalionem z kryształu górskiego, wiązkami niebieskiego jak szafiry szkła i turkusowych kołeczków przymocowanych do złotych metalowych łańcuchów; czarnych lub białych emaliowanych spinek przetykanych strasem; indiańskiego karczka z czerwonych uli, zielonych szklanych kulek, zielonych liści i pereł imitujących rzadkie rubiny i szmaragdy, podarunku Bendora. Kolekcja okazała się wielkim sukcesem. Chanel pouczała teraz bogate panie z towarzystwa: „To obrzydliwe, żeby dźwigać na szyi miliony tylko dlatego, że jest się bogatym. Lubię tylko sztuczną biżuterię [...] bo jest prowokująca”[10]. Kiedy sztuczna biżuteria dobrze się sprzedała, Chanel wprowadziła kolekcję z prawdziwymi brylantami: broszki, naszyjniki, bransoletki i spinki do włosów.

Adolf Hitler, założyciel i przywódca niemieckiej partii nazistowskiej, został niemieckim kanclerzem w 1933 roku. Zręcznie dokonał konsolidacji władzy, by w marcu tegoż roku zostać „dyktatorem” i powierzyć najważniejsze stanowiska swoim wiernym poplecznikom. Hermann Göring na rozkaz Führera stworzył nazistowską tajną policję, gestapo, a później nowoczesne lotnictwo, Luftwaffe. Kolejnym co do ważności człowiekiem w Niemczech był trzydziestosześcioletni „niestrudzony żydożerca i podpalacz książek”[11], Joseph Goebbels – mistrz propagandy partii nazistowskiej. Goebbels został teraz ministrem oświecenia publicznego i propagandy Rzeszy, skupiając w jednym ręku pełną kontrolę nad środkami komunikacji: radiem, prasą, wydawnictwami, kinem i całą sztuką.

Na początku 1935 roku Hitler mianował admirała Wilhelma Canarisa szefem Abwehry, niemieckiej wojskowej służby wywiadowczej. Canaris współpracował ze swoimi nazistowskimi szefami, proponował między innymi, by Żydzi nosili żółtą gwiazdę dla ułatwienia identyfikacji[12]. Później podporządkowana Himmlerowi jednolita niemiecka służba wywiadowcza wchłonęła Abwehrę, a wywiadem wojskowym kierował Walter Schellenberg[13].

Jedną z pierwszych nominacji Goebbelsa było mianowanie superszpiega Abwehry barona Hansa Günthera von Dincklagego „specjalnym attaché" w ambasadzie niemieckiej w Paryżu. Pod płaszczykiem immunitetu dyplomatycznego Dincklage przystąpił do budowania siatki nazistowskiej propagandy i szpiegostwa we Francji[14]. Zachował status dyplomaty jeszcze po zakończeniu wojny.

Działalność Dincklagego znana była francuskiemu wywiadowi i policji, od 1919 roku zbierano informacje o agencie Abwehry F-8680, który od 1929 roku działał na Riwierze. W ich raportach można było przeczytać, jak Dincklage po powrocie z Warszawy dołączył do Catsy i oboje wykorzystywali własną dobrą prezencję i wdzięk do rekrutacji nowych agentów i penetracji obiektów francuskiej marynarki w Tulonie i Bizercie w Tunezji. W 1932 roku małżeństwo Dincklage mieszkało już w La Petite Casa w Sanary-sur-Mer[15].

Pisząc o sile przyciągania Dincklagego, Sybille Bedford, przyrodnia siostra Catsy, pozwoliła sobie stwierdzić: „Spatz Dincklage roztaczał swój tajemny urok jakby od niechcenia [...] Odznaczał się tym rodzajem urody, który podoba się i kobietom, i mężczyznom"[16]. Catsy wkrótce uwiodła partnera Spatza od tenisa, oficera francuskiej marynarki Charlesa Cotona, a ich flirt przerodził się w długotrwały romans. Później zainteresowała się inżynierem francuskiej marynarki Pierre'em Gaillardem, który szpiegował dla małżeństwa Dincklage w strategicznej bazie marynarki francuskiej na Cap Blanc w Bizercie w Tunezji. Ci dwaj oficerowie odgrywali zasadniczą rolę w siatce szpiegowskiej Dincklagego nad Morzem Śródziemnym, a Coton został jego tajnym kurierem między Sanary-sur-Mer, Tulonem i Paryżem[17].

Przystojny baron von Dincklage w niemieckiej ambasadzie w Paryżu, około 1935, w okresie kiedy pracował dla gestapo

Hitler urzędował już jako kanclerz Rzeszy, gdy Dincklage w październiku 1933 roku podjął oficjalne obowiązki w ambasadzie niemieckiej. Jeździł teraz szarym dwuosobowym chryslerem, mieszkali z Catsy w jednej z eleganckich dzielnic Paryża. Dla Dincklagego była to zupełnie nowa przygoda. Miał gabinet w gmachu ambasady przy ulicy Huysmana. Pod dyplomatyczną przykrywką prowadził czarną kampanię propagandową i operację szpiegowską finansowaną przez Berlin. Ambasada zapewniała bezpośrednią i bezpieczną komunikację z mocodawcami w stolicy Rzeszy, a poczta dyplomatyczna przewoziła liczne raporty i wycinki prasowe, które każdy szpieg musi przesyłać do centrali. Dincklage szybko się zadomowił. Kilka tygodni po przyjeździe do Paryża dwie ciężarówki firmy przeprowadzkowej z Berlina przywiozły meble do mieszkania[18]. Do małżonków dołączyła ich niemiecka pokojówka, Lucie Braun (agentka wyszkolona przez Abwehrę). Dostała francuski dowód tożsamości stwierdzający, że pracuje dla dyplomaty akredytowanego w niemieckiej ambasadzie[19].

Francuska policja i wywiad wojskowy obserwowały nowy styl życia państwa Dincklage: dwa apartamenty w bardzo eleganckich i drogich dzielnicach miasta, na które nie stać by było austriackiego uchodźcy, za jakiego czasami podawał się Dincklage[20]. W 1934 roku służby bezpieczeństwa uznały Dincklagego za nazistowskiego propagandystę, który ma agentów w niemieckim biurze turystycznym (usytuowanym przy alei de l'Opéra). Dincklage ulokował także niemieckich fachowców jako techników we francuskich fabrykach na przedmieściach Paryża, żeby prowadzić wywiad przemysłowy[21].

W 1934 roku władze w Berlinie wydały rozkaz, by jednostki Abwehry ściśle współpracowały z gestapo i SS[22]. Agenci Abwehry tacy jak Dincklage dostali polecenie utrzymywania kontaktów ze wszystkimi organizacjami nazistowskimi zajmującymi się wywiadem i kontrwywiadem. Zgodnie z ostatecznym rozkazem wymagającym kooperacji między hitlerowską policją a służbami wywiadu, agenci Abwehry mieli rekrutować i szkolić ludzi do współpracy z gestapo w działaniach szpiegowskich. W ramach tej konsolidacji niemieccy obywatele Rzeszy mieszkający za granicą dostali polecenie z Berlina za pośrednictwem lokalnych konsulatów, by wstąpili do komórek nazistowskich. W Paryżu Dincklage, określany teraz przez francuską policję jako „prowadzący niemiecką służbę policyjną", należał do pierwszej komórki partii nazistowskiej we Francji[23]. Jego grupa spotykała się co tydzień o dziewiątej wieczorem przy bulwarze Malesherbes 53. W 1934 roku Lucie Braun, służąca państwa Dincklage, była zapisana jako 239. członek paryskiej komórki partyjnej liczącej 441 osób.

Francuski kontrwywiad wojskowy (Deuxième Bureau) założył teczkę dotyczącą pochodzenia Dincklagego i jego żony. Kontrwywiad znał przyzwyczajenia małżonków oraz ich operacje w Paryżu i w Sanary-sur-Mer. „Żona Dincklagego, Maximiliane, była córką emerytowanego pułkownika niemieckiej kawalerii Schoenebecka i Melanie Herz. Wynajmowali mieszkanie przy Pergolèse 64 za 18 tysięcy franków miesięcznie [równowartość 19 tysięcy dolarów w 2010 roku]". Raport dostarcza niezliczonych szczegółów: „Dincklage stale podróżuje, żona często przebywa w Sanary w willi La Petite Casa. W Paryżu małżonków odwiedzają o najrozmaitszych porach dnia i nocy Charles Coton i Georges Gaillard", ponieważ Dincklage „stale szuka towarzystwa oficerów francuskiej marynarki"[24].

Władze francuskie postanowiły wreszcie zakłócić działalność Dincklagego. Zamiast rozjuszać Hitlera wyrzucaniem pary Niemców z dyplomatyczną akredytacją pod zarzutem szpiegostwa, francuski kontrwywiad zwrócił się do prasy. Dwudziestego siódmego listopada 1934 roku Inter Press (agencja prasowa) ogłosiła alarmujący raport o Dincklagem i jego tajnej siatce. Historię tę ujawniono w tym samym czasie, kiedy Winston Churchill ostrzegał brytyjski parlament przed zagrożeniem ze strony Luftwaffe Hermanna Göringa. Depesza Inter Press ujawniała, że „baron von Dincklage, hitlerowski agent w Paryżu, został odwołany [...] został zadenuncjowany we własnej ambasadzie jako członek tajnej policji Hitlera [...] teraz jest zaangażowany w specjalną misję w Tunezji – będącej pod francuskim zarządem. Jeden z bliskich przyjaciół Dincklagego (Charles Coton) jest administratorem jednostki marynarki francuskiej stacjonującej w bazie morskiej w Bizercie w Tunezji. Coton często przyjeżdża do Paryża. Szesnastego–siedemnastego listopada [1934] zjawił się w mieszkaniu małżeństwa Dincklage z trzema walizkami, które według niego należały do gospodarzy. Kilka dni później wietnamski służący przyjaciela państwa Dincklage Georges'a Gaillarda przyjechał do ich mieszkania z pudłem kluczy do tych walizek. Po powrocie do domu gospodarze wynieśli dwie z tych walizek [mogli wtedy jechać do Londynu]"[25]. Okazało się, że francuski urzędnik Pierre Gaillard był jednym z kochanków Maximiliane. Raport wymieniał nazwiska innych członków szpiegowskiej siatki Dincklagego we Francji: madame Christa von Bodenhausen (jej kochankiem był oficer francuskiej marynarki); niemiecki dziennikarz Hanck, a także Krug von Nidda, osławiony nazista, później, w czasie okupacji niemiecki ambasador w Vichy. Ernest Dehnicks z niemieckiego konsulatu generalnego również był agentem Dincklagego. Na koniec raport potwierdzał, że „niemieckie biuro turystyczne przy alei de'l Opera 50 w Paryżu podejrzewa się o działalność sprzeczną z interesem narodowym"[26]. Ten eufemizm francuskich władz oznaczał szpiegostwo.

W 1934 roku Chanel przeniosła się do apartamentu w hotelu Ritz, w saloniku był kominek, w którym paliło się drewno, sypialnię cechowała pewna surowość. Hotel uchodził za synonim dobrego smaku, wyrafinowania i wygody, słynął też z doskonałych dań wyszukanej kuchni francuskiej. Apartament Chanel w Ritzu znajdował się od strony placu Vendôme, niemal na rogu ulicy Cambon, gdzie nad pracowniami urządziła czteropokojowe mieszkanie. Zdobiły je przedmioty i meble, które były jej drogie, chińskie parawany od Boya Capela, kryształowe świeczniki, orientalne stoliczki i para zwierząt z brązu. Wychodząc z hotelu tylnym wyjściem, mogła przejść przez ulicę do swojego salonu i mieszkania, dzięki czemu unikała widoku butiku pogardzanej Schiaparelli przy placu Vendôme.

Chanel była zakochana w śniadym, przystojnym Basku, niezwykle kreatywnym rysowniku i projektancie Paulu Iribe, swoim rówieśniku. Iribe, urodzony jako Paul Iribarnegaray, zrobił furorę w Hollywood, reżyserując jeden film i pracując jako scenograf dla Cecila B. DeMille'a. We Francji był popularny jako ilustrator książki erotycznej opartej na kolekcji mody Paula Poireta. Iribe, pisarz i ilustrator „Vogue'a", projektant tkanin, mebli i dywanów, dekorator wnętrz dla zamożnych klientów, pociągał Chanel swoim prowokacyjnym dowcipem i rozlicznymi talentami.

Dzięki pieniądzom Chanel Iribe ożywił miesięcznik „Le Témoin", przekształcając go w zażarcie i skrajnie nacjonalistyczny tygodnik. Według jednego z biografów Chanel[27], Iribe był burżujem, piewcą elit, opętanym irracjonalną obawą przed obcymi. Czytając jego „Le Témoin", można odnieść wrażenie, że Francja jest odwieczną ofiarą wielkiego międzynarodowego spisku. Magazyn był skromnym echem francuskiej faszystowskiej i antysemickiej prasy, publikacji popierających francuskie oddziały szturmowe „Zakapturzonych" – La Cagoule – i grupy wychwalające prawo i porządek we Włoszech i w Niemczech. Autorka biografii Chanel, Edmonde Charles-Roux, uważa, że wydawanie przez Chanel „Le Témoin", w którym Iribe jest redaktorem i grafikiem, znamionuje jej przejście od politycznej obojętności do wizji przyszłości ukształtowanej zgodnie z opiniami kochanka, połączonymi z poglądami i uprzedzeniami, które wyniosła z chłopsko-katolickiego dzieciństwa. W numerze magazynu z 24 lutego 1933 roku Iribe miał czelność narysować Chanel jako umęczoną Mariannę we frygijskiej czapce – jej nagie ciało trzyma grupa podle wyglądających mężczyzn o wyraźnie żydowskich rysach[28]. Według „Le Témoin" Paula Iribe, Francję gnębił spisek zawiązany przez „wrogów wewnątrz", zwanych „Samuel" czy „Levy", i „obcych", jak Léon Blum, a także „żydowsko-masońską mafię", czyli ZSRR i „czerwoną hołotę". Kiedy zapomnimy na chwilę o jego skrajnych poglądach politycznych, trzeba przyznać, że artyzm Paula Iribe objawiony w „Le Témoin" zapiera dech.

Dotychczas żaden mężczyzna nie rozbudził jej świadomości politycznej; wprowadziła go też w swoje sprawy zawodowe, dzieląc się władzą, którą wcześniej uparcie zachowywała dla siebie[29].

Po dojściu Hitlera do władzy w Niemczech zaczęły się gwałtowne prześladowania Żydów. W 1933 roku antysemita Paul Iribe, kochanek Chanel, opublikował w „Le Témoin" rysunek przedstawiający pokonaną Mariannę (symbol Francji) o rysach Chanel. Hitler trzyma Chanel (sprawdza, czy bije jej serce), czemu przyglądają się mężczyźni i kobiety o żydowskich rysach. Podpis głosił: „Czekajcie, ona jeszcze żyje". Czasopismo redagował Iribe, a finansowała Chanel

Chanel znów czuła się „szczęśliwa" i zakochana. Iribe stał się jej zaufanym agentem, jej „rycerzem", poprosiła go, żeby razem z René de Chambrunem zajął się sprawą Wertheimera[30]. Miasto obiegały pogłoski o ślubie.

W sierpniu 1935 roku Chanel i Iribe zaprosili do willi La Pausa mnóstwo gości. Na zdjęciach z tego wydarzenia widać cudowne letnie popołudnie, jeden z owych złotych dni na Riwierze, kiedy lekka bryza ze wzgórz miesza się ze słonym powietrzem śródziemnomorskim, co tworzy oszałamiającą atmosferę. Goście Chanel wyglądali tak, jakby zeszli ze stron magazynu mody pokazującego jej letnią kolekcję: nosili espadryle, koszulki francuskiego marynarza w poprzeczne paski i luźne spodnie z dżerseju, pomysł zapożyczony od załogi jachtu księcia Westminsteru „Flying Cloud". Iribe, określany przez francuską pisarkę Colette jako „bardzo interesujący demon", przyjechał do willi La Pausa prosto z Paryża.

Następnego dnia – a był już wrzesień – Chanel odpoczywała w cieniu wiekowego drzewa oliwnego, którego zielone listki drgały na wietrze. Patrzyła, jak Paul Iribe rozgrywa towarzyski mecz na jej korcie tenisowym, zachwycona sportowymi talentami kochanka. Jej dog niemiecki, Gigot, leżał obok z wywieszonym ozorem. Nagle świat Chanel legł w gruzach. Na jej oczach Iribe nagle zbladł jak trup i padł na kort. Coco patrzyła z przerażeniem, jak na noszach wynoszono jego ciało. Nie żył Paul Iribe, kolejny „mężczyzna jej życia", który zdaniem redaktorów rubryk towarzyskich na pewno by ją poślubił. Była „zdruzgotana"[31].

Nastąpiła trwająca całą długą zimę żałoba. Od tamtej pory aż do końca życia Chanel codziennie przed położeniem się do łóżka wstrzykiwała sobie dawkę sedolu, opartego na morfinie[32]. „Tylko to mnie trzyma", mówiła. Podobnie jak po śmierci Boya Capela osunęła się w próżnię i musiała koić nerwy lekami uspokajającymi.

Gabrielle Palasse Labrunie, cioteczna wnuczka Chanel, pamięta, że ciotka podczas jednej z jej letnich wizyt w La Pausa nieustannie podśpiewywała ze strasznym angielskim akcentem piosenkę, której słowa brzmiały: „Moja mała ma serce z kamienia, nieludzkie, ale jest moja. Aż do dnia śmierci będę kochał moją kobietę"[33]. Pani Labrunie uważa, że smutna poezja była ważna w życiu Chanel.

Coco straciła napęd i energię. Bez Paula Iribe nie miała żadnego emocjonalnego oparcia, wkroczyła w okres niezadowolenia. Marzyła o tym, by wyrwać się z paryskiej karuzeli. W Londynie, gdzie zawsze znajdowała schronienie, była na dorocznych wyścigach w Ascot, a towarzyszył jej Randolph Churchill. „Daily Mail" cytował jej stwierdzenie: „Waszej królowej udała się bardzo trudna sztuka. Kiedy świat opanowują kolejne dziwaczne i skrajne mody, nie zawsze w najlepszym guście, ona potrafiła zachować królewski wdzięk i dystynkcję, które są konserwatywne, ale nie staroświeckie"[34].

Latem 1934 roku wydawało się, że kampania terroru Hitlera nie ma końca. W Austrii naziści zamordowali kanclerza Engelberta Dollfussa; w Berlinie i Bawarii Hitler osobiście nadzorował mordowanie oprychów Ernsta Röhma w brunatnych koszulach, którzy teraz stali się jego politycznymi przeciwnikami. Aby uczcić zdobycie pełnej władzy, zwolennicy Hitlera ściągnęli 200 tysięcy partyjnych działaczy niosących 21 tysięcy flag na nazistowski wiec w Norymberdze. Oszalały tłum słuchał okrzyków swojego Führera: „Jesteśmy silni, a będziemy jeszcze silniejsi"[35].

W tym samym roku Hitler zainteresował się antynazistowsko nastawionym, wykształconym w Szwajcarii liberalnym królem Jugosławii Aleksandrem, zdeklarowanym sojusznikiem Francji, stojącym na przeszkodzie do realizacji wielkiego planu Hitlera dla Europy. Latem 1934 roku Dincklage pojechał do Jugosławii. Francuskie Deuxième Bureau śledziło go aż do stołecznego miasta Belgradu[36]; było to zaledwie trzy miesiące przed tym, jak bułgarski nacjonalista zastrzelił króla Aleksandra, który przybył do portu w Marsylii, by rozpocząć państwową wizytę we Francji.

Agenci francuskiego wywiadu ujawnili wówczas, że „Dincklage [...] niegdyś attaché ambasady niemieckiej w Paryżu, był tego lata w Jugosławii w interesach". Dincklage pisał do dawnych kolegów z ambasady: „Interesy w Jugosławii równie trudne jak wszędzie".

Trzy miesiące później André François-Poncet, francuski ambasador w Berlinie, pisał do sir Erica Phippsa w brytyjskiej ambasadzie w stolicy Rzeszy: „Niemcy wcale nie są tak niewinni w sprawie tego morderstwa, jak chcieliby nam wmówić[37]. Był w nie w jakiś sposób zamieszany Göring, który odwiedzał Belgrad.

W marcu 1933 roku Hitler zlekceważył traktat wersalski. Dwa lata później odrzucił go i zarządził obowiązkową służbę wojskową, potrajając niemiecką machinę wojenną. Francuskie służby wywiadowcze dostały teraz zgodę na przeciwdziałanie coraz poważniejszym operacjom szpiegowskim Niemców oraz ich czarnej propagandzie, która polegała na rozprzestrzenianiu we Francji fałszywych i zwodniczych informacji. Na główny cel tej akcji wybrano Dincklagego.

„*Gestapo über alles*" (Gestapo przede wszystkim), informował dramatyczny nagłówek paryskiego tygodnika „Vendémiaire" z 4 września 1935 roku. Artykuł (niewątpliwe dzieło francuskiego kontrwywiadu) rozciągał się na trzech kolumnach. W numerze pisma z 11 września zamieszczono dodatkowy długi raport. W obydwu tekstach przedstawiano pracę Dincklagego jako agenta gestapo (Francuzi nie rozróżniali wówczas Abwehry od gestapo) i attaché specjalnego w ambasadzie niemieckiej. W pięciu tysiącach słów „Vendémiaire" demaskował działania nazistowskich agentów gestapo we Francji. Redaktorzy ujawnili, że Dincklage był oficerem gestapo i maczał palce w zamordowaniu króla Jugosławii Aleksandra, że odwiedził gestapo w Berlinie we wrześniu 1934 roku i dostarczył „funkcjonariuszowi gestapo o nazwisku Diehls listę adresów niemieckich uchodźców we Francji"[38]. Co więcej, zaproponował, że dostarczy nazistom listy byłych niemieckich komunistów mieszkających we Francji. Później okazało się, że Rudolph Diehls jest bliskim przyjacielem Hermanna Göringa, z którym blisko współpracował przy organizowaniu tajnej policji państwowej, późniejszego gestapo.

Historia opisana w gazecie jest niemal dokładną kopią raportu francuskiego sztabu głównego armii z października 1934 roku. Mówi się, że Dincklage dostawał 100 tysięcy franków miesięcznie (równowartość dzisiejszych 105 tysięcy dolarów) na finansowanie „korupcyjnej działalności". „Vendémiaire" pokazuje działania Dincklagego jako niemieckiego agenta w misjach specjalnych na Lazurowym Wybrzeżu, w Paryżu i na Bałkanach. Podczas misji w Tunisie Dincklage zatrudniał muzułmańskich dysydentów, by przypuścić gwałtowny atak propagandowy na francuski reżim kolonialny.

Kiedy Francja przygotowywała się do wojny z Niemcami, władze francuskie – a najpewniej Deuxième Bureau – pozwoliły, by pisarz Paul Allard opublikował niemal identyczną historię jak ta, która pojawiła się w tygodniku „Vendémiaire". Powojenna książka Allarda *How Hitler Spied on France* (Jak Hitler szpiegował Francję)[39] mówi o tym, jak Dincklage, agent goebbelsowskiej propagandy w Paryżu, naciskał swoich berlińskich mocodawców, by przysyłali mu pozytywne historyjki o życiu rodzinnym oficerów SS. Dincklage wyjaśniał, że takie opowiastki można by umieszczać we francuskich publikacjach przychylnych nazistom.

We wrześniu 1935 roku naziści wprowadzili Norymberskie ustawy rasowe, serię przepisów skierowanych przeciwko Żydom. Maximiliane von Dincklage, według nazistowskich praw uznana za Żydówkę, z dnia na dzień została pozbawiona obywatelstwa. Było to wypełnieniem postulatu rasistowskiego filozofa Alfreda Rosenberga, aby germańska „rasa panów", którą nazywał homogeniczną aryjsko-nordycką cywilizacją, miała ochronę przed rzekomym zagrożeniem rasowym ze strony „rasy żydowsko-semickiej". Ustawy między innymi zabraniały małżeństw Żydów z Aryjczykami. Dincklage musiał wiedzieć o przygotowaniu tych ustaw, bo trzy miesiące wcześniej – po piętnastu latach małżeństwa – rozwiódł się z żoną w Düsseldorfie.

Znowu wolny Dincklage spędził lato w pobliżu Tulonu w mieszkaniu swojej angielskiej kochanki i jej siostry[40]. Po ukazaniu się informacji w „Vendémiaire" pospiesznie przeniósł się do Londynu. I z tymczasowej przystani w apartamencie w Mayfair Court przy ulicy Strasson napisał do niemieckiego ambasadora w Paryżu. List jest kiepską próbą przekonania ambasadora, by zaprotestował u władz francuskich przeciwko publikacji artykułów w „Vendémiaire"[41]. Próba się nie powiodła, ambasador poprosił swego sekretarza, by odpowiedział byłemu attaché. Oto wyjątki z tej wymiany korespondencji:

> Do Jego Ekscelencji Ambasadora,
>
> Właśnie otrzymałem z francuskiej firmy [...] „Vendémiaire" 4 września 35.
>
> Moim zdaniem autor załączonego dokumentu niemal na pewno jest opłacany przez antyniemieckie źródła [...]. Dzień przed zamordowaniem króla Jugosławii [byłem] w Tunezji [...] musi pan napisać [...] do władz, że [przedstawiona informacja] jest nieprawdziwa i całkowicie bezpodstawna. Aktualnie zajmuję się tworzeniem [nieczytelne] i takie stwierdzenie może być dla mnie niekorzystne. Bardzo proszę, żeby pan Koester powiedział władzom francuskim w sposób zdecydowany, żeby wyprostować błędy [...]. Duża część mojej pracy, liczne podróże do Francji [...] okres spędzony w ambasadzie [...] przyniosły dobre rezultaty dla Niemiec i Francji. Ekscelencjo, przesyłam wyrazy najwyższego szacunku i pozostaję lojalnym...
>
> [podpis] Dincklage

Ambasada niemiecka w Paryżu odpowiedziała:

Paryż, 13 września 1935

Szanowny Panie,

Ambasador poprosił, bym podziękował Panu za uprzejme słowa. Nie sądzi, by interwencja w sprawie, którą Pan wyjaśnił, jest aktualnie [nieczytelne]; pogłoski krążące wcześniej umilkły, więc podejmowanie kroków, by uciszyć te głosy, czy to na Quai d'Orsay [adres francuskiego Ministerstwa Spraw Zagranicznych], czy w lokalnej prasie, sprawią jedynie, że stare legendy nabiorą nowego znaczenia i rozgłosu. Gdyby jednak takie pogłoski odezwały się znowu, Ambasador skorzysta z okazji, by poruszyć interesującą Pana sprawę w miejscowym Ministerstwie Spraw Zagranicznych.

Przesyłając liczne pozdrowienia, pozostaję zawsze lojalnym Pańskim korespondentem

[podpis] Fühn[42]

Przed wyjazdem Dincklagego do Anglii w tajnym raporcie Deuxième Bureau za 1935 rok ujawniono, że jego służąca, członek partyjnej komórki nazistów w Paryżu, działała teraz z bazy Dincklagego w Sanary-sur-Mer[43]. „Kobieta, która według Dincklagego jest jego sekretarką, o nazwisku Lucie Braun, także należy do personelu ambasady niemieckiej w Paryżu [...] podejrzewana jest o działania przeciwko interesom narodowym". Bureau uważało, że przed wyjazdem Dincklagego do Londynu Lucie Braun mieszkała blisko Tulonu, w Sanary, gdzie żyła liczna społeczność niemiecka. W raporcie dodano, że 9 lutego 1935 roku Dincklagego odwiedził jego siedemdziesięciodwuletni wuj William Kutter, kontradmirał marynarki niemieckiej mieszkający w Darmstadcie. Kutter przyjechał prosto ze Sztrasburga i pozostał w willi La Petite Casa w Sanary do końca lutego 1935 roku. Na stacji kolejowej w Tulonie admirała pytano o powód jego wizyty. Powiedział francuskim funkcjonariuszom, że przyjechał do Tulonu jako turysta, nie wspomniał jednak, że wybiera się do willi Dincklagego w Sanary.

Wybrany na drugą kadencję prezydent Franklin Roosevelt ogłosił neutralność Ameryki i zaapelował do Hitlera i Mussoliniego o pokojowe rozwiązanie problemów europejskich. Winston Churchill znalazł czas, żeby zadepeszować do Chanel. Drugiego grudnia 1935 pisał z Londynu: „Obawiam się, że nie spędzę wieczoru w Paryżu, kiedy będę tamtędy przejeżdżał 19 grudnia, będę jednak wracał pod koniec stycznia i z przyjemnością Cię wtedy zobaczę. Dwa lub trzy dni wcześniej przyślę Ci telegram z Majorki, gdzie zamierzam spędzić zimę. Cudownie będzie znowu Cię zobaczyć. W załączeniu mój dług"[44].

Brak wyjaśnienia wzmianki Churchilla o długu. Wątpliwe jednak, by zimą 1935 roku w ogóle dotarł na Majorkę. W nadchodzących miesiącach sytuacja w Wielkiej Brytanii obfitowała bowiem w ważne wydarzenia. Po śmierci króla Jerzego V tron odziedziczył jego syn Edward, bliski przyjaciel Churchilla. Churchill użył całego swojego autorytetu, próbując ochronić władcę przed gniewem brytyjskiego parlamentu, który sprzeciwiał się zamiarowi poślubienia przez Edwarda amerykańskiej rozwódki, pani Wallis Simpson.

Kiedy niemiecki sztab generalny w pocie czoła przygotowywał plan inwazji na Francję, łącznie z przejęciem części Afryki Północnej, Dincklage organizował siatkę szpiegowską w tunezyjskich bazach marynarki francuskiej i rozsiewał czarną propagandę wśród północnoafrykańskich muzułmanów. Jego były agent w Tulonie Charles Coton wyjechał już z Sanary do francuskiej bazy morskiej w Bizercie, gdzie znowu miał działać jako główny agent Dincklagego[45].

Władze francuskie gotowe były wydalić go z kraju. W raporcie Deuxième Bureau z 1938 roku czytamy: „Od chwili opuszczenia niemieckiej ambasady [Dincklage] uprawiał antyfrancuską

„Spatz" von Dincklage i Hélène Dessoffy, jego kochanka, na niewielkiej łodzi u wybrzeży francuskiej Riviery, około 1938. Dessoffy była mimowolną uczestniczką operacji szpiegowskiej Dincklagego w bazie marynarki francuskiej w Tulonie

propagandę w Afryce Północnej. Przebywał na misji w Afryce Północnej [także w Tunezji]; mimo dokładnych obserwacji nie można mu zarzucić popełnienia karalnego przestępstwa, jest to jednak osobnik niebezpieczny".

W listopadzie 1938 roku Dincklage miał już nową kochankę i agentkę[46]. Francuski kontrwywiad określił ją jako „madame Sophie" czy „Dessoffy" (później zidentyfikowana została jako baronowa Hélène Dessoffy). Francuski agent w Bayonne donosił: „Madame de Sophie czy Dessoffy i de Dinkelake [*sic*] często podróżują, przemieszczając się między Paryżem a Tulonem. Ona jest łącznikiem przy dostarczaniu odbiorników radiowych Aga Baltic w imieniu niejakiego Dinklage [*sic*], który podobno jest reprezentantem [firmy] Aga Baltic w Tulonie [...]. Oboje podejrzewani o szpiegostwo przeciwko Francji"[47]. W raporcie opatrzonym klauzulą „Pilne Tajne" władze francuskie ostrzegały wszystkich swoich agentów, że „baron Dincklage zamieszkały w willi Colibri w Antibes [jeden z jego ówczesnych adresów], legitymujący się niemieckim paszportem dyplomatycznym (000.968 D.1880) przypłynął parowcem «El Biar» do Tunisu, nie miał wizy, więc poproszono go o natychmiastowe opuszczenie Regencji [terytorium Tunisu]. Dincklage podróżował w towarzystwie francuskiej baronowej Dessoffy Hélène, urodzonej w Poitiers 15 grudnia 1900, zamieszkałej w Paryżu przy alei de Versailles 70 [...]. Para przebywa teraz w hotelu Majestic w Tunisie. Zajmują sąsiadujące z sobą pokoje, połączone drzwiami". Raport opowiada o telefonie Dessoffy do przyjaciela, oficera marynarki M. Verdaveine'a, stacjonującego w bazie marynarki francuskiej w Bizercie. Dessoffy powiedziała mu: „Chcę podróżować po południu Tunezji". Verdaveine poradził jej wtedy, żeby raczej nie podróżowała, a już na pewno nie z Niemcem Dincklagem.

Był to dla Dincklagego rodzaj ostrzeżenia. W raporcie czytamy dalej: „Para wyjechała z Tunisu o godzinie 10.00 parowcem do Marsylii [...]. Poleciliśmy S.E.T. [niezidentyfikowana służba francuska] ustalić relacje pomiędzy Verdaveine'em a Dessoffy Hélène"[48].

Rok przed wybuchem drugiej wojny światowej francuskie Ministerstwo Wojny wydało tajną instrukcję nakazującą ścisłą obserwację Dincklagego. Stwierdzano jednoznacznie: „Nawet pomimo braku bezpośrednich dowodów przeciwko niemu Dincklage powinien być natychmiast wydalony z Francji"[49].

A co z Catsy? W 1938 roku we francuskich raportach pisano:

> Mimo separacji Dincklage jest w dobrych stosunkach z żoną, widuje się z nią w Antibes, Sanary i Tulonie [...]. Mme Dincklage [Francuzi najwyraźniej nie wiedzieli o rozwodzie z 1935 roku] przybyła do Antibes 9 sierpnia

> 1938 roku [...] wyjechała 13 września i wróciła do willi Huxley, gdzie mieszkała wcześniej. Jest teraz kochanką Pierre'a Gaillarda.[50]

W 1939 francuska policja donosiła:

> Baronowa Dincklage, znana Sûreté, mieszka w Ollioles (Var) w posiadłości należącej do jednej z jej przyjaciółek, hrabiny [*sic*] Dessoffy, również notowanej w Sûreté (Fichier Central: teczki Sûreté). Kochankiem baronowej Dincklage jest dwudziestosiedmioletni Pierre Gaillard, inżynier, syn założyciela i dyrektora firmy produkującej specjalne sieci (używane przez obronę narodową przeciwko nieprzyjacielskim łodziom podwodnym i ustawiane w strategicznych punktach). Gaillard przebywa aktualnie w Oranie [ważna strategiczne baza marynarki francuskiej w Algierii]. Mme Dincklage często z nim koresponduje; obawiamy się, że nieustannie go czaruje, przez co może on niechcący popełnić niedyskrecję szkodliwą dla obrony narodowej.

Pod koniec 1938 roku Dincklage wiedział, że wojna z Francją jest bliska. Ale nadal według śledzących go obserwatorów „widywany jest w Tulonie [...] bywa także nad Jeziorem Genewskim"[51]. (Jezioro dochodzi do francuskiego miasta Thonon-les-Bains. Regularne rejsy statków łączą je ze szwajcarską Lozanną i Genewą, a co za tym idzie z obfitością tamtejszych banków). [Dincklage] żyje skromnie w Antibes [...] jest odwiedzany w dzień i w nocy. Niektórzy [goście] przyjeżdżają samochodami, ich numery rejestracyjne to...". W końcu władze francuskie nakazały wszystkim agentom „obserwować listowne, telefoniczne i telegraficzne kontakty pani Dincklage, ulica Sablon 12 w Paryżu, i pani hrabiny Dessoffy de Cserneck [*sic*]"[52]. Deuxième Bureau prosiło teraz szefa Sûreté Nationale o zidentyfikowanie właścicieli samochodów rejestrowanych we Francji (aut widzianych przed domem Dincklagego) i zrobienie wszystkiego, co jest niezbędne do „natychmiastowego wydalenia Dincklagego, jeśli niemożliwe jest oskarżenie go o szpiegostwo"[53]. Francuski kontrwywiad poinformował swoich pracowników: „Baron Hans Günther Dincklage uważany jest za bardzo niebezpiecznego antyfrancuskiego agenta" i polecił im zdobycie informacji na temat relacji między Dessoffy i Dincklagem"[54]. W innym raporcie dorzucono ostrzeżenie: „Pomimo kontaktów z cudzoziemcami [Dessoffy] niezdolna jest do tego, by zdradzić Francję. Niemniej jednak zaleca się francuskim agentom zachowanie daleko posuniętej dyskrecji w kontaktach z tymi kobietami, Dessoffy i Dincklage".

Druga wojna światowa miała wybuchnąć za kilka tygodni, gdy francuskie władze ostrzegły przed tajną działalnością szpiegowską Dincklagego i jego byłej żony we Francji. Raport stanowi podsumowanie i obejmuje okres od 1931 roku: małżeństwo Dincklage „rozwiodło się i Dincklage dostarczał swoim mocodawcom w Berlinie informacje o niemieckich uchodźcach we Francji oraz wiadomości szpiegowskie o działaniach w sprawie obrony narodowej". Maximiliane Dincklage jest „córką pułkownika niemieckiej armii, imperialnej armii kajzera, zwolenniczką monarchii" (chodzi o rządy autorytarne)[55].

W sierpniu 1939 we Francji ogłoszono mobilizację. Dincklage uciekł do Szwajcarii. Francuski wywiad wojskowy polecił „zamknąć baronową Dincklage w areszcie domowym. W grudniu tegoż roku francuskie władze wydały nakaz: „Obecność Maximiliane von Dincklage we Francji jest niebezpieczna. Agent 6000 prosi [agenta] 6610 o podjęcie wszelkich niezbędnych kroków w celu internowania owej cudzoziemki"[56].

Kilka miesięcy przed niemiecką inwazją Catsy wraz z wieloma innymi Niemcami mieszkającymi we Francji została internowana w Gurs, francuskim obozie koncentracyjnym, usytuowanym w Basses-Pyrénées[57].

Po wyzwoleniu Paryża Chanel pytana o Dincklagego odpowiadała: „Znam go od dwudziestu lat”[58]. Może to być kolejna z jej fantazji, nie ma jednak informacji z pierwszej ręki o tym, kiedy i gdzie Chanel poznała Dincklagego. Jej cioteczna wnuczka Gabrielle Palasse Labrunie, która dobrze znała Dincklagego, powiedziała autorowi tej książki, iż nie ma wątpliwości co do tego, że Chanel poznała Dincklagego w Londynie na długo przed wojną[59]. Według niepotwierdzonych źródeł, para ta poznała się w Paryżu, kiedy Dincklage pracował w niemieckiej ambasadzie, wiadomo, że bywał na wieczorkach urządzanych przez licznych znajomych i przyjaciół Chanel, z których wielu w latach trzydziestych należało do paryskiego stronnictwa proniemieckiego[60]. Jak choćby Marie-Louise Bousquet, baronowa Philippe'owa de Rothschild, księżna Antoinette d'Harcourt i Marie-Laure de Noailles. Pierre Lazareff[61], który pisał o Chanel i paryskiej śmietance towarzyskiej, informował w 1933 roku, kiedy Dincklage przybył do niemieckiej ambasady, że owa klika błękitnokrwistych była aktywna w paryskiej „towarzyskiej brygadzie Führera” sponsorowanej przez bliskiego przyjaciela Dincklagego, „uroczego blondyna o niebieskich oczach jak gwiazdy”, Ottona Abetza, który zabawiał swoich słuchaczy historyjkami o Adolfie Hitlerze. Abetz zapewniał, że Żydzi pchają Francję do wojny, ale Francja nie musi obawiać się agresji[62].

Skłonności Chanel do mitotwórstwa i jej zmyślone opowieści o grającym w tenisa i mówiącym po angielsku Dincklagem – z którego ona i jej biografowie uczynili raczej Anglika niż Niemca – nie zmienią faktu, że zarówno ona, jak jej przyjaciele doskonale wiedzieli o nazistowskich powiązaniach Dincklagego i jego szpiegowskiej działalności we Francji. Trudno w kręgach elity byłoby nie usłyszeć plotek po artykułach w tygodniku „Vendémiaire” czy po publikacji książki Allarda w 1939 roku.

I WTEDY NADESZŁA WOJNA

Średniowieczne dzieci grające
w paskudne średniowieczne gry.[1]

PABLO PICASSO

Ze swojego wychodzącego na plac Vendôme okna w hotelu Ritz Chanel obserwowała demonstrantów maszerujących w stronę placu de la Concorde. Był 6 lutego 1934 roku, początek jej kłopotów. W eksplozji protestu francuskie organizacje prawicowe sympatyzujące z Włochami i Niemcami mieszały się z niewielkimi grupkami komunistów, żeby obalić rząd.

Dziennikarz „Paris Herald" William L. Shirer był na placu de la Concorde w tamto wtorkowe popołudnie[2]. Obserwował policję konną wymachującą szablami w ogrodach Tuileries, kiedy tłum atakował policjantów kamieniami i cegłami. Shirer wycofał się na balkon na trzecim piętrze hotelu Crillon przy placu de la Concorde. Stamtąd obserwował, jak prawicowa młodzież próbowała przedrzeć się do budynku Parlamentu po drugiej stronie Sekwany. Odepchnęła ich konna policja w stalowych hełmach.

Wieczorem na plac de la Concorde wparadowała duża grupa prawicowych weteranów pierwszej wojny z masą trójkolorowych flag. Zmierzali do mostu Concorde, który był zapchany ludźmi. Shirer napisał: „Jeśli przedostaną się przez most [...], zabiją każdego deputowanego w Izbie". Śmiertelny ostrzał zatrzymał tłum.

Na balkonie hotelu Crillon jakaś kobieta z dziurą od kuli na czole nagle osunęła się na podłogę, zaledwie parę metrów od miejsca, gdzie stał Shirer.

„Strzelano z mostu i z drugiego brzegu Sekwany [...] ogniem automatycznego karabinu, niedaleko Crillona z budynku Ministerstwa Marynarki wydobywał się dym. Kiedy straż pożarna ustawiała sikawki do walki z ogniem, tłum podszedł bliżej i przecinał węże". Shirer zszedł na dół, by zadzwonić do redakcji „Heralda", i zobaczył, że w holu leży mnóstwo rannych, którym udzielana jest pomoc.

Koło północy policja opanowała sytuację. Shirerowi udało się napisać kilka stron przed upływem terminu oddania materiału do drukarni, przekazał w tekście oficjalne liczby: szesnastu zabitych, kilkuset rannych. Następnego dnia rząd złożył dymisję.

W kolejnych miesiącach szalały lewicowe demonstracje, grupy socjalistów i komunistów walczyły o władzę z faszystowską prawicą. Zaledwie dwa lata później przeciwko francuskiemu rządowi Frontu Ludowego pod przywództwem pierwszego premiera Żyda, Léona Bluma, wybuchły protesty pracowników. Robotnicy z poparciem niektórych nowo wybranych socjalistów i komunistów domagali się wyższych zarobków i premii.

Przemoc przeraziła Chanel. W czasie rozruchów uroczy plac Vendôme dusił się od gazu łzawiącego i palących się śmieci. Uliczki za hotelem Ritz – w jej sąsiedztwie – splamiła krew. Chanel i jej przyjaciele wpadli w panikę. O jakiej przyszłości można było mówić, kiedy Francję paraliżowały chaotyczne lata wielkiego kryzysu? Co się stanie z dwoma i pół tysiącem jej pracowników, wśród których było wielu lewicujących?

Najgorsze miało dopiero nadejść. Pierwszego maja 1936 roku tysiące robotników celebrowało swoje święto, maszerując między szpalerami drzew po paryskich bulwarach pod gigantycznymi czerwonymi transparentami i z pieśnią światowego socjalizmu, *Międzynarodówką*, na ustach. Chanel z pewnością nie obserwowała tych wydarzeń obojętnie, słyszała śpiewających robotników, oglądała transparenty z balkonowych okien swego apartamentu w Ritzu. Fotograf prasowy David Seymour uchwycił ponury wyraz twarzy demonstrantów, kiedy śpiewali „Bój to jest nasz ostatni" i podnosili wysoko tablice z portretami i nazwiskami francuskich humanistów i artystów: Honoré Daumiera, Moliera, Woltera, Emila Zoli. Znalazło się tu nawet wymizerowane oblicze Paula Signaca.

Według Chanel i wszystkich uprzywilejowanych w Europie – w opinii większości francuskiej klasy średniej, która pracowała i oszczędzała przez lata – strajki 1936 roku, które unieruchomiły francuski przemysł, były skandaliczne i zapowiadały nadejście bolszewizmu. Wybory 26 kwietnia wyniosły do władzy parlamentarną koalicję komunistów i socjalistów, Front Ludowy. Miesiąc później rządy przejęła koalicja Léona Bluma.

Związki zawodowe rozzuchwalone zwycięstwem w wyborach rozpoczęły 26 maja strajk generalny w Hawrze, połączony z okupacją fabryk w obronie przed lokautem. Strajk szybko dotarł do Paryża. W czerwcu zamknięto butiki wokół windy w holu Ritza, a ich właściciele ogłosili upadłość[3].

W ślady protestujących poszły sprzedawczynie butiku przy ulicy Cambon i szwaczki z pracowni. Zastrajkowały prawie cztery tysiące pracowników Chanel[4]. Pewnego poranka na początku czerwca zaufana księgowa, madame Renard, zorientowała się, że została odcięta od swojego biura, wymknęła się, weszła bocznym wejściem do Ritza i wjechała windą do apartamentu Chanel. Drżącym głosem opowiedziała zaspanej szefowej, że szwaczki nie wpuszczają jej do pracy. Zdziwiona Chanel zastanawiała się, czy jej pracownicy nie poszaleli. Kiedyś stwierdziła: „Mówiłam już, że w tysiąc dziewięćset trzydziestym szóstym powariowali". Madame Renard uważała, że miasto wpadło w ręce złodziei. Błagała Chanel, by wyjechała z Paryża. Chanel oświadczyła, że jej szwaczki i sprzedawczynie zaraziły się amerykańskim wymysłem – „*sit-down*".

Szwaczki, rzemieślnicy traktowali swój protest jak najpoważniej. Tego samego ranka przybili na drzwiach dla personelu Domu Mody Chanel pospiesznie wykonany napis „OKUPACJA". Ze skrzyżowanymi ramionami czekali w pracowniach i w butiku. Chanel odczuła to jak cios nożem w plecy. Jej pracownice – jej dziewczyny (*mes filles*), w tym także krojczynie i wyższy personel – zdradziły ją mimo jej wielkoduszności. Dawała dobrą dniówkę, wakacje (przeważnie bezpłatne!). Manon, jedna z głównych krawcowych Chanel, oświadczyła po powrocie z urlopu w domku Chanel: „Pierwszy raz zobaczyłam morze w Mimizan"[5].

Zdawało się, że strajkuje cały Paryż. Kiedy premier Blum nawoływał do spokoju, ekspedientki w domach towarowych Au Printemps i Les Galeries Lafayette odpowiedziały, wypychając „głośno protestujących klientów i szefów za drzwi". Była to francuska wersja amerykańskiego strajku okupacyjnego, dziewczyny „tańczyły w przejściach, piknikowały w windach"[6]. Shirer donosił, że: „dobry humor strajkujących to złowróżbny znak". Istotnie złowróżbny: „L'Écho de Paris" opisywało, jak strajkują ekspedientki na bulwarze Haussmanna: ze śmiechem wychodzą albo zamykają się w środku. Chanel i jej klientki, paryska elita, obawiały się wojny domowej.

Było tak, jak przepowiadał Bendor, dawny kochanek Chanel: bolszewicy i Żydzi chcieli rządzić Europą i popierali wojnę między Wielką Brytanią a Niemcami. Bendor, najbogatszy właściciel ziemski w Wielkiej Brytanii, człowiek, którego Gabrielle Palasse Labrunie, cioteczna wnuczka Chanel, nazywała „wujkiem Bebby", chciał, żeby Anglia popierała Hitlera i Mussoliniego przeciwko rosyjskiemu komunizmowi. Kluczem do światowego pokoju była anglo-niemiecka przyjaźń, upierał się książę[7]. W istocie Niemcy powinny zaatakować Rosję, kraj, który zagrażał Zachodowi.

Socjalistyczno-komunistyczny blok parlamentarny Bluma przerażał bogaczy. Osiemdziesiąt pięć procent francuskich wyborców poparło Front Ludowy. Bogatych przerażała myśl, że komuniści zawładną Europą. Ceny złota skoczyły do góry, kiedy ten, kto miał pieniądze, rzucił się w panice do jego skupowania. Zamożni mieszkańcy Paryża wysyłali swoje skarby do szwajcarskich banków. Inni pakowali wszystko i szukali bezpiecznego schronienia w domach na wsi. Ich *mécanicien* (tak Chanel nazywała szofera) wyładowywali rolls-royce'y i delaunaye (Coco miała obydwa) cennymi dziełami sztuki, biżuterią i srebrem. Ci, którzy pozostali, ryglowali drzwi, ładowali strzelby i napełniali wanny wodą w obawie, że przestaną działać usługi komunalne. Zupełnie jakby po paryskich ulicach znowu grasowali sankiuloci, rewolucjoniści z 1789 roku, którzy wielbili gilotynę.

Pracownice Chanel nie dały się złamać. Szwaczki z natury są skrupulatne, skoncentrowane, toteż Chanel stanęła oko w oko ze zdecydowanymi kobietami walczącymi o wyższe płace i po raz pierwszy w życiu mającymi nadzieję na płatny urlop. Na zdjęciu widać grupę kobiet zebranych przed butikiem Chanel przy ulicy Cambon 31 i przy wejściu do pracowni pod numerem 29. Pozują do zdjęcia reporterowi z gazety. Bezimienne w podpisach do zdjęć, ubrane są w eleganckie sukienki i kostiumy. Jedna ze strajkujących, w chanelowskiej garsonce, nieśmiało macha do kamery. Inne pokazują zaciśniętą pięść. Któraś trzyma tradycyjne pudełko na datki pieniężne dla strajkujących. Wszystkie się uśmiechają, ale twardo i stanowczo obstają przy swoim.

Nadeszły dni wzajemnych oskarżeń. Butik i pracownia Chanel przy ulicy Cambon były zamknięte. Chanel postanowiła wypróbować nową strategię; jeśli te kobiety pragnęły komunizmu, ona im go stworzy. Zaproponowała, że odda swoją firmę pracownikom, pod warunkiem że nadal będzie mogła nią zarządzać. Oferta została odrzucona.

W końcu Front Ludowy i francuski ruch robotniczy odnieśli wielkie zwycięstwo. W pierwszym tygodniu czerwca Blum podpisał pakt znany jako Les Accords de Matignon (od hotelu Matignon, oficjalnej rezydencji francuskiego premiera). Robotnikom gwarantowano czterdziestogodzinny tydzień pracy, płatny urlop,

W 1936 roku pracownice Chanel zastrajkowały i unieruchomiły firmę. Delegacja zatrudnionych zebrała się przed wejściem dla personelu przy ulicy Cambon. Pracownicy firmy do dziś używają tego wejścia prawa do zbiorowych pertraktacji i obowiązek nauki do czternastego roku życia.

Lipiec i sierpień minęły szybko. Kiedy liście paryskich kasztanowców z zielonych stawały się rdzawe, większość mieszkańców przystąpiła do pracy. Doradcy Chanel błagali ją, by ustąpiła, by okazała rozsądek i nie zapominała o jesiennej kolekcji. Wahała się. Kapitulacja nie była w jej stylu. Ale chodziło o prestiż. Duże sumy utopiono w kosztach ogólnych, materiałach i maszynach. Biznes przede wszystkim. W końcu dała się przekonać. Pracownie znowu tętniły życiem, sięgające ziemi okiennice butiku przy ulicy Cambon podniesiono, a paryska śmietanka powróciła, pozwalając się obsługiwać uprzejmym pracownicom Chanel.

Nowe projekty Elsy Schiaparelli, jej odważne szokujące różowości z palety Salvadora Dali, wykorzystanie dzieł Christiana Bérarda i Jeana Cocteau do zdobienia sukien i dodatków były teraz na ustach całego Paryża. (Wszyscy ci artyści należeli do grona przyjaciół Chanel). Dramatopisarka Anita Loos, autorka powieści *Mężczyźni wolą blondynki*, i Wallis Simpson, księżna Windsoru, nosiły jej sukienki; Marlena Dietrich paradowała w jej rosyjskich futrach. Zastosowanie nowych materiałów przypominających dzisiejszy plastik przyciągało klientów do jej butiku przy placu Vendôme, tuż pod nosem Chanel. „Schiap", jak nazywano ją w Paryżu, była tak zachwycająco nieumiarkowana, projektując na przykład wieczorowy strój złożony ze spódnicy z nadrukowanym homarem naturalnej wielkości i góry z kilkoma nadrukowanymi zielonymi motywami, które przedstawiały pietruszkę. Torebka była w kształcie telefonu, jedna ze spódnic miała kieszenie z klapkami, które przypominały wargi. Przyszła moda na szokujący róż, który przyćmił spokojny, wytworny *look* Chanel. Niektórzy krytycy uznali, że Chanel straciła wyczucie po powrocie z Hollywood. Jeszcze przed strajkiem zaczynała się zsuwać ze swojej grzędy pierwszej damy francuskiego świata mody, a jej diatryby na tematy związane z modą miały teraz oponentkę.

Urodzona we włoskiej rodzinie szlacheckiej, kształcona w Paryżu, Londynie i Nowym Jorku Schiap była zdecydowanym przeciwieństwem Chanel, której pierwszy butik przed dwudziestu laty został sfinansowany przez kochanków, „ponieważ dwaj dżentelmeni licytowali się o moje gorące drobne ciało”[8]. Sierota Chanel, wychowana w klasztorze, nie mogła ścierpieć kobiety, którą nazywała „Włoszką” (to obelga w eleganckim Paryżu). Aspiracje Schiap po prostu doprowadzały Chanel do furii. Schiap z kolei nazywała ją „modystką”, co wywoływało jeszcze większą wściekłość.

Chanel uważała, że Schiaparelli to po prostu „ta włoska artystka, która robi ubrania”. Schiaparelli nie „irytowała” jej, doprowadzała ją do wściekłości[9]. Jednak Schiap nie była jedynym poważnym zagrożeniem dla Chanel. Zażartymi rywalami Chanel stały się Mainbocher, dom mody założony przez Maina Rousseau Bochera, dawnego redaktora „Vogue'a”, który został projektantem, a także firmy Madeleine Vionnet i Germaine Krebs, a później Madame Grès. Ale to Schiaparelli trochę przedwcześnie oznajmiła, że „Chanel jest skończona”[10].

Publicznie Chanel lekceważyła Schiaparelii i pozostałe domy. Eskortowana przez przyjaciół, Christiana Bérarda, Étienne'a de Beaumont, byłego ukochanego wielkiego księcia Dymitra Pawłowicza, błyszczała na galach, przyjęciach, kolacjach i konferencjach prasowych towarzyszących Międzynarodowej Wystawie Sztuk i Technik w Paryżu w lecie 1937 roku. Reporterzy uznali, że nigdy nie wyglądała tak ładnie i promiennie, kiedy pozowała fotografom i gawędziła z dziennikarzami.

Misia Sert, jej bratnia dusza, wiedziała, że pod uśmiechami Chanel kryje się głęboki smutek. Dwa lata wcześniej przeżyła śmierć kochanka i partnera w interesach, Paula Iribe. Zgnębiły ją strajki 1936 roku. A teraz inni krawcy przykuwali uwagę, która sprawiedliwie się jej należała. Spróbowała swoich sił, projektując kostiumy do *Króla Edypa* Cocteau, owinęła bandażami aktorów, wśród nich młodego wschodzącego gwiazdora Jeana Marais.

Rezultat był upiorny, a prasa nie zostawiła na Chanel suchej nitki: „Zabandażowani aktorzy wyglądali jak chodzące mumie albo ofiary jakiegoś strasznego wypadku"[11]. Kostiumy zostały wygwizdane jako ciężkie i niemodne.

Misia Sert, przyjaciółka do grobowej deski, w sukni projektu Chanel, 1937

W następnych miesiącach Chanel zniknęła z ulicy Cambon. Najpierw schroniła się w willi La Pausa, a potem w Lozannie w Szwajcarii, gdzie na tajnych kontach bankowych gromadziła się jej część udziałów w dochodach ze światowej sprzedaży perfum Chanel No. 5. Zdawało się, że biznes przestał ją interesować. Biograf Pierre Galante twierdzi co innego: „supremacja Coco była zagrożona". Jednak Chanel nadal wierzyła, że mimo sukcesu Elsy Schiaparelli przed jej własnymi projektami jest wielka przyszłość, gwałtowne oczarowanie ekstrawagancką Włoszką nie potrwa długo, styl Chanel jeszcze nie umarł.

Dwudziestego pierwszego stycznia 1936 roku czterdziestodwuletni Edward, książę Walii, dobry przyjaciel Chanel – David, wstąpił na tron Wielkiej Brytanii jako Jego Królewska Wysokość książę Edward VIII. Na okres niełatwego panowania jeszcze niekoronowanego króla przypadło zagarnięcie przez Hitlera Nadrenii, od 1919 roku strefy zdemilitaryzowanej, i zajęcie przez włoską armię Mussoliniego Addis Abeby, stolicy Etiopii w Afryce. W czerwcu 1936 roku w Hiszpanii nasilały się walki między zwolennikami Frontu Ludowego, który wygrał wybory, a prawicową opozycją, co oznaczało początek hiszpańskiej wojny domowej, która doprowadziła do władzy generała Francisca Franco i faszystowski rząd wspierany przez Adolfa Hitlera.

Edward był zdecydowany poślubić amerykańską rozwódkę Wallis Simpson, którą francuska prasa nazywała *putain royale*, królewską dziwką. Brytyjski parlament z równą determinacją chciał zablokować to małżeństwo. Wieczorem 11 grudnia 1936 roku niekoronowany Edward VIII poinformował świat w audycji BBC, że abdykuje. Królem i imperatorem Wielkiej Brytanii został teraz jego czterdziestojednoletni brat Albert. Panował w imperium brytyjskim jako Jerzy VI.

Winston Churchill, który wkrótce miał zostać członkiem rządu Neville'a Chamberlaina, regularnie odwiedzał Paryż przez cały 1936 rok. Mniej więcej trzy miesiące przed abdykacją Edwarda jadł kolację ze swoim synem Randolphem, Chanel i Jeanem Cocteau w jej apartamencie w Ritzu. Churchill nadal miał nadzieję, że ich wspólny przyjaciel David da się przekonać do rezygnacji ze ślubu z Wallis Simpson.

Cocteau bardzo dobrze zapamiętał tę kolację. Opisał w swoim dzienniku, jak Winston się upił, zalał łzami i szlochając w ramionach Chanel, wykrzykiwał: „Król nie może abdykować"[12]. Już niebawem będzie pomagał swojemu królowi i jednocześnie przyjacielowi Davidowi redagować mowę abdykacyjną. Zaledwie osiem miesięcy później wydalony z kraju Edward, obecnie książę Windsoru na wygnaniu, i jego małżonka Wallis Simpson, lojalna klientka Chanel, zatrzymali się w apartamencie hotelu Ritz nieopodal pokojów Chanel po swoim powrocie z wizyty u Hitlera w Berchtesgaden, jego bawarskim ustroniu.

Większość Francuzów wierzyła, że wojny można uniknąć. Premier Wielkiej Brytanii Neville Chamberlain nie miał wątpliwości,

Adolf Hitler wita księcia Windsoru i jego żonę Wallis Simpson podczas nieoficjalnej wizyty w Berchtesgaden w Niemczech

że Hitlera da się „ograniczyć". We wrześniu 1938 roku wrócił z Monachium, wymachując porozumieniem, jakie podpisał z Führerem, i tłumom zebranym przed przy Downing Street 10 oświadczył: „Wierzę, że to oznacza pokój naszych czasów".

W kolekcji 1938 Chanel pokazała suknię wieczorową ze złotej lamy z krótkim żakiecikiem. Brytyjski „Vogue": pisał: „Seksapil jest głównym motywem paryskiej kolekcji, a seksapil przestał już polegać na subtelnym przyciąganiu"[13]. Chociaż Europa w latach 1938–1939 stała na krawędzi wojny, interesy się poprawiły. Butiki wokół windy w Ritzu kwitły, sprzedawano w nich klejnoty Van Cleefa, szylkretowe kasetki i inne towary luksusowe. W butikach Chanel tłoczyły się damy z towarzystwa w poszukiwaniu szykownych kostiumów i sukien, kapeluszy, biżuterii, dodatków, a przede wszystkim egzotycznych perfum Chanel No. 5.

W wieku pięćdziesięciu pięciu lat Chanel nadal była piękna i pociągająca, zachwycała figurą. Ubierała się pomysłowo, miała określony styl, fotografowie ją uwielbiali. Widywano ją wszędzie, w czerwcu 1938 roku z hiszpańskim malarzem Salvadorem Dali i francuskim kompozytorem Georges'em Aurikiem w Monte Carlo; później z tancerzem Serge'em Lifarem i kompozytorem Igorem Strawińskim na kolacji u Misi Sert. Na spotkaniu z francuskim aktorem Louisem Jouvetem po przedstawieniu miała na sobie sensacyjną kreację z ciężkiej białej krepy. Schiaparelli mogła wymyślić do swojej kolekcji 1938 roku „szokujący róż", ale Chanel ją przebiła. Kolekcja Chanel 1939 roku pokazywała liczne suknie cygańskie, kopiowane w Stanach Zjednoczonych i w całej Europie[14]. Kiedy wiosną 1939 roku Europę ogarnął strach przed wojną, Chanel prezentowała kostiumy w patriotycznych czerwonych, białych i niebieskich kolorach.

Podczas tamtego upalnego lata dobrze było mieszkać w takim miejscu jak hotel Ritz. W ogrodowej restauracji Chanel z przyjaciółmi Jeanem Cocteau i Jeanem Marais rozkoszowała się klasyczną *salade niçoise* Escoffiera muśniętą oliwą i octem winnym, a może jedną ze sławnych orientalnych sałatek szefa kuchni ze schłodzonym beaujolais, a na zakończenie tartą jabłkową i kawą. W istocie monsieur Ritz utrzymywał nadzorowaną przez Szwajcarów oazę dystynkcji, gdzie „militaryści" dyskutowali z „pacyfistami" w saloniku Psyche.

Clare Boothe Luce, żona właściciela magazynów „Time" i „Life", objeżdżała europejskie stolice na początku 1940 roku. W paryskim Ritzu spotkała mnóstwo modnych pań z Nowego

Jorku, a wśród nich redaktorkę „Vogue'a" Margaret Case, która przyjechała obejrzeć paryskie kolekcje. Luce była zachwycona, że hotel nie stracił dawnego splendoru: „Ten sam uśmiechnięty kierownik w recepcji w długim fraku, który sięgał mu niemal do pięt [...] ten sam uprzejmy, kompetentny, wszechwiedzący portier z rudymi wąsami i siwy dystyngowany Olivier, jeden z najlepszych maître d'hôtel w Europie, kłaniający się jak zwykle w końcu korytarza prowadzącego do jadalni". Luce zauważyła, że „wszyscy oni wyglądają trochę bardziej poważnie i blado niż dawniej". Niemniej jednak stwierdziła, że „jeśli sądzić po zapachu futer i perfum i po dźwięku wysokich paplających głosów", goście Ritza się nie zmienili. Musiały z Margaret Case znosić straszny hałas wiertarek udarowych, kiedy robotnicy wykuwali dodatkowy schron za murem hotelowego ogrodu. Case wydawała się wytrącona z równowagi, jednak Luce uspokajała przyjaciółkę: „Zauważyłam, że bomby nigdy nie trafiają w osoby, które mieszkają w Claridges czy w Ritzu". Nadszedł kwiecień i Luce oznajmiła: „W Europie zjawiła się najcudowniejsza, kryształowo czysta wiosna"[15].

O świcie 1 września 1939 roku armia niemiecka przeszła polską granicę, kierując się w stronę Łodzi, Krakowa i Warszawy, tak jak sześć miesięcy wcześniej przeszła granicę czeską, by zająć Pragę. Toteż parę dni później Chanel obudziła się w aksamitnym przepychu hotelu Ritz, by dowiedzieć się, że jej kraj jest w stanie wojny z Niemcami. Początkowo zdawało się, że nic się nie dzieje. Brytyjczycy nazwali to „dziwną wojną", Francuzi *drôle de guerre*, berlińczycy zaś *Sitzkrieg* – w odróżnieniu od blitzkriegu, błyskawicznych ciosów, jakie Hitler wymierzył Polsce, a wkrótce miał obdzielić nimi Francję, Holandię, Belgię i Luksemburg.

Chanel, kiedyś sierota bez grosza, dla której szczytem kariery wydawał się związek z bogatym mężczyzną, a teraz pierwsza dama mody, zbiła fortunę, uwalniając kobiece ciała od gorsetów podczas wielkiej wojny lat 1914–1918. Teraz w pierwszych dniach drugiej wojny światowej wyemancypowana i samodzielna

Chanel uważała, że wojna to sprawa mężczyzn. Dla niej wojna stała się okazją do ukarania swoich pracownic za akcję strajkową sprzed trzech lat. Zwolniła około trzech tysięcy osób, krojczynie, szwaczki, które zeszywały każdą kreację od zera, i ekspedientki z salonu. To był koniec Domu Mody Chanel. To było wyrównanie rachunków z kobietami, które trzy lata wcześniej zażądały wyższej płacy i krótszych godzin pracy, z kobietami, które odcięły ją od jej własnych pracowni i butików. To była zapłata za wielkie strajki wywołane jej zdaniem przez socjalistyczno-komunistyczny rząd Żyda Léona Bluma w 1936 roku[16]. Chanel czuła się wypalona, była przekonana, że w chwili wybuchu wojny skończył się świat mody. „Jak mogłam przypuszczać, że ktoś jeszcze będzie kupował ubrania", pytała po wojnie swego przyjaciela Marcela Haedricha, redaktora naczelnego francuskiego magazynu mody „Marie Claire". „Byłam głupia, nie znałam życia, wydawało mi się to niemożliwe [...] no, popełniłam błąd. Niektórzy w czasie wojny sprzedawali ubrania. To będzie dla mnie nauczka. Cokolwiek się teraz stanie, będę robiła ubrania. Jedyną rzecz, w jaką jeszcze wierzę"[17].

Chanel uważała, że Blum i wszyscy liberalni politycy żydowscy byli bolszewikami, którzy zagrażali Europie. Jej prawicowe poglądy polityczne przez lata pogłębiali kochankowie, mężczyźni, którzy wyciągnęli ją z nędzy i wyprawili w drogę do kariery słynnej paryskiej krawcowej.

A na końcu jej lęk przed Żydami podsycił Paul Iribe. Jego antysemityzm był tak ostentacyjny, że Edmonde Charles-Roux, biografka Chanel, uznała go za „obrzydliwy"[18]. A co do Bendora, to wszyscy wiedzieli o sławetnych antysemickich wyskokach diuka.

Jesienią 1939 roku Hitler i Stalin zgnietli Polskę. Później Rosja rządziła Finlandią i północną Polską, a Włochy zagroziły basenowi Morza Śródziemnego. W Anglii Chamberlain mianował Churchilla Pierwszym Lordem Admiralicji, rozpaczliwie próbując poprawić wiarygodność swego rządu skalanego polityką appeasementu.

Bendor, były kochanek i przyjaciel Chanel, podejmował rozpaczliwe próby uwolnienia swojej nowej kochanki, Francuzki, która usiłowała przeprawić się z Francji do Anglii, by do niego dołączyć, i została aresztowana z podejrzeniem o szpiegostwo[19]. W Rzymie Vera Bate Lombardi, stara przyjaciółka Coco, była inwigilowana przez włoską tajną żandarmerię, znaną jako SIM (Służba Wywiadu Wojskowego). Mimo że Włochy jeszcze nie wypowiedziały Anglii wojny, z powodu arystokratycznego pochodzenia i częstych wizyt w ambasadzie brytyjskiej w Rzymie uważano ją za agentkę brytyjską[20].

Po 1929 roku Vera dołączyła do męża, Alberta, członka partii faszystowskiej, w jego willi przy ulicy Barnaba Oriani w Parioli, ekskluzywnej dzielnicy Rzymu. Z włoskich dokumentów zgromadzonych w archiwach wynika, że w tym samym roku Vera przyjęła włoskie obywatelstwo, a w liście jej męża do włoskiego ministra sprawiedliwości jest też informacja o tym, że wstąpiła do faszystowskiej partii Mussoliniego[21].

Vera prowadziła w Rzymie próżniacze życie. Wraz z mężem, oficerem kawalerii, uczestniczyła w licznych imprezach jeździeckich i rozkoszowała się *la dolce vita*. Podobała jej się rola żony wyższego włoskiego oficera oddanego Mussoliniemu. Benito Mussolini znał i pozytywnie oceniał Alberta i jego rodzinę, w kręgach faszystowskich cieszyli się oni szacunkiem. Alberto awansował na dowódcę 4. pułku kawalerii. Jednak bardzo angielskie przyzwyczajenia Very i jej częsta obecność na różnych uroczystościach w ambasadzie brytyjskiej czyniła ją w oczach faszystowskiej policji i licznych służb wywiadowczych podejrzaną. W 1936 roku szef sztabu włoskiej politycznej służby wywiadowczej wysłał następujący raport do Ministerstwa Spraw Wewnętrznych i Wojny:

> Mrs Lombardi: niespokojne i całkiem tajemnicze życie pani Lombardi, żony majora kawalerii Alberta ze szkoły kawalerii Tor di Quinto, budzi podejrzenia [...]. Wydaje się, że utrzymuje kontakty z niektórymi przyjaciółmi

> księcia Walii, ma liczne znajomości w brytyjskich kręgach politycznych i finansowych [...] często pracowała dla Domu Mody Chanel, którego właścicielka przez wiele lat była kochanką księcia Westminsteru [...]. Tajemniczy i urozmaicony tryb życia tej damy każe nam podejrzewać, że jest na służbie Wielkiej Brytanii, o czym nie wie jej mąż, osoba bardzo szanowana i autentyczny patriota [...]. Lombardi często rozmawia przez telefon z Londynem, nietrudne byłoby monitorowanie jej telefonów wychodzących z mieszkania przy ulicy Oriani.[22]

Tydzień później śledczym polecono zaniechanie obserwacji Very, „ponieważ jest żoną oficera wojska, a SIM inwigilował ją przez jakiś czas, przeglądano całą jej pocztę bez powodzenia"[23]. Jednak problemy Very z włoską policją faszystowską i służbami kontrwywiadu wcale się nie skończyły. Przez kilka następnych lat i przez cały okres trwania drugiej wojny światowej Włosi podejrzewali ją o szpiegowanie dla Brytyjczyków. Relacje z Chanel w okresie wojny zwróciły na Verę uwagę brytyjskiej służby wywiadowczej MI6.

Wiadomości z frontu i ćwiczenia przeciwlotnicze działały Chanel na nerwy, niepokoiła się o swojego siostrzeńca André Palasse'a. André zmobilizowano w 1939 roku, żonę i dwie córki – starsza Gabrielle została tak nazwana na cześć „cioci Coco", jak mówiła, młodsza miała na imię Hélène – zostawił we własnej posiadłości Corbère na południu Francji. André służył w fortyfikacjach Linii Maginota, która strzegła strategicznej granicy między Francją a Niemcami. Od chwili jego mobilizacji Chanel troszczyła się o jego rodzinę, gościła u siebie cioteczną wnuczkę Gabrielle, ilekroć pozwalały na to szkolne obowiązki dziewczynki[24].

Chanel często była sama, chciała się zakochać lub przynajmniej wierzyć, że jest zakochana, co dla niej znaczyło to samo. Od śmierci Paula Iribe nie miała żadnych poważnych romansów, a musiała czuć, że jest kochana przez mężczyzn; może była to rekompensata za samotne dzieciństwo. Teraz, w oczekiwaniu na to, co przyniesie wojna, przed oczami stawał jej długi szereg niewiernych kochanków: Étienne Balsan, jej pierwszy władca; Boy Capel, z którym miała pierwszy prawdziwy romans; Igor Strawiński, przelotny flirt; Dymitr, wielki książę rosyjski, cenny kochanek; książę Westminsteru, jej superbogaty mentor. Poeta Pierre Reverdy, który przypominał jej ojca. Ale najbardziej tęskniła za Paulem Iribe, to jego opłakiwała najgoręcej. Był mężczyzną, któremu ufała i którego podziwiała. Żaden z jej adoratorów nie angażował się w związek z nią całkowicie, głównie dlatego, że ona odmawiała całkowitego zaangażowania, a niektórzy odeszli od niej, by ożenić się z inną. A co do Iribe, który padł na jej oczach powalony przez rozległy zawał, to czuła, że zdradził ją właśnie przez swoją śmierć, podobnie jak poczuła się porzucona po nagłym zniknięciu ojca przed czterdziestu laty. Serge Lifar, baletmistrz i bliski przyjaciel Chanel, doznał szoku, kiedy powiedziała: „Och, Iribe! W końcu umarł! Nigdy więcej go nie zobaczymy”[25].

To była brawura. Mężczyźni, których Chanel kochała, nie żyli albo byli nieosiągalni. Wielokrotnie powtarzała: „Nie ma nic gorszego niż samotność. Samotność może pomóc mężczyźnie w samorealizacji, ale dla kobiety jest niszcząca”[26]. Radziła kobietom „trzymać się konwencjonalnych standardów, jeśli chcą być szczęśliwe [...] bo inaczej zapłacą straszną cenę samotności”.

Zgorzkniała w czasie wojny, z pustym sercem i niezajętymi rękami, napisała do swoich braci, Luciena i Alphonse'a, że nie będą już dostawać od niej regularnej pomocy. „Zamknęłam interes i boję się życia w nędzy [...] więcej na mnie nie liczcie”[27]. Był to małostkowy list napisany w chwili kiepskiego nastroju. Chociaż zamknięcie domu mody obniżyło jej dochody, nadal była zamożna. Pieniądze płynęły na szwajcarskie konta ze światowej sprzedaży Chanel No. 5, a także ze sprzedaży perfum i dodatków w jej butikach przy ulicy Cambon, w Deauville i w Biarritz.

Zawsze mogła mieć pewność, że kobiety będą chciały kupować jej perfumy, a w czasie wojny sprzedaż ich we Francji oraz neutralnych Hiszpanii i Szwajcarii stanie się głównym źródłem dochodów.

Pojawiło się wyzwanie. Wyrzuciwszy pracownice, Chanel chciała zostawić wszystko w jak największym porządku i zająć się czymś innym. Jej kochanek, poeta Reverdy, przyznał jej rację. W 1939 roku powiedział Chanel, że „wojna to pora, by się ukryć, zachować spokój i siedzieć cicho"[28]. Jednak francuscy biurokraci regulujący przemysł mody, a także „izba lordów" haute couture, Chambre Syndicale de la Haute Couture, mieli inne zdanie. Zamknięcie przez Chanel lustrzanego salonu przy ulicy Cambon wywołało wściekłość izby, która oskarżyła projektantkę o zwykłą „zdradę"[29]. Jej pracownice przystąpiły do związku zawodowego, Confédération Générale du Travail (CGT), i Chambre Syndicale próbowało skłonić Chanel do niezamykania firmy. Była to kwestia prestiżu Paryża. Zaprotestowały nawet inne domy krawieckie, jej konkurenci. Co będą warte paryskie gale dla wsparcia żołnierzy bez Chanel?[30]

W książce *L'allure de Chanel* Paul Morand przytacza wypowiedź Coco, w której analizuje ona własny charakter: „Życie to walka i zamieszanie, ta myśl mnie ekscytuje i zaspokaja głęboką potrzebę destrukcji"[31]. Mimo zamknięcia pracowni kariera Chanel wcale się nie skończyła. „New York Times" wydrukował depeszę z datą 16 kwietnia 1940 roku, która nadeszła do Nowego Jorku za pośrednictwem Clipper Airmail:

> Mimo nieustannych zaprzeczeń nadal krążą tu plotki, że wielka Chanel w niedalekiej przyszłości ponownie otworzy swój paryski dom mody. Bez względu na to co się stanie, zgodziła się zaprojektować wieczorową suknię, przy której zaprezentuje najnowszą spinkę Van Cleefa & Arpelsa – wielki kwiat niczym gwiazda czy może kometa ciągnąca długi giętki łańcuszek klejnotów, czyli

> ogon. Środek gwiazdy stanowi wspaniały brylant. Jej promienie czy płatki kwiatu to rubiny, szmaragdy, jadeit i wielkie perły, wykończone drogocennymi wisiorkami w kształcie gruszek. Chanel zaprojektowała bogate kolorowe tło dla tego królewskiego klejnotu. Wykorzystuje go beztrosko do przypięcia potrójnych ramiączek z ciemnoczerwonej aksamitnej wstążki z serpentynami, które na plecach opadają do ziemi, co stanowi przeciwwagę dla ciężkich frędzli z klejnotów. Sama suknia jest z grubej marszczonej krepy w kolorze najciemniejszego „szmaragdowego jadeitu". Ma głęboki dekolt i opina figurę w niepowtarzalny, właściwy tylko Chanel sposób. Wytworne dodatki to niewielki stroik z powiązanych aksamitnych wstążek i zielone rękawiczki z marszczonego zamszu z kokardkami z rubinowego aksamitu na nadgarstkach, pasujące do obszyć.[32]

W czasie tak zwanej dziwnej wojny żołnierze przyjeżdżali na urlopy, udając niczym niezmąconą beztroskę, a paryżanie starali się jak mogli, żeby ich zabawić. Maurice Chevalier i Josephine Baker, amerykańska diva (która w 1937 roku przyjęła obywatelstwo francuskie), na całe gardło wyśpiewywali swoje piosenki w Casino de Paris. Trybuny wyścigów konnych w Auteuil pękały w szwach. Można było pośmiać się i pogadać u Maxima czy w zadymionych salach Brasserie d'Alsace, gdzie nadal podawano najlepszą *choucroute* – kiszoną kapustę – w Paryżu.

A tymczasem zdesperowani uchodźcy, głównie co biedniejsi Żydzi, nadal uciekali z Niemiec i z Europy Wschodniej w nadziei, że znajdą wolność w Anglii, Francji czy Stanach Zjednoczonych. Paryż stał się teraz bezpieczną przystanią dla robotników i rzemieślników, którzy obawiali się hitlerowskich Niemiec i obozów koncentracyjnych prowadzonych przez SS. Niektórzy szczęśliwcy, którym udało się dotrzeć do Francji, znaleźli pracę w paryskich domach krawieckich. Zatrudniano tam szwaczki i rękodzielników. W chwili wybuchu wojny we Francji znajdowało się 120 tysięcy uchodźców, w większości Żydów.

Pierwsza wojenna zima dała paryżanom przedsmak prawdziwych niedostatków, a wszystko to w nawracających atakach chłodu. Przeciętny mieszkaniec stolicy wiódł surowe życie, poirytowany racjonowaniem żywności i paliwa. Ojcowie, młodzi mężowie i bracia byli na wojnie, około 16 tysięcy dzieci wysłano na wieś. Próbne alarmy przeciwlotnicze były stałą udręką, a prawdziwy pożar fabryki na paryskich przedmieściach, w którą trafiła bomba, budził śmiertelną grozę.

Dla szczęśliwców, którzy zimą 1939–1940 byli gośćmi Ritza, hotel pozostał wyspą przedwojennego luksusu. Mimo braków aprowizacyjnych i niedostatku wykwalifikowanego personelu Ritz był mekką dla zamożnych. Zmobilizowano prywatnych szoferów. Bogacze zamknęli swoje wille w Neuilly i przenieśli się do apartamentów w Ritzu. Na dole mogli zapalić papierosa w salonie Psyche, zjeść kolację w Grill Roomie i wypić drinka w barze. Chanel i jej goście nadal korzystali z dobrej kuchni hotelu. Na lunch proponowano na przykład zupę z bażanta, medaliony cielęce i pieczone jabłko, wszystko popite jedną czy dwiema lampkami Premier Cru classé – Pauillac Château Latour 1929.

Jean Cocteau i jego partner Jean Marais mieszkali w apartamencie blisko hotelu, wynajmowanym przez Chanel. Często jadali kolację przy jej stoliku. Przystojny Marais, wówczas jeszcze nie idol francuskiego kina, został zmobilizowany do służby w siłach powietrznych. Z absolutnym przekonaniem osoby dobrze poinformowanej zapewniał Chanel, że o prawdziwej wojnie nie może być mowy[33]. Marais twierdził, że Hitler blefuje, że tarcza użyta do ochrony niemieckich czołgów, które zgniotły Polskę, jest z papier-mâché. Nie wątpił, że trwają prace nad traktatem pokojowym.

Paryskie gazety doniosły, że Chanel i Cocteau wkrótce wezmą ślub. Te informacje rozbawiły niekryjących swego homoseksualizmu Cocteau i Marais[34]. Chanel była mniej rozbawiona, jednak niczego nie dementowała.

W Ritzu można było brylować. Mieli tu apartamenty książę i księżna Windsoru, a także Arletty, aktorka musicalowa i filmowa. Amerykański doradca biznesowy Charles Bedaux i jego żona Fern, bliscy przyjaciele liderów partii nazistowskiej w Berlinie, zajmowali w hotelu trzy apartamenty koło Chanel. Wojna nie przeszkodziła księciu i księżnej wydawać eleganckich kolacji w strojach wieczorowych, choć imprezy te były czasami zakłócane alarmami przeciwlotniczymi.

Kiedy głos syren przeciwlotniczych rozlegał się na korytarzach hotelu, Chanel jak wszyscy musiała uciekać ze swojego eleganckiego apartamentu, by schronić się w hotelowych piwnicach. Noël Coward, w owych czasach częsty gość Ritza, podczas jednego z takich alarmów spotkał Chanel z jej służącymi w drodze do schronu. Według Cowarda, Germaine i Jeanne, pomocnice Chanel na poduszce niosły do schronu maskę gazową szefowej. To prawdopodobnie jeden z zabawnych wymysłów Noëla Cowarda[35].

Większość francuskich rodzin nie miała pojęcia o luksusach Ritza. Mięso jadano tylko dwa razy w tygodniu. Nawet w lepszych dzielnicach Paryża trzeba było zaciskać pasa. Piekarnie zamykano na trzy dni w tygodniu. Masło było racjonowane, a mięso trudno dostępne, sklepom monopolowym zakazano sprzedaży mocnego alkoholu, miały pozwolenie tylko na handel winem i piwem. Nawet uprzywilejowani, którzy jadali w restauracjach, musieli się zadowolić jednym daniem mięsnym w dwudaniowym posiłku. Zima dobiegała końca, paliwo racjonowano, a 5,5 milionom francuskich farmerów i robotników rolnych nakazano pozostawanie na wsi i trzymanie się z dala od miast. (Nikt nie wytłumaczył, jak rozporządzenie będzie egzekwowane[36]).

Przeciętny Niemiec miał jeszcze gorzej. Kiedy doktor Goebbels przemawiał w radiowej audycji „układnym radiowym tonem” na temat historycznych praw Niemiec do lebensraumu (dosłownie: przestrzeni życiowej) i piał peany na temat geniuszu Hitlera, niemiecki *Arbeiter* (robotnik) wlókł się do pracy w sabotach, butach na drewnianych podeszwach, ściskając zawiniętą w gazetę kanapkę z czarnego chleba z margaryną. Sklepom tytoniowym wolno było sprzedać jedynie dwa cygara albo dziesięć papierosów dziennie klientom płci męskiej, a niczego kobietom. Normalne przydziały piwa dla restauracji zmniejszono o 60 procent, a 40 procent zapasów wina szło dla wojska. Później zabroniono tańców, a „niemieckie *Hausfrau* doprowadzały do desperacji prośby wymizerowanych, głodnych dzieci, ponieważ państwo zmniejszyło racje szpinaku do pół funta na osobę"[37].

Toczyła się propagandowa machina Trzeciej Rzeszy. Niemcy udoskonalały plany opanowania krajów Beneluksu i Francji, a tymczasem Hitler nawoływał do negocjacji pokojowych. Jego oświadczenia powtarzano w pięknych nagłówkach paryskich gazet. „Paris-Soir", popularne Radio Cité i BBC mówiły o działaniu dyplomacji. Francuzi wierzyli, że politycy znajdą jakiś dobry polityczny kompromis, by zakończyć wojnę.

Dla paryżan popijających w swojej lokalnej kafejce kawę pełną cykorii było oczywiste, że bez względu na wszystko Paryż ocaleje. Żywili niewzruszone przekonanie, że po dewastacji i stratach wywołanych pierwszą wojną światową żadna wojna z Niemcami jest nie do pomyślenia. Lata 1914–1918 kosztowały metropolitalną Francję półtora miliona ludzi, jedną dziesiątą męskiej populacji. Czy wielka wojna nie miała położyć kresu wszystkim wojnom? Cztery miliony mężczyzn wróciło do domu rannych: ślepych, pozbawionych kończyn, z pokiereszowanymi twarzami – *Les Gueules Cassées*. Czy to możliwe, że Niemcy po drugiej stronie Renu zapomnieli o swoich poległych i rannych? Czy okropności pierwszej wojny zostały wymazane z pamięci?[38]

Francuski pisarz Jean Guéhenno, ciężko ranny w 1915 roku, myślał: „Nigdy nie uwierzę, że ludzie są stworzeni do wojny". Francuzi żyli „cudownym złudzeniem", przekonani, że jeśli nawet Niemcy znowu przyjdą, to nie uda im się przedostać na drugi brzeg Sekwany, jak w 1914 roku. Nie mogli przecież sforsować niezdobytej linii obrony budowanej od 1929 roku przez André Maginota: groźnego skupiska stanowisk artyleryjskich ze zbrojonego betonu, bunkrów dla karabinów maszynowych i pułapek na czołgi, znanej jako Linia Maginota, gdzie służył André Palasse, siostrzeniec Chanel. Kosztowało to podatników trzy miliardy franków, fortyfikacje nieustannie ulepszano. To zatrzyma szkopów.

Jean Paul Sartre, który obsługiwał stanowisko na Linii Maginota, wierzył, że „nie będzie żadnych walk, to będzie wojna nowoczesna, bez masakry, tak jak malarstwo nowoczesne bez tematu, muzyka bez melodii, a fizyka bez materii". Spędzał czas na Linii, wypuszczając balony meteorologiczne i obserwując przez wojskową lornetkę, jak unoszą się w powietrzu. Napisał: „To ich sprawa, co zrobią z tą informacją"[39]. Wszyscy mieli nadzieję, że trwają prace nad szybką, dyplomatyczną ugodą.

Francuskie dowództwo wojskowe żyło w świecie ułudy.

Tylko nieliczni – Charles de Gaulle i jego koledzy oficerowie – wiedzieli, że „futurystyczne fortyfikacje" są „głupią i niebezpieczną dystrakcją" i w rezultacie okazały się „żałośnie nieistotne"[40]. Na zachód od obronnej Linii Maginota czterystukilometrowa granica między Francją a Belgią pozostawała w zasadzie zupełnie niechroniona przed nadciągającym blitzkriegiem Hitlera.

Francuscy i angielscy oficerowie sztabowi nie mogli dojść do porozumienia w sprawie skuteczności linii obrony w północnej Francji. Kłócili się co do strategii i rozmieszczenia oddziałów. Kiedy książę Windsoru wizytował najbardziej wysunięte pozycje francuskie, zdziwiły go walki polityczne. Francuscy generałowie „są bardziej wrogo nastawieni do siebie nawzajem niż do Niemców", donosił do Londynu[41]. Meldunki wywiadowcze informowały o niekończących się kłótniach między wysokim dowództwem francuskim i brytyjskim i o słabości francuskiej obrony. Klęska wisiała w powietrzu. A Hitler akurat w tym momencie rewidował swoje plany ataku.

Tamtej zimy i wiosny 1940 roku Winston Churchill często odwiedzał Paryż, ale nigdy nie pojął, jak źle przygotowywano się tu do wojny[42]. Kilkakrotnie spotykał się w Ritzu z Chanel. Przyszły premier brytyjski był oczarowany Coco od 1925 roku, kiedy spotykali się często w domu księcia Westminsteru, a później na polowaniach u Bendora we Francji i na Lazurowym Wybrzeżu. Wojna popsuła wszystko. Dobre czasy były teraz jedynie wspomnieniem. Dni, kiedy Churchill spędzał wieczory w pokojach Chanel, pił za dużo i szlochał w jej ramionach, należały do odległej przeszłości.

Podczas wizyt w stolicy Francji Churchill wszystkim się interesował. Po spotkaniu z Chanel wypytywał Hansa-Franza Elmigera, szwajcarskiego zarządcę Ritza, o warunki życia w Paryżu, o postawę pracowników hotelu i morale paryżan. Czy Churchill przywoził Chanel wiadomości o Bendorze, którego proniemieckie i antysemickie wypowiedzi stały się potężną niedogodnością w Anglii czasu wojny? Czy zapewniał Chanel, że alianci potrafią obronić Francję? Churchill nie mógł myśleć inaczej. Za bardzo kochał Francję, by dostrzec jakieś jej wady. Jego doświadczenia z francuskim korpusem oficerskim – dzielnymi Francuzami, których on sam, książę Walii i Bendor poznali przed dwudziestu pięciu laty na zachodnim froncie pierwszej wojny – kazały mu wierzyć, że Francja jest niepokonana. Później – za późno – uświadomił sobie, jak bardzo polityczne intrygi wysokiego dowództwa francuskiego podkopały wolę zwycięstwa.

Clare Boothe Luce poprzedziła swoją książkę *Europe in the Spring* (Europa wiosną) angielskim dowcipem: „Hitler i jego kohorty mogą sprowadzić śmierć i na ciebie, i na mnie. Bo to jest właśnie taka głupia rzecz, jaką robią głupi ludzie"[43]. Kiedy na polach Flandrii zakiełkowały zielone łodyżki maków, redaktorzy magazynu „Time" pisali: „Od dawna budząca grozę druga wojna światowa w zeszłym tygodniu skończyła sześć miesięcy [...] kiedy Europę owiewała słodka wiosenna bryza [...] do Belfortu przyleciały pierwsze bociany [...] a skrzydła wojny łopotały coraz bardziej złowieszczo. Podobno Niemcy gdzieś nad Renem gromadzą mosty pontonowe [...] ludzie w Niemczech spodziewają się, że wkrótce zacznie się ofensywa nazistów nad Renem"[44].

Pomylili się o cztery tygodnie. Ofensywa nad Renem musiała poczekać. Hitler szykował Europie inną niespodziankę. W pierwszym tygodniu kwietnia 1940 roku Chanel była zapewne zaskoczona jak reszta paryżan na wieść o tym, że okręty wojenne Führera zbombardowały duńskie i norweskie porty. Równocześnie niemieccy agenci sprowokowali nazistowski pucz w stolicy Norwegii Oslo. Król Haakon VII, rodzina królewska i rząd uciekli do Londynu. Cała Norwegia i Dania znalazły się pod okupacją.

W Londynie Neville Chamberlain złożył rezygnację. Churchilla wezwano do króla Jerzego VI, młodszego brata księcia Windsoru. Król miał wówczas czterdzieści cztery lata. Churchill zapewnił monarchę, że parlament powierzy mu dowodzenie brytyjską walką na śmierć i życie, na tyle lat, ile będzie trzeba.

Hitler połykał Norwegię i Danię, a paryżanie zaczynali się pakować. Zarządca Ritza Elmiger poprzysiągł, że nie zamknie hotelu, choć miał zaledwie dwudziestu czterech pracowników, czyli jedną czwartą personelu. Siostry Germaine i Jeanne, pokojówki Chanel, uznały, że pora wyjechać z Paryża. Zostawiły swoją panią i udały się do rodzinnej wsi, a Chanel tymczasem starała się znaleźć zastępstwo za szofera, którego zabrało jej wojsko[45].

Kiedy Europa wstrzymywała oddech, przystojny, już czterdziestoczteroletni Dincklage działał w neutralnej Szwajcarii[46]. Schronił się tam, kiedy Wielka Brytania i Francja wypowiedziały wojnę Niemcom. Udając biznesmena, zbierał informacje wywiadowcze o możliwościach obronnych Szwajcarii. Miał poinformować najwyższe dowództwo niemieckie w Berlinie, czy Szwajcarzy przystąpią do walki, jeśli Niemcy zaatakują Francję. Dincklage nie działał sam, wspierał go jego dawny główny szpieg, major (później pułkownik) Alexander Waag, doświadczony szef wywiadowczej komórki Abwehry usytuowanej w ambasadzie niemieckiej w Bernie. Jeżdżąc fiatem topolino na francuskich numerach[47], Dincklage spędził najpierw kilka tygodni w Ruviglianie w pobliżu Lugano we włoskim Ticino w willi Colinetta należącej do doktora Leonarda Dickena, starego znajomego, emerytowanego urzędnika niemieckiego. Willa doktora Dickena mogła początkowo służyć za skrzynkę pocztową, na którą Dincklage otrzymywał korespondencję. Jednak francuski kontrwywiad wydał już polecenie swoim agentom, placówkom poczty i telegrafu, żeby monitorować i otwierać całą korespondencję od Maximiliane von Dincklage (Catsy zachowała nazwisko męża) i od nowej kochanki barona, Hélène Dessoffy[48].

Dincklage z pewnością dowiedział się w Szwajcarii, że jego była żona i agentka Abwehry, Catsy, obecnie już czterdziestoletnia, a także Dessoffy znajdują się pod obserwacją Francuzów. Dessoffy, córka wysokiego rangą oficera[49], została kochanką Dincklagego i przyjaciółką Catsy w połowie lat trzydziestych[50]. Po wybuchu wojny była przesłuchiwana przez agentów francuskiego kontrwywiadu w swoim domu w pobliżu bazy morskiej w Tulonie. Wcześniej, przed wypowiedzeniem wojny Dincklage i Hélène zostali wydaleni z Tunezji za szpiegostwo. Francuski kontrwywiad przyłapał ich na próbie spenetrowania bazy morskiej w Bizercie. Dincklage zostawił Hélène i wrócił do Berlina, zanim podjął szpiegowską misję w Szwajcarii.

Edmonde Charles-Roux wspomina, jak tuż przed wojną Jacques, mąż Hélène, był „zdruzgotany" wiadomością, że jego żona ma być sądzona za szpiegostwo[51]. W rzeczywistości skoro cała poczta z Niemiec była czytana przez francuski kontrwywiad, Dincklage, pisząc wcześniej do obydwu kobiet z Berlina, mógł się niechcący przyczynić do ich aresztowania[52].

Przemieszczając się z jednego kantonu do drugiego, Dincklage unikał dekonspiracji, dopóki nie zainstalował się w Clinica di Viarnetto w Pregrassonie w pobliżu Lugano, udając, że cierpi na chorobę nerwową. (Był to klasyczny podstęp niemieckich agentów, by „uniknąć kontroli policji"[53]). Nie powiodły się próby działania pod przykryciem. Ani Waag, ani ich prowadzący z Abwehry w Berlinie nie mieli pojęcia, że szwajcarski wywiad jest równie skuteczny jak niemieckie gestapo. Szwajcarski kontrwywiad, jak się okazało, podejrzewał, że doktor Dicken jest głównym agentem gestapo w Lugano, a Szwajcarzy uznali Dincklagego za szpiega już w 1933 roku, może wtedy, kiedy stacjonował w Warszawie[54]. Dincklage przeniósł się więc do Davos, a w końcu wylądował w Hôtel de la Paix w Lozannie, gdzie udało mu się nie wypełnić karty rejestracyjnej. Po kilku dniach powiadomiono miejscową policję i o jego obecności w hotelu poinformowano wyższego oficera szwajcarskiego wywiadu, pułkownika J. Jacquillarda[55].

Teraz odwiedził Dincklagego w hotelu oficer szwajcarskiej policji, żeby obejrzeć jego paszport dyplomatyczny[56]. Okazało się, że dokument został wystawiony w Paryżu w 1935 roku i ważny był do kwietnia 1940. Ciekawość Szwajcarów bardzo wzrosła, co skłoniło kwaterę główną wywiadu w Bernie do wszczęcia oficjalnego śledztwa. Przesłuchiwany później przez Szwajcarów Dincklage był oburzony. Oświadczył inspektorowi szwajcarskiej policji o nazwisku Decosterd, że jego matka jest z pochodzenia Angielką, a on wyjechał z Francji, ponieważ nie był nastawiony entuzjastycznie do powrotu do Niemiec". Baron był tak obrażony, że warknął do Decosterda: „Powinniście się lepiej przyjrzeć niektórym klientom w barze hotelu Lausanne Palace, bo wyglądają bardzo podejrzanie".

Jeśli coś było podejrzane, to fakt, że Dincklage obracał się teraz w towarzystwie kobiet „wątpliwej konduity, uzależnionych od morfiny i podejrzanych o szpiegowanie dla Niemiec". Co więcej, szwajcarski kontrwywiad odkrył, że wytworny były niemiecki dyplomata ma konto w Union Bank of Switzerland (UBS) z niebagatelną sumą 18 tysięcy szwajcarskich franków (około 63 tysięcy dolarów w dzisiejszych pieniądzach). Kiedy Szwajcarzy skontaktowali się ze źródłami francuskimi, dowiedzieli się, że Dincklage był znanym kobieciarzem, prowadził też tajne operacje w Hiszpanii i Tunezji, a wraz z żoną Catsy zarówno przed rozwodem, jak i później zawiadywał siatką szpiegowską we Francji. Wykorzystywał swoją aparycję i wdzięk, by rekrutować Francuzki do działalności szpiegowskiej na Lazurowym Wybrzeżu[57]. Hélène Dessoffy była jego kochanką, kurierem i agentką. Później Szwajcarzy odkryli, że czterdziestoletnia niemiecka księżna Adele von Ratibor Corvey podobnie jak doktor Leonardo Dicken przyjmowała listy z Francji jako skrzynka pocztowa Dincklagego[58].

Władze szwajcarskie poprosiły Francuzów o więcej informacji i wtedy okazało się, że paryski sąd na prośbę wywiadu i służb policyjnych wydał nakaz aresztowania barona. Dincklage był poszukiwany za szpiegowanie przeciw Francji.

Jednak Berno, skąd szwajcarski wywiad prowadził operacje, nie dysponowało namacalnym i udokumentowanym dowodem na to, że Dincklage złamał szwajcarskie prawo czy zajmował się szpiegostwem. Dincklage pozostawił innym niebezpieczne przekazywanie dokumentów do i z Berlina. Nadal legitymował się ważnym niemieckim paszportem dyplomatycznym, a w krytycznym momencie relacji niemiecko-szwajcarskich Berno nie miało ochoty prowokować żadnego incydentu.

Szwajcarzy w końcu postanowili poprosić grzecznie, by Dincklage opuścił ich kraj. W listopadzie 1939 roku nie mieszkał już w hotelu i zlikwidował konto w UBS. Jakoś udało mu się wywieźć 18 tysięcy franków szwajcarskich, po czym pojechał na narty do Davos. Szwajcarski kontrwywiad w końcu odkrył, że Alexander Waag i Dincklage prowadzili dwóch agentów Abwehry: Hansa Riessera i jego żonę Gildę Riesser (numer agenta pod przykryciem 1001). Hansa aresztowano. Kiedy szwajcarscy agenci obejrzeli jego niemiecki paszport, zauważyli, że na dokumencie nie było obowiązkowej litery „J" – *Jew* (Żyd). A ponieważ Riesser był Żydem, Szwajcarzy doszli do wniosku, że musi być agentem. Następne cztery lata spędził w szwajcarskim więzieniu.

Jego żonie Gildzie udało się przedostać przez granicę do Francji, gdzie później służyła Abwehrze.

Odliczanie do blitzkriegu we Francji zbliżało się do godziny zero, kiedy Dincklage i major Waag wyjechali ze Szwajcarii do Berlina. Wkrótce znaleźli się w Paryżu i jakby nigdy nic znów zjawili się wśród ludzi, którzy kiedyś się z nimi zaprzyjaźnili[59].

W nocy z 10 na 11 maja 1940 roku w Berlinie obowiązywało zaciemnienie. Mimo to korespondent magazynu „Time" doniósł, że Adolfa Hitlera, feldmarszałka Hermanna Göringa i doktora Josepha Goebbelsa tamtego wieczoru widziano razem w berlińskim teatrze, co było niezwykłe. Rankiem niemiecki minister spraw zagranicznych Joachim von Ribbentrop, blady, z czerwonymi oczami po nieprzespanej nocy, powiedział dziennikarzom na pospiesznie zwołanej na ósmą konferencji prasowej, że „Anglia i Francja w końcu zrzuciły maski". Belgia i Holandia „spiskowały" przeciwko Rzeszy, wychrypiał. Wszyscy w pomieszczeniu dla prasy wiedzieli, że niemiecka machina wojenna w końcu uderzyła we Francję i małe kraje neutralne.

Po kilku minutach Europa usłyszała w radiu aksamitny głos doktora Goebbelsa, który oznajmił, że „Holandia, Belgia i Luksemburg znalazły się pod opieką Rzeszy". Olbrzymie nagłówki w Berlinie głosiły, że „Niemcy stały się protektorem zagrożonego i uciskanego kontynentu"[60]. Nadając z niemieckiego radia w Berlinie, William L. Shirer, obecnie korespondent CBS News, podał do Stanów Zjednoczonych wiadomość, że Hitler „wkroczył" do Holandii i Belgii[61]. Armada czołgów i zmotoryzowanej piechoty niby wielka kosa zmiotła holenderskie i belgijskie wojska, podczas gdy jednostki pancerne manewrowały w gęstych lasach Ardenów, by zniszczyć francuskie placówki graniczne. Nad Rotterdamem zrzucono niemieckich spadochroniarzy, żeby zdobyć strategiczne punkty. Specjalnie wyszkoleni żołnierze Wehrmachtu wysadzali części Linii Maginota. Rozkazy Hitlera dla armii i floty były jasne: „Nadeszła godzina decydującej walki o przyszłość narodu niemieckiego [...]. Ta bitwa zadecyduje o losach niemieckiego narodu na dalszych tysiąc lat"[62].

Holandia i Belgia poddały się. Kiedy armia niemiecka zbliżała się do kanału La Manche, oddziały brytyjskie i francuskie przeprowadziły ewakuację Francuzów z Dunkierki nad Morzem Północnym. Według Shirera: „Tu w Berlinie większość ludzi myśli, że teraz Hitler spróbuje podbić Anglię – choć może najpierw postara się wykończyć Francję"[63].

Paryż ogarnęła panika. Carmel Snow pisał w „Harper's Bazaar", że miasto „...opustoszało. Zniknęły taksówki. Wszystkie telefony odcięto. Można przejść całe mile i nie zobaczyć dziecka. Nawet psy – a wiadomo, jak paryżanie kochają swoje psy – zostały wysłane z miasta"[64]. Zarządca Elmiger w Ritzu szybko przekonał się, że położenie jest rozpaczliwe. Chanel słuchała zapewne informacji o rozwoju tragicznej sytuacji w radiu francuskim i w BBC. Z Londynu nadeszła wiadomość, że cztery miliony francuskich mężczyzn, kobiet i dzieci wraz z uchodźcami z Belgii ucieka na południe przed niemiecką armią.

Chanel nie mogła się zdecydować. Nocami męczyły ją koszmary. Zapadała w niespokojny sen po dawce morfiny ze strzykawki leżącej na nocnym stoliku. Pozostawiona sama sobie rozpaczliwie szukała mężczyzny, który zastąpiłby szofera zmobilizowanego do wojska. Czy próbowała dodzwonić się do księcia Westminsteru do Londynu? Niepokój pogłębiało jeszcze embargo na wiadomości. Ze swojego okna nad placem Vendôme Chanel widziała „chmury czarnego dymu zakrywające niebo, o trzeciej po południu było ciemno jak w nocy, kawałki spalonego papieru pokrywały ulice". Ludzie wyobrażali sobie, że to Niemcy palą wszystko przed sobą; ale nie, Niemcy oddaleni byli jeszcze o parę godzin drogi. Czarny dym pochodził z płonących zapasów benzyny i papierów misji dyplomatycznych i francuskich ministerstw, które niszczyły swoją dokumentację.

Clare Boothe Luce tamtego dnia w Paryżu słuchała właśnie przez radio jazzu. Nagle muzyka zamilkła, trzeszczący, ochrypły głos oznajmił: „Nadajemy przesłanie Piusa XII". Nowy papież – wybrany w marcu 1939 roku – drżącym głosem modlił się za Belgów[65].

Niewielu paryżan wyobrażało sobie, jak szybko niemiecka organizacja, nowoczesna komunikacja i atak blitzkriegu opanują francuską obronę. Do 10 czerwca 1940 roku alianckie wojska zostały rozgromione. Nawet sprytny padlinożerca Mussolini wypowiedział Francji wojnę.

Jedenastego czerwca ogłoszono Paryż miastem otwartym. Przyjaciela Chanel amerykańskiego ambasadora Williama C. Bullitta widziano w katedrze Notre Dame płaczącego przed ołtarzem. Jak większość mieszkańców Chanel rozpaczliwie pragnęła wydostać się z miasta. Nikt nie wiedział, czy Paryż będzie zbombardowany lub rozjechany przez Wehrmacht. Chanel załatwiła wyjazd Mme Angèle Aubert, swojej prawej ręki od trzydziestu siedmiu lat, głównej krawcowej Manon i kilku innych pracownic do rezydencji Palasse'a w Corbère w pobliżu Pau. Spakowała się i zostawiła kufry u portiera Ritza. Zatrudniony niedawno szofer-ochroniarz odmówił jazdy niebieskim rolls-royce'em wśród rosnącego tłumu uchodźców. Znaleziono cadillaca i Chanel opuściła Paryż, kierując się na południe, przedzierając przez zdesperowane masy uciekinierów. Za nią zostały złowieszcze kłęby gęstego czarnego dymu. Wiedziała, gdzie chciałaby się znaleźć: u Palasse'ów pod Pirenejami w Corbère, blisko miejsca, dokąd wyniósł się na stare lata jej pierwszy kochanek Étienne Balsan i gdzie na pewno ona na jakiś czas znajdzie spokój.

OKUPACJA PARYŻA, UCIECZKA CHANEL

Dla kobiety zdrada nie ma sensu – nie można zdradzić swoich pasji.[1]

GABRIELLE CHANEL

Nad Paryżem, który Chanel zostawiła za sobą, zaległa niesamowita cisza. Francuskie ministerstwa spaliły swoje szyfry, zamknęły biura, a pracownicy dołączyli do strumienia uchodźców uciekających na południe. Chmury czarnego tłustego dymu unosiły się nad ołowianoszarą Sekwaną; kościoły, zabytki i parki opustoszały; zamarło życie kawiarniane. Wszelka komunikacja została przerwana, jakby zatrzymał wszystko jakiś straszny kataklizm.

William C. Bullitt, amerykański ambasador w Paryżu, depeszował do prezydenta Franklina D. Roosevelta: „Samolot okazał się decydującą bronią w wojnie [...]. Francuzi mogli przeciwstawić [Niemcom] tylko swoją odwagę [...] Nie ulegało wątpliwości, że Hiszpania przystąpi do wojny, więc marszałek Philippe Pétain zrobi wszystko, by jak najszybciej dogadać się z Niemcami”[2].

Siedem tygodni po wkroczeniu do Francji pierwszych oddziałów niemieckich na wieży Eiffla załopotała nazistowska swastyka. Kilka dni później Adolf Hitler był w Paryżu, a oddziały Wehrmachtu triumfalnie maszerowały krokiem defiladowym po Champs-Élysées. Korespondent CBS William L. Shirer donosił z Paryża:

> Ulice są kompletnie opustoszałe, sklepy pozamykane, okiennice opuszczone na wszystkich oknach [...] pustka miasta robi wrażenie [...]. Wydaje mi się, że oglądam całkowite załamanie francuskiego społeczeństwa, upadek francuskiej armii, rządu, morale ludności. To jest niemal zbyt niesamowite, by mogło być prawdziwe [...]. Pétain się poddaje! Co to znaczy? Nikt – jak się wydaje – nie miał ochoty odpowiedzieć.[3]

Podróż Chanel z Paryża do Corbère niedaleko Pau była trudna, czasami wręcz mrożąca krew w żyłach, kiedy jej szofer pomalutku przedzierał się z miasta do miasta, poszukując bezpiecznego przejazdu[4]. Czołgi Hitlera były już w centrum kraju, a bombowce nurkujące ostrzeliwały kolumny uchodźców szukających schronienia na obsadzonych drzewami szosach. Posuwające się wojska niemieckie zmusiły miliony zdesperowanych obywateli, by wyruszyli na drogi północnej Francji pieszo, przeładowanymi autami, ciężarówkami i wozami konnymi. Bagaże, zapasowe opony i materace piętrzyły się jedne na drugich.

Katharina, żona André Palasse'a, wraz z dziećmi czekała zaniepokojona w Corbère na wiadomości od cioci Coco. Rodzina od tygodni nie miała od żołnierza Palasse'a żadnych wieści. Obawiała się najgorszego. Dla Chanel château Palasse'ów miał być tymczasową przystanią, skrytą u stóp Pirenejów. Było to blisko Doumy, domu Étienne'a Balsana, na którego pomoc zawsze mogła liczyć.

Nikt nie wiedział, gdzie zatrzymają się Niemcy. Francuscy sprawozdawcy radiowi nadal opowiadali, jak francuskie i angielskie oddziały uciekają przez Dunkierkę, szukając schronienia w Anglii. Korespondent radia CBS Eric Sevareid donosił z Paryża: „Od tego wieczoru żaden Amerykanin nie będzie nadawał bezpośrednio do Ameryki, chyba że pod nadzorem osób, które nie są Francuzami"[5]. Rząd francuski zebrał się w Bordeaux; premier Paul Reynaud i Charles de Gaulle spodziewali się, że poprowadzą stąd dalszą walkę. Ale nie udało im się. Osiemdziesięcioczteroletni marszałek Philippe Pétain chciał zakończenia wojny, więc Reynaud złożył dymisję. Generał de Gaulle zbiegł do Londynu. Marszałek Pétain przejął teraz rządy nad tym, co pozostało z Francji i jej rozległego zamorskiego imperium. W połowie czerwca 1940 roku bohater bitwy pod Verdun w pierwszej wojnie światowej poprosił Niemców o zawieszenie broni. Wkrótce stanął na czele reżimu Vichy nastawionego na kolaborację z nazistami. *Collaborateur* – współpracownik – w języku francuskim słowo obojętne, nienacechowane emocjonalnie, zmieniło się wkrótce w najbardziej pejoratywne określenie w słowniku politycznym okupowanej Francji. Korespondent magazynu „Time" zauważył: „Najlepsze, czego mogą oczekiwać Francuzi, to przyzwolenie na spokojne życie w Europie Adolfa Hitlera"[6].

André Palasse, siostrzeniec Chanel, w Paryżu przed drugą wojną światową. W 1940 roku na Linii Maginota dostał się do niewoli i był internowany w niemieckim stalagu. Chanel udało się zapewnić mu wolność dzięki współpracy z Abwehrą

Kiedy Chanel i Larcher przejechali w Agen na drugi brzeg rzeki Garonny, drogi okazały się mniej zatłoczone[7]. U podnóża Pirenejów w Doumy skręcili w polną drogę na wschód prowadzącą do château Palasse'ów w Corbère. Katharina (z domu Vanderzee, Holenderka z pochodzenia), Étienne Balsan z żoną i cioteczne wnuczki Chanel, czternastoletnia Gabrielle i dwunastoletnia

Hélène, odczuli „straszną" ulgę na widok swojej wieloletniej dobrodziejki. Gabrielle, żywe, samodzielne w myśleniu dziecko, była ulubienicą Chanel. „Wujek Benny", czyli książę Westminsteru, nazywał ją „Tiny" – Maleńka – bo była taka drobna. To imię do niej przylgnęło.

Spotkanie rodzinne w Corbère pełne było dramatyzmu i patosu. Przez Międzynarodowy Komitet Czerwonego Krzyża dotarły wiadomości o André: żył, w jednym z fortów Linii Maginota dostał się do niewoli i, tak jak 300 tysięcy francuskich żołnierzy, trafił do obozu jenieckiego w Niemczech. Rodzinie Palasse ulżyło. Na pewno wkrótce wróci do domu. Gabrielle Palasse Labrunie przypomina sobie, że tak właśnie myślała. „Wojna się skończy, tata wróci do domu". Kilka dni później przyjechały z Paryża Angèle Aubert, Manon i dziesięć innych pracownic Chanel, dołączając do grupy przyjaciół; wszyscy byli uchodźcami z Miasta Świateł. Potem z pobliskiego Pau przyjechała Marie-Louise Bousquet, bliska przyjaciółka Misi Sert. Życie w château niosło wytchnienie po paryskim chaosie. Jedzenia było w bród, miejscowe winnice wytwarzały wspaniałe bursztynowobiałe *vin du pays*, a Marie, kucharka Palasse'ów, dobrze dbała o rodzinny stół. Od czasu do czasu zbierała się niewielka grupka. Katharina, Chanel, Balsanowie i Marie-Louise Bousquet siadali razem do kolacji. Dzieci jadały wcześniej. Gabrielle Palasse Labrunie wspomina: „W domu dzieci mogły być widoczne, ale niesłyszalne". Madame Aubert, Manon i inne pracownice Chanel mieszkały i jadły w dobudówce. Jednak Tiny, ulubienica Chanel, przychodziła na śniadanie do pokoju cioci Coco.

Tuż po południu 17 czerwca radio przerwało nadawanie normalnego programu. Tamtego poniedziałku w domu Palasse'ów, w całej Europie kontynentalnej i Wielkiej Brytanii ludzie słuchali, jak marszałek Pétain ogłasza kapitulację Francji i prosi Hitlera o warunki zawieszenia broni. „Wy, obywatele Francji, musicie pójść za mną bez zastrzeżeń ścieżką honoru i narodowego interesu. Złożyłem siebie w darze Francji, żeby złagodzić jej

Gabrielle Palasse, ulubiona cioteczna wnuczka Chanel, w wieku jedenastu czy dwunastu lat w bibliotece domu Palasse'ów w Corbière w przeddzień wybuchu drugiej wojny światowej. Podczas wojny panna Palasse poznała w Paryżu barona von Dincklagego

nieszczęście. Myślę o tych nieszczęsnych uchodźcach na naszych drogach [...] mam dla nich jedynie współczucie [...] z ciężkim sercem mówię wam, że od dzisiaj musimy zaprzestać walki"[8].

Chanel była przerażona. Poszła do swojego pokoju i płakała. Wspomina Gabrielle: „Kiedy ciocia Coco dowiedziała się o klęsce Francji, przez wiele dni była niepocieszona. Nazywała to zdradą"[9]. Po niepowodzeniach maja–czerwca 1940 roku, po rozpoczęciu okupacji Francji wielu Francuzów żywiło przekonanie, że zostali zdradzeni przez skorumpowanych polityków i przywódców wojskowych. To przekonanie ustąpiło miejsca zaufaniu do francuskiego bohatera, marszałka Philippe'a Pétaina, który objął rząd Vichy.

W następnych tygodniach rodzina dowiedziała się, że generał de Gaulle przemawiał do Francuzów z londyńskiego BBC. Francuzi powoli, często za pośrednictwem nielegalnych ulotek rozdawanych przez antynazistów, dowiadywali się o apelu de Gaulle'a z 18 czerwca do wszystkich obywateli Francji. „Francja przegrała bitwę, ale nie wojnę. Płomień oporu nie może zgasnąć [...] nie zgaśnie...". Jednak w 1940 roku mało kto wiedział, kim jest pięćdziesięcioletni generał. Dopiero później, dzięki audycjom BBC, obywatele poznali ruch Wolnych Francuzów z de Gaulle'em na czele i bazą w Londynie. W 1940 roku zaledwie garstka francuskich oficerów dołączyła do ruchu oporu de Gaulle'a. Generał nie przysporzył sobie przyjaciół, nazywając marszałka Pétaina „wrakiem Francji"[10]. Francuski żołnierz, słuchając w kawiarni audycji de Gaulle'a, zauważył: „Ten facet wyrywa nam jaja"[11].

Marszałek Pétain pozbawił de Gaulle'a, swego dawnego protegowanego, wszystkich stopni wojskowych, wykreślił go ze spisów wojska, w którym generał służył całe dorosłe życie. Następnie de Gaulle został skazany na śmierć za zdradę. Kapitulacja wielu Francuzom przyniosła ulgę; Francja uniknie takiego wykrwawienia jak w latach 1914–1918[12]. Kiedy Pétain objął władzę, większość francuskich i europejskich polityków wierzyła, że „lepszy Hitler niż Stalin". Mieli nadzieję, że Hitler obróci się przeciwko Związkowi Radzieckiemu.

W pełni lata Chanel zapragnęła wrócić do Paryża, gdzie pilnej uwagi wymagała sprzedaż perfum, w końcu, jak powiedziała później, „Nie wszyscy Niemcy byli gangsterami"[13].

Dwudziestego drugiego czerwca 1940 roku propaganda nazistowska zafundowała radiosłuchaczom poniżający szczegółowy opis, minuta po minucie, klęski Francji, podając wszystkie detale podpisywania umowy o zawieszeniu broni. Dwadzieścia dwa lata wcześniej na tej samej bocznicy kolejowej na polanie lasku Rethondes w Compiègne to Francuzi przyjęli kapitulację Niemiec. W wietrzny niedzielny poranek francuski generał Charles Huntziger w obecności wysokiej rangi oficerów niemieckich podpisał kapitulację Francji, co uczyniło kraj wasalem Niemiec. Obecni byli Hitler, Göring, Ribbentrop i Rudolf Hess, a także mentor Dincklagego generał Walther von Brauchitsch. William L. Shirer, sprawozdawca CBS News, poinformował słuchaczy w Ameryce, że na twarzy Hitlera malowały się „pogarda, gniew, nienawiść, zemsta, triumf"[14].

W ciągu trzydziestu ośmiu dni przywódca Trzeciej Rzeszy osiągnął to, czego armia niemieckiego kajzera nie zdołała dokonać przez cztery lata krwawej wojny lat 1914–1918, która pochłonęła miliony istnień. Hitler zrealizował niemieckie marzenie: miał Paryż u stóp.

Po podpisaniu zawieszenia broni w Rethondes Hitler pojechał do Paryża. Tutaj światowe kroniki filmowe uchwyciły Führera wchodzącego po schodach Palais de Chaillot przy Trocadéro. Kamery filmowe przesuwały się powoli po niemieckich zdobyczach: wieży Eiffla z nazistowską swastyką łopoczącą na wietrze, ogrodach Champ de Mars i niemal osiemsetletnich wieżach katedry Notre Dame. Gdyby wierzyć nazistowskiej propagandzie, Wielka Brytania miała być następnym daniem w menu Führera Rzeszy.

Zawieszenie broni podzieliło Francję na *la zone occupée* i *zone non occupée* (albo *zone libre*), które Francuzi wkrótce nazwali *zone O* i *zone nono*. Nowi panowie Francji wytyczyli linię demarkacyjną między północą a południem – absolutnie szczelną granicę, główną przeszkodę w przemieszczaniu się obywateli, a także barierę dla biznesu i handlu. Poczynając od czerwca 1940 roku, obywatele francuscy musieli prosić o *laissez-passer*, czyli *Ausweis*, żeby przejechać z jednej strefy do drugiej. Dokumentów nigdy nie wydawano automatycznie, stanowiły przywilej ściśle nadzorowany przez gestapo. Nawet ministrowie Pétaina musieli prosić Niemców o zgodę na wyjazd z Vichy do Paryża. Dla obywateli francuskich linia demarkacyjna była upokarzającym koszmarem.

Szesnaście dni po kapitulacji Francji premier Churchill w obawie, by flota francuska nie wpadła w ręce Niemców, rozkazał marynarce brytyjskiej zatopić francuskie okręty wojenne, których znaczna liczba stała na kotwicy w Al-Marsa al-Kabir w Algierii. Zginęło 1300 marynarzy francuskich, mnóstwo zostało rannych. To była narodowa hańba, postrzegana jako zdradziecki czyn niedawnego sojusznika. Marszałek Pétain i jego ministrowie anglofobi uznali to za pretekst do zerwania stosunków dyplomatycznych z Wielką Brytanią. Pétain oświadczył teraz, że kraj przejdzie „narodową rewolucję" poświęconą „pracy, rodzinie i ojczyźnie". Wielka Brytania blokowała porty francuskie, a sztab Hitlera planował przeprawę przez kanał i zgniecenie Anglii. Zaczęła się bitwa o Anglię.

Vichy, nowa kwatera główna marszałka Pétaina, znalazło się teraz w rękach ludzi, którzy chcieli należeć do „nowego porządku" w Europie pod wodzą Hitlera. Byli przekonani, że Niemcy pobiją Wielką Brytanię i stworzą silną opozycję przeciw komunizmowi i międzynarodowemu żydostwu. Wkrótce Niemcy zmusili Pétaina, by mianował wicepremierem zaciekłego antykomunistę i antysemitę Pierre'a Lavala[15]. Zaledwie trzy miesiące po podpisaniu zawieszenia broni ministrowie rządu Vichy przygotowali pierwszy „Statut dotyczący Żydów"[16]. Pétain nie tylko zaakceptował ten przepis, ale własnoręcznie dopisał restrykcje dotyczące Żydów w strefie nieokupowanej, określając, kto jest Żydem, i zamykając przed Żydami wysokie stanowiska w służbie publicznej (na przykład lekarzy czy prawników), które umożliwiłyby im wpływ na opinię publiczną. Statut stał się obowiązującym prawem 3 października 1940 roku, trzy tygodnie wcześniej niż Niemcy wprowadzili podobne przepisy w Paryżu i w strefie okupowanej. Teza głosząca, że na Pétaina wywierało wpływ jego antysemickie otoczenie w Vichy, jest mitem.

Skoro Vichy stało się teraz ośrodkiem władzy w strefie nieokupowanej, Chanel zapragnęła tam pojechać[17]. Była zdeterminowana, by przez Vichy wrócić do Paryża. Znała Pierre'a Lavala, obecnie jednego z ważniejszych ministrów Pétaina, przez jego córkę, Josée Laval de Chambrun (żonę René de Chambruna, prawnika Chanel), i kilka żon ministrów Vichy, dawnych klientek i przyjaciółek z Paryża i Deauville.

W pobliżu Corbère Larcherowi, szoferowi Chanel, udało się znaleźć dość benzyny dla żarłocznego cadillaca, a to, co nie mieściło się do zbiornika, wlewano w metalowe kanistry i pakowano do bagażnika. W towarzystwie Marie-Louise Bousquet Chanel wyruszyła do Vichy. Czternastoletnia wówczas Gabrielle Palasse Labrunie po latach ze smutkiem wspomina odjazd cioci Coco. Jej uwagę przykuwała Marie-Louise, szykowna paryska dama z towarzystwa, która o mało nie przewróciła się w swoich butach na platformach, idąc brukowanym dziedzińcem pałacu do samochodu. Minął rok z okładem, zanim Tiny dostała zgodę na wyjazd do Chanel do Paryża. Rodzina Palasse'ów przeżyła następne miesiące, nawet nie widząc Niemca. Wreszcie ze Szwajcarskiego Czerwonego Krzyża nadeszły wieści o André: żył, ale był chory[18].

Dziewczynki nadal uczyła madame Lefebvre, francuska uciekinierka z północy. Spędzały czas, przygotowując się do państwowego egzaminu, *brevet élémentaire*. Chodziły spać o ósmej wieczorem. Na francuskiej wsi ludzie wstawali ze wschodem słońca i wcześnie kładli się do łóżek. Później w pałacu pojawili się kwatermistrze niemieccy, rekwirowali jedzenie, króliki, świnie i kurczaki dla oddziałów stacjonujących w Pau.

Chanel dotarła do Vichy pod koniec lipca. Jej szofer pokonał bez żadnych przygód 434 kilometry, jadąc bocznymi drogami wzdłuż rzeki Allier. Po kapitulacji Francji tereny te zajmowały niemieckie bataliony pancerne i piechota. Uchodźcy wracali do domu, a oddziały niemieckie miały rozkaz, by zachowywać się przyzwoicie.

Vichy było kiedyś sennym uzdrowiskiem nad rzeką Allier. Przed wojną przyjeżdżali tu starsi panowie pograć w kasynie, popić lecznicze wody, łypać na urodziwe panienki do towarzystwa i kupować ich łaski. W lipcu, kiedy przyjechała tu Chanel, miasto pękało w szwach od 130 tysięcy polityków, dyplomatów, prostytutek i tajnych agentów zainstalowanych w naprędce skleconych boksach w dawnych salach gry czy nieogrzewanych pokojach hotelowych przerobionych na biura. Przywiezione z Paryża archiwa znalazły miejsce w wannach. Wszystkie ściany zdobiły portrety marszałka Pétaina, surowo patrzącego z góry na zapracowanych biurokratów.

Vichy przypominało kiczowaty jarmark pulsujący energią, nie tylko seksualną; życie toczyło się w kabaretach, nocnych klubach i burdelach zaspokajających potrzeby pracowników służby cywilnej, polityków i zawodowych pieczeniarzy. André Louis Dubois, przyjaciel Chanel z Paryża, wyższy urzędnik, utrzymuje, że Chanel spotkała w Vichy Misię Sert. Dubois wspomina, że wszystkie trzy panie mieszkały w jego pokoju hotelowym, a nie na stryszku, jak utrzymują niektórzy biografowie Chanel. (Tak się akurat złożyło, że jego pokój się zwolnił, kazano mu bowiem opuścić Vichy, kiedy wyszło na jaw, że pomagał Żydom w uzyskiwaniu wiz na wyjazd do Ameryki[19]).

W Vichy panie jadały w Hôtel du Parc. Biografowie Chanel opowiadają, jak była zgorszona zachowaniem kobiety w ogromnym kapeluszu przy jednym z sąsiednich stolików, która śmiała się i piła szampana. Dla Chanel, a może także dla Misi, zabawa była nie na miejscu, kiedy Francuzi opłakiwali swoją klęskę z rąk odwiecznego wroga po drugiej stronie Renu. Chanel wypowiedziała sarkastyczną uwagę: „Widać, że tu jest szczyt sezonu!". Siedzący w pobliżu mężczyzna poczuł się urażony. „Co pani insynuuje?", wykrzyknął. Chanel wycofała się, mówiąc: „Chodzi mi o to, że wszyscy tutaj są bardzo weseli". Żona uspokoiła mężczyznę[20].

Chanel miała powód, by zatrzymać się w Vichy, ówczesnej siedzibie francuskiej władzy. Była zdecydowana poruszyć niebo i ziemię, by wydostać swego siostrzeńca André z niewoli. Jeśli nawet nie spotkała się osobiście z Lavalem, niewątpliwie prosiła o radę ważnych przedstawicieli władz w Vichy.

Chanel z pewnością była przygnębiona wiadomością, że André jest tylko jednym z miliona francuskich żołnierzy przetrzymywanych w niemieckich obozach jenieckich, zwanych stalagami, i już w 1940 roku ludzie dobrze poinformowani nie mieli wątpliwości, że Niemcy posłużą się jeńcami jak kartą przetargową. Jeżeli miała wydostać André na wolność, musiała to zrobić z pomocą wysokiego dostojnika niemieckiego. Pojechała do Paryża gotowa do działania.

Paryż, do którego wróciła Chanel, pełen był biało-czerwonych transparentów ze swastyką, zawieszonych na wieży Eiffla, Łuku Triumfalnym, na budynkach parlamentu i ministerstw, nad Pałacem Elizejskim[21]. Przez cztery kolejne lata paryżanie musieli znosić widok i odgłosy niemieckiego najeźdźcy. Żołnierze Wehrmachtu codziennie krokiem defiladowym, przy wojskowej muzyce maszerowali Champs-Élysées w dół do placu de la Concorde. Ritz był teraz fortecą obłożoną workami z piaskiem. Przy wejściu stali wartownicy z elitarnej jednostki w szarozielonych, *feld-grau*, mundurach, prezentując broń przed nazistowskimi dostojnikami. Oficerowie wykrzykiwali donośne *Heil Hitler* z wyciągniętą ręką.

Jeszcze groźniej wyglądały gigantyczne transparenty zawieszone na fasadzie francuskiego Zgromadzenia Narodowego i na wieży Eiffla. Grubymi gotyckimi literami wypisano na nich: *Deutschland siegt an allen Fronten* (Niemcy zwyciężają na wszystkich frontach). Nazistowscy panowie nie szczędzili paryżanom upokorzeń. Kazali umieścić popiersie Adolfa Hitlera na podwyższeniu, na którym było miejsce przewodniczącego parlamentu.

Na ulicach Paryża pełno było żołnierzy Wehrmachtu i marynarzy Kriegsmarine. Spacerowali Champs-Élysées, ulicami Rivoli, Royale, gapiąc się na wystawy z luksusowymi towarami, jakich nie widzieli nigdy w życiu. Kupowali suweniry, płacili frankami, na które wymieniali niewiele warte reichsmarki. „Dzięki sztucznemu kursowi wymiany dla najeźdźcy wszystko było tańsze”[22]. Formalnie poprawni, mamrotali nawet uprzejme *danke schön, Fräulein* do ekspedientek i puszczali oko do przechodzących *demoiselles*[23]. Niektóre z nich były więcej niż chętne poflirtować z aryjskimi chłopakami, którzy tęsknili za domem i rozpaczliwie pragnęli towarzystwa kobiet.

Führer Adolf Hitler podczas jedynej wizyty w Paryżu po kapitulacji Francji

Jesienią 1940 roku już około 300 tysięcy niemieckich dostojników i żołnierzy okupowało Paryż i otaczające go miasta. Zajęli wille i apartamenty, wyrzucając francuskich najemców czy właścicieli, otwierali własne burdele, wyznaczali ulubione hotele, restauracje i kawiarnie. Większość paryżan pogodziła się z okupacją. Byli tacy, którzy wieszali portret Pétaina na ścianie biura czy domu. Francja należała do Niemców: wielkie bulwary, zabytki, nawet kioski na rogach ulic obwieszone były nazistowskimi obwieszczeniami i plakatami, ostrzegającymi miejscowych po niemiecku i po francusku, że należy słuchać okupacyjnych rozporządzeń, przestrzegać racjonowania żywności i innych dóbr oraz sztywnej godziny policyjnej. W przeciwnym razie grozi kara.

Po prawie pustych ulicach miasta pędziły czarne mercedesy z chorągiewkami łopoczącymi na wietrze i wozy patrolowe Wehrmachtu w barwach maskujących. Zwykli paryżanie oddali swoje samochody do przechowalni, bo ciężko było zdobyć racjonowane paliwo, zarówno do ogrzewania domów, jak i do samochodu.

Dla Dincklagego, który został oficerem niemieckiej kawalerii w wieku siedemnastu lat, weterana krwawych kampanii na froncie rosyjskim w pierwszej wojnie światowej i oficera niemieckiego wywiadu wojskowego od lat ponad dwudziestu, druga wojna światowa była realizacją niemieckiego marzenia o lebensraumie – „przestrzeni, do której uprawniały Niemcy prawa historii [...] przestrzeni, którą trzeba zabrać innym".

W rześki jesienny poranek 1940 roku przechodnie w alei Kléber mogli zauważyć, jak niemiecki mercedes na numerach wojskowych gwałtownie zatrzymuje się przy krawężniku[24]. Wysiadł z niego niemiecki oficer i pomachał starej przyjaciółce, którą zauważył na wytwornej ulicy. Niemcem w mundurze był czterdziestoczteroletni baron Hans Günther von Dincklage. Rzucił się, by powitać madame Tatianę du Plessix, która, podobnie jak jej mąż, znała Dincklagego z czasów jego pobytu na Lazurowym Wybrzeżu i w ambasadzie niemieckiej w Warszawie. W ułamku sekundy madame du Plessix odkryła, że przyjacielski Spatz nie był załamanym dziennikarzem, za jakiego się podawał po wyjeździe z Polski, ale doświadczonym oficerem niemieckiego wywiadu.

Obecność Spatza zaskoczyła Tatianę.

– Co ty tu robisz? – zapytała.

– Wykonuję swoją pracę – odpowiedział.

– A jaki ta praca ma teraz charakter? – warknęła Tatiana.

Żeby upokorzyć Francuzów, Niemcy wywiesili nazistowską swastykę na budynku francuskiego Ministerstwa Spraw Wewnętrznych w okupowanym Paryżu, styczeń 1940

– Służę w wywiadzie wojskowym.

– *Tu es un vrai salaud* [Jesteś prawdziwym draniem] – wybuchnęła Tatiana. – Udawałeś biednego dziennikarza, zdobyłeś współczucie nas wszystkich, uwiodłeś moją najlepszą przyjaciółkę, a teraz mi mówisz, że przez cały czas nas szpiegowałeś!

– *À la guerre comme à la guerre* [Na wojnie jak na wojnie] – odpowiedział Spatz i zaprosił ją na kolację.

– Kusiło mnie trochę, żeby przyjąć zaproszenie – wyznała później. I dodała: – Udawał ofiarę rasizmu Hitlera, ubierał się w szmaty, jeździł poobijanym używanym samochodem. Uwiódł Hélène Dessoffy i romansował z nią, ponieważ miała dom w pobliżu największej francuskiej bazy morskiej w Tulonie, a my wszyscy daliśmy się temu draniowi nabrać.

Dincklage wrócił do Francji. Francuska Sûreté i Deuxième Bureau znały terminy jego przyjazdów i wyjazdów ze Szwajcarii. Wiedziały, że wrócił do Paryża z niemieckimi władzami okupacyjnymi. Przez najbliższe cztery lata agenci francuskiego kontrwywiadu we Francji i Wolni Francuzi de Gaulle'a w Londynie obserwowali i raportowali ruchy swego starego wroga[25].

W wieku pięćdziesięciu siedmiu lat Chanel gotowa była znowu się zakochać. W 1940 roku rozkwitł wielki romans, kiedy w jej życiu w roli chętnego kawalera pojawił się Dincklage, obecnie wyższy oficer niemieckich sił okupacyjnych. Był to ostatni wielki romans Chanel. Pozostał już tylko jeden naoczny świadek, znający intymne szczegóły tej wojennej miłości. Gabrielle Palasse Labrunie poznała Dincklagego w okupowanym Paryżu pod koniec 1941 roku, miała wtedy piętnaście lat i przyjechała odwiedzić ciocię Coco. „Spatz był miły, atrakcyjny, inteligentny, dobrze ubrany i sympatyczny, często się uśmiechał i płynnie mówił po francusku i angielsku. Przystojny, dobrze wychowany mężczyzna, który stał się przyjacielem", wspomina. Widziała, jak przywiązywał do siebie Chanel. „Na jego ramieniu mogła się wesprzeć, był człowiekiem, który chciał pomóc Chanel sprowadzić André do domu"[26].

Przez kilka następnych lat Dincklage regulował stosunki Chanel z nazistowskimi dostojnikami w Paryżu i Berlinie, załatwił też w niemieckiej komendanturze Paryża zezwolenie dla Chanel na mieszkanie na siódmym piętrze w skrzydle Ritza od ulicy Cambon. Była to wygodna lokalizacja, ponieważ boczne wyjście z hotelu znajdowało się kilka metrów od jej butiku i luksusowego apartamentu, jaki urządziła przy Cambon 31. Osobliwa opowieść o tym, jak to po powrocie do Paryża niemiecki generał

Wśród licznie zgromadzonych niemieckich oficerów, prawdopodobnie w paryskiej operze, około 1940, prawdopodobnie widać Dincklagego (w górnym rzędzie, drugi od lewej) w mundurze Wehrmachtu

zastał w foyer hotelu Ritz rozszlochaną Chanel i natychmiast polecił, żeby przydzielono jej pokój w hotelu, powinno się chyba uznać za kolejny z jej uroczych mitów. Jedynie Dincklage lub inny wysoki dostojnik niemiecki mógł załatwić skomplikowane formalności pozwalające jej na mieszkanie w *Privatgast*, części hotelu zarezerwowanej dla przyjaciół Rzeszy. Wystarczy przeczytać niemieckie zarządzenie: „Na rozkaz Berlina Ritz jest zarezerwowany wyłącznie na czasowe lokum dla wysoko postawionych osobistości. Hotel Ritz zajmuje najwyższe i wyjątkowe miejsce wśród wszystkich zarekwirowanych hoteli"[27]. W istocie tylko nieliczni nie-Niemcy (*Ausländer*) mogli cieszyć się przywilejem mieszkania w Ritzu podczas okupacji[28]. Pokoje Chanel (227, 228) znajdowały się blisko pokojów kolaborantki Fern Bedaux (243, 244, 245), pronazistowskiej rodziny Dubonnet (263) i Mme Marie-Louise Ritz (266, 267), żony założyciela hotelu Césara Ritza, wszystkie na tym samym piętrze.

Każdy wchodzący lub wychodzący z Ritza musiał się legitymować wartownikom, którzy stali dzień i noc przy wejściach obłożonych workami z piaskiem. Naczelnego dowódcę Luftwaffe i zarządcę wszystkich terytoriów okupowanych Hermanna

Göringa ulokowano w apartamencie królewskim. Inne luksusowe apartamenty zarezerwowano dla nazistowskiego ministra spraw zagranicznych Joachima von Ribbentropa, Alberta Speera, ministra uzbrojenia i produkcji wojskowej w Rzeszy, ministra spraw wewnętrznych Rzeszy doktora Wilhelma Fricka oraz gości ważniejszych niemieckich generałów[29].

Dla tych, którym wolno było wejść do Ritza, niemieckie dowództwo miało „ścisłe" rozkazy: „W budynku nie wolno nosić żadnej broni" (w pobliżu wejścia wydzielono przestrzeń, gdzie można było składać broń w depozyt), „zachowanie musi być nienaganne i nie wolno tu wchodzić żadnemu niższemu oficerowi". Nie-Niemcy musieli otrzymać zaproszenie przed wejściem do hotelu[30].

Jak było w Ritzu w roku 1940? Zachowało się ozdobne menu na 14 czerwca, kiedy to niemieccy oficjele zajęli hotel. W tej rozpaczliwej chwili, kiedy setki tysięcy francuskich rodzin uciekało przed najazdem Niemców, pierwszym nazistowskim gościom Ritza w czasie wojny serwowano bogate menu. Na lunch przewidziano grejpfrut – rzadki przysmak w czasie wojny – a na główne danie albo *filet de sole au vin du Rhin* (sola gotowana w wytrawnym niemieckim winie, propozycja, którą pokonany wyraźnie schlebia zwycięzcy), albo *poularde rôtie* z ziemniakami *rissolées*, świeżym groszkiem i szparagami w sosie holenderskim. Na deser świeże owoce do wyboru.

Później, kiedy francuskie rodziny niemal głodowały, wysocy niemieccy funkcjonariusze i ich goście nadal jadali w restauracji Ritza. Jeden z niemieckich oficerów na początku okupacji napisał: „W takich czasach dobre jedzenie w dużych ilościach daje poczucie władzy"[31].

Cocteau, Serge Lifar (artysta baletu pochodzenia ukraińskiego) i René de Chambrun mieli zgodę nazistów na stołowanie się w Ritzu. Regularnie jadali tam lunche i kolacje – niejednokrotnie jako goście Chanel przy „jej" stoliku – ocierając się o nazistowską elitę, w tym częstych przybyszów z Berlina: Josepha Goebbelsa, dawnego szefa Dincklagego; Hermanna Göringa, patrona

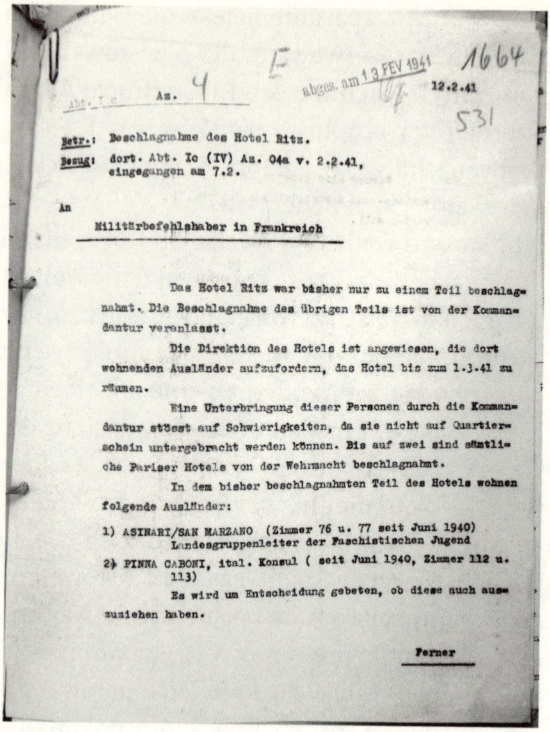

Abt. Ic Az. 4 abges. am 13 FEV 1941 12.2.41

1664

531

Betr.: Beschlagnahme des Hotel Ritz.

Bezug: dort. Abt. Ic (IV) Az. 04a v. 2.2.41, eingegangen am 7.2.

An

Militärbefehlshaber in Frankreich

Das Hotel Ritz war bisher nur zu einem Teil beschlagnahmt. Die Beschlagnahme des übrigen Teils ist von der Kommandantur veranlasst.

Die Direktion des Hotels ist angewiesen, die dort wohnenden Ausländer aufzufordern, das Hotel bis zum 1.3.41 zu räumen.

Eine Unterbringung dieser Personen durch die Kommandantur stösst auf Schwierigkeiten, da sie nicht auf Quartierschein untergebracht werden können. Bis auf zwei sind sämtliche Pariser Hotels von der Wehrmacht beschlagnahmt.

In dem bisher beschlagnahmten Teil des Hotels wohnen folgende Ausländer:

1) ASINARI/SAN MARZANO (Zimmer 76 u. 77 seit Juni 1940) Landesgruppenleiter der Faschistischen Jugend

2) PINNA CABONI, ital. Konsul (seit Juni 1940, Zimmer 112 u. 113)

Es wird um Entscheidung gebeten, ob diese auch ausziehen haben.

Ferner

Pismo z niemieckiego sztabu wojskowego w Paryżu, stwierdzające, że hotel Ritz jest zarezerwowany dla wyższych niemieckich funkcjonariuszy. Wśród cudzoziemców, którym wolno tam mieszkać, wymieniona jest „Chanel Melle"

i wielbiciela Lifara. Lifar, niegdyś kochanek Siergieja Diagilewa, założyciela Ballets Russes, mieszkał przez jakiś czas w Ritzu. Hitler poznał Lifara podczas swojej jedynej wizyty w Paryżu tuż po klęsce Francji. Göring mianował wówczas Lifara szefem *corps de ballet* paryskiej opery. Chanel uważała, że „Niemcy są bardziej wykształceni od Francuzów, nic ich nie obchodzi, co robią tacy ludzie jak Cocteau, ponieważ wiedzą, że jego twórczość to oszustwo"[32].

Kolejnym gościem był protegowany Dincklagego, baron Louis de Vaufreland Piscatory.

Zima 1940–1941 była bardzo mroźna, ale nie w Ritzu. Chanel „widywano wszędzie ze Spatzem Dincklagem”[33]. Pisarz Marcel Haedrich utrzymuje, że Chanel powiedziała mu: „Nigdy nie zwracałam uwagi na Niemców, nie podobało im się, że kobieta jeszcze nieźle wyglądająca całkowicie ich ignoruje”[34]. Haedrich powtarza jeszcze jeden mit: „Chanel jeździła metrem. Nie śmierdziało tam zbytnio, w obawie przed epidemią Niemcy pilnowali, żeby wszędzie rozpylano crésil, silny środek antyseptyczny”. (To mało prawdopodobne, bo jako kochanka wyższego oficera niemieckiego Chanel miała do dyspozycji samochód).

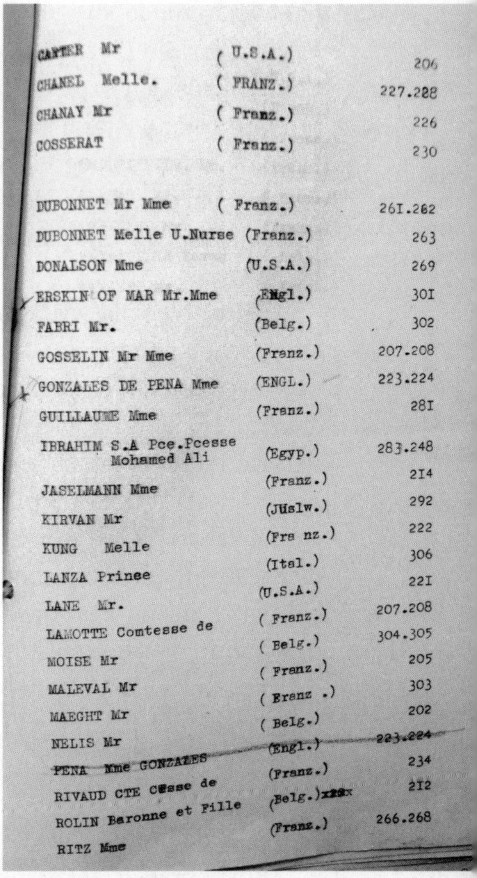

CARTER Mr	(U.S.A.)	206
CHANEL Melle.	(FRANZ.)	227.228
CHANAY Mr	(Franz.)	226
COSSERAT	(Franz.)	230
DUBONNET Mr Mme	(Franz.)	261.262
DUBONNET Melle U.Nurse	(Franz.)	263
DONALSON Mme	(U.S.A.)	269
ERSKIN OF MAR Mr.Mme	(Engl.)	301
FABRI Mr.	(Belg.)	302
GOSSELIN Mr Mme	(Franz.)	207.208
GONZALES DE PENA Mme	(ENGL.)	223.224
GUILLAUME Mme	(Franz.)	281
IBRAHIM S.A Pce.Pcesse Mohamed Ali	(Egyp.)	283.248
JASELMANN Mme	(Franz.)	214
KIRVAN Mr	(Jüslw.)	292
KUNG Melle	(Fra nz.)	222
LANZA Prince	(Ital.)	306
LANE Mr.	(U.S.A.)	221
LAMOTTE Comtesse de	(Franz.)	207.208
MOISE Mr	(Belg.)	304.305
MALEVAL Mr	(Franz.)	205
MAEGHT Mr	(Eranz .)	303
NELIS Mr	(Belg.)	202
PENA Mme GONZALES	(Engl.)	223.224
RIVAUD CTE Cesse de	(Franz.)	234
ROLIN Baronne et Fille	(Belg.)	212
RITZ Mme	(Franz.)	266.268

Lista nielicznych cywilnych rezydentów, którym naziści pozwolili wynajmować pokoje w hotelu Ritz. Nazwisko Chanel, pokoje 227, 228, znajduje się w drugiej linijce: CHANEL, Melle, (FRANZ) 227, 228

Dla nielicznych uprzywilejowanych, jak Chanel i jej otoczenie, Paryż czasu wojny nie różnił się tak naprawdę od miasta w okresie pokoju. Lepsze towarzystwo żyło jak dawniej, kwitły nocne kluby i kabarety. Dincklage często jadał kolację u Maxima, gdzie niemieccy oficerowie i urzędnicy co wieczór rozkoszowali się daniami wyszukanej kuchni francuskiej[35]. Chanel i Dincklage byli zapraszani do opery Serge’a Lifara i na jego przyjęcia w strojach wieczorowych, które odbywały się pod patronatem nazistów. Lifar, Cocteau i Chanel byli częstymi gośćmi na kolacjach przy świecach (z powodu niedoboru energii) w apartamencie Sertów przy ulicy Rivoli 252. Jojo (Sert) zabawiał gości opowieściami o brytyjskich i amerykańskich szpiegach w Madrycie. Sert często tam bywał. W 1940 roku postarał się o dyplomatyczne stanowisko jako ambasador hiszpańskiego rządu Franco przy Watykanie, ale z siedzibą w Paryżu. Sertowie i ich przyjaciele rozkoszowali się obfitością jedzenia przysyłanego pocztą dyplomatyczną z neutralnej Hiszpanii[36].

Chanel wolała wydawać kameralne kolacyjki w apartamencie przy ulicy Cambon, wśród swoich ukochanych przedmiotów i cennych chińskich parawanów[37]. Jedzenie przygotowywała kucharka, a podawała wierna służąca Germaine, która wróciła do Paryża. Podczas takich wieczorów z pięknym Dincklagem Chanel śpiewała i grała na pianinie dla swoich przyjaciół. A potem goście zabawiali się już sami, a ona i Dincklage przechodzili na drugą stronę ulicy Cambon i przez boczne wejście Ritza na trzecie piętro do jej apartamentu, którego pobielona ascetyczność przypominała sierociniec w Aubazine.

Kolaborantka Fern Bedaux, sąsiadka Chanel w Ritzu, raportowała hrabiemu Josephowi Ledebur-Wichelnowi, który był jej kontaktem w Abwehrze, jak to Dincklage (mogła nie wiedzieć, że on też był agentem Abwehry) codziennie odwiedzał Chanel. Bedaux powiedziała Ledeburowi także o tym, że Chanel brała narkotyki[38].

Bliski przyjaciel Chanel Paul Morand, który nazwał ją „aniołem zagłady w dziewiętnastowiecznym stylu"[39], podczas okupacji był ważnym urzędnikiem Vichy. On i jego „proniemiecka" żona Hélène urządzali w Paryżu wieczorki, Chanel przychodziła wówczas na kolację w towarzystwie kilkorga przyjaciół: wszechobecnego Cocteau, pisarza Marcela Jouhandeau i jego niegdyś pięknej, ekscentrycznej żony, tancerki baletowej Caryathis. Caryathis, stara przyjaciółka Chanel i jej nauczycielka tańca przed pierwszą wojną, była teraz wiekową, ale bliską przyjaciółką André Gide'a[40].

Jeśli jednak wieczór miał być naprawdę zabawny, Chanel jadała z niegdyś bliskim przyjacielem Dincklagego, miłośnikiem

Jadalnia hotelu Ritz, 1939.
Podczas „dziwnej wojny" paryska elita pławiła się w luksusach, wybierając z karty przysmaki przygotowane przez hotelowych kucharzy

Francji, ambasadorem Rzeszy w Paryżu Ottonem Abetzem i jego piękną francuską żoną Suzanne. Ich wystawne kolacje w rezydencji ambasadora Hôtel Beauharnais przy ulicy Lille 78 w Paryżu (na tyłach znajdował się ówczesny Gare d'Orsay) były przedmiotem zazdrości śmietanki paryskiego i okupacyjnego towarzystwa. W salonach Abetza wisiały piękne obrazy skradzione z apartamentów rodziny Rothschildów[41].

Po Abetzu ulubionym gospodarzem paryskiej elity był dawny prawnik i dziennikarz Ferdinand de Brinon, wówczas ambasador Vichy przy rządzie niemieckim w Paryżu. Chanel często jadała kolacje w miejskim pałacyku Brinona. Zdobywca wielu nagród literackich Ian Ousby, historyk niemieckiej okupacji podczas drugiej wojny, pisze bez osłonek o zachowaniu Chanel przy posiłkach: „Coco Chanel pozwalała sobie na antysemickie wynurzenia" na kolacjach u Abetza i Brinona[42]. Zaproszenie na podobną imprezę było paszportem do towarzyskiej zażyłości z czołowymi nazistami. Josée, córka Pierre'a Lavala, długoletnia przyjaciółka Chanel, i jej mąż René de Chambrun byli stałymi gośćmi Abetza na wieczorach w ambasadzie niemieckiej. René, nazywany Bunnym, zasłynął złośliwą uwagą, kiedy jego teść Laval i marszałek Pétain doszli do władzy w Vichy; powtórzył wówczas słowa Lavala: „To sposób obalenia republiki"[43].

Josée nie posiadała się z zachwytu, opisując wieczór u Abetza: „Szampan płynął strumieniami, a niemieccy oficerowie w białych krawatach i szykownych mundurach mówili tylko po francusku. Wraz z przyjaciółmi i naszymi nowymi gośćmi, Niemcami, powróciło życie towarzyskie"[44].

Josée z entuzjazmem wspominała galę z okazji Bożego Narodzenia 1940 roku, pierwszego roku niemieckiej okupacji. Dla paryżan były to trudne chwile. Niemcy stracili właśnie dwudziestoośmioletniego Jacquesa Bonsergenta w Mont Valérien, poza murami Paryża – był to pierwszy paryżanin, który stanął przed niemieckim plutonem egzekucyjnym. Jednak dla Josée

> [...] w zaciemnionym Paryżu bywało wesoło. Abetz w pół wojskowym, pół cywilnym mundurze [Abetz był wówczas w randze obersturmbannführera SS] i jego żona Suzanne wydali wspaniałą kolację na stojąco, podczas której cierpiący na nadwagę niemiecki konsul w Paryżu generał Rudolf Schleier nisko kłaniał się damom i całował je w rękę, podobnie jak generał Luftwaffe Hanesse w białym mundurze, z piersią obwieszoną medalami [prawdopodobnie generał Hanesse otrzymał odznaczenia za zabijanie Francuzów]. Szampan lał się strumieniem, oficerowie niemieccy, zwłaszcza piloci w strojach

> wieczorowych, zajmowali się paniami, poruszali się jak motyle i nikt nie mówił po niemiecku. To był prawdziwie francuski uroczysty wieczór, na którym nie wolno było używać niemieckiego. Oficerowie konkurowali z sobą o największą biegłość w języku Rabelais'go [francuski szesnastowieczny pisarz]... Nikt nie myślał o wojnie. Wszyscy myśleliśmy, że pokój, pokój na zawsze, pokój niemiecki zwycięży świat przy aprobacie Stalina i Roosevelta [...] tylko Anglia nadal stawiała czoło Niemcom.[45]

Codzienne życie przeciętnego paryżanina wyglądało zupełnie inaczej; podczas tej wyjątkowo mroźnej zimy było bardzo ciężkie, a każda następna zima wydawała się jeszcze gorsza. Zwykli ludzie nawet nie marzyli o wieczorach z szampanem. Trudno było dostać węgiel, gazu też nie było, a elektryczność często wyłączano. Na czarnym rynku czasami trafiała się benzyna do samochodu, jednak większość silników przerobiono na naturalny gaz – dwie butle na dachu samochodu. Niektóre auta przystosowano do spalania węgla drzewnego. W miarę upływu okupacyjnych miesięcy sytuacja robiła się coraz trudniejsza.

Kilka tygodni po przybyciu Niemców wszystkie towary znikły z rynku, a potem odsprzedawano je po dwu- lub trzykrotnie wyższych cenach. Po kilku miesiącach okupanci narzucili ludności niemal głodowy reżim. Marszałek Göring zadekretował, że Francuzom musi wystarczyć 1200 kilokalorii dziennie, połowa tego, czego potrzebuje pracujący mężczyzna czy kobieta, żeby przeżyć. Starcom wydzielono 850 kilokalorii dziennie. Były to dotkliwe posunięcia.

Wszystkie towary racjonowano. Starzy ludzie narażeni byli na największe ryzyko i na poważne choroby, a nawet śmierć z wyziębienia czy niedożywienia – nie mieli czym ogrzewać mieszkań w długie, zimne i wilgotne wojenne miesiące. W amerykańskim szpitalu w Neuilly, nadal prowadzonym przez amerykańskiego lekarza i szwajcarskiego zarządcę Ottona Gressera,

Częsty widok podczas niemieckiej okupacji – głodujący paryżanie grzebią w śmieciach w poszukiwaniu jedzenia i odpadków, wrzesień 1942

udało się uzupełnić dietę pacjentów dzięki zakupieniu przez szpital kartofli po rozsądnej cenie u bogatego francuskiego właściciela ziemskiego. Następnie karetką przywieziono kartofle do szpitalnej kuchni. Gresser opowiada, jak wymieniał wino na dodatkowe kartofle: „Mieliśmy 250 pacjentów. Władze francuskie przyznawały na każdego pacjenta pół litra wina dziennie, więc wkrótce mieliśmy więcej wina, niż pacjenci daliby radę wypić. Farmerzy natomiast nie mogli zdobyć wystarczającej ilości wina. Wymieniliśmy 500 litrów wina na 5 tysięcy kilogramów nawozu. Jeden z farmerów dał nam 10 tysięcy kilogramów kartofli za ten nawóz. Daliśmy po 50 kilogramów kartofli każdemu z członków personelu, co było dla nich bardzo istotne, żeby wyżywić swoje rodziny"[46].

Pod koniec 1942 roku mięsa – rozpaczliwie potrzebnego do walki z niedożywieniem – praktycznie nie można było kupić, chyba że po niemożliwie wygórowanych cenach. Gresser wspomina, że kiedy 300 kilogramów wołowiny, kupionej na czarnym rynku, przywiózł do szpitala wielki „wypożyczony" niemiecki samochód, podejrzliwe władze niemieckie zapowiedziały inspekcję szpitalnej kuchni. Personel ukrył mięso w ogrodzie.

Brakowało nawet podstawowej francuskiej strawy – wina. W swojej książce *Wine and War* (Wino i wojna) Don i Petie Kladstrup piszą, że między 1939 a 1942 rokiem produkcja wina spadła o połowę[47]; Niemcy kochali wino i znali się na nim, zwłaszcza na winie francuskim. Ich weinführerowie zabrali nie tylko najlepsze wina z rocznej francuskiej produkcji, ale także olbrzymie ilości zwykłego stołowego wina dla swoich sił zbrojnych. Co roku wysyłali do ojczyzny 320 milionów butelek wina po stałych cenach.

Göring rozkazał weinführerom systematycznie wysyłać do Niemiec nawet wino średniej jakości. Rezultaty były katastrofalne. „Starzy i chorzy potrzebowali wina", francuscy lekarze informowali władze francuskie i niemieckie. „To wspaniałe pożywienie [...] łatwe do strawienia [...] ważne źródło witamin i minerałów".

le 8.10.41. N°1526/II

R E N S E I G N E M E N T

Destinataire:6000

Source:0.2084b du 3.10.41

Baron Louis de VAUFRELAND,domicilié 74 faubourg St Homorée à Paris,ancienne adresse:4 rue Mignard,pretend avoir refusé des propositions de la Gestapo.

Peu scupuleux,ami intime de Mme CHANEL,il est connu l'"Union Artistique"

Serait actuellement à Vichy et partira bientôt pou l'Allemagne sous le couvert d'affaires industrielles.

NOTA: D'après 112bis,de VAUFRELAND aurait toujour appartement qui lui serait reservé au "RITZ".

Francuski dokument (poświadczona kopia) ujawniający, że francuski agent Abwehry Vaufreland był „bliskim przyjacielem Chanel"

DINCKLAGE U HITLERA, CHANEL W ABWEHRZE

À la guerre comme à la guerre.

PRZYSŁOWIE FRANCUSKIE[1]

Na początku 1941 roku Dincklage zostawił Chanel w Paryżu, a sam pojechał do Berlina z baronem Louisem de Vaufrelandem[2]. Panowie poznali się w przedwojennym Paryżu, kiedy Dincklage był „kochankiem madame Esnault Pelterie", żony ówczesnego francuskiego pioniera lotnictwa.

Dincklage został powitany w Berlinie ze szczególnymi honorami. Przyjęli go Adolf Hitler i Joseph Goebbels, minister propagandy Rzeszy i dawny szef Dincklagego, kiedy ten pracował w ambasadzie niemieckiej w Paryżu w 1934 roku. Raport francuskiego kontrwywiadu o spotkaniu Dincklagego z Führerem mówi o jego roli wyższego rangą niemieckiego agenta w Paryżu: „Von D. [Dincklage] mieszkał przed wojną w Paryżu przy ulicy Sablons. Podawał się za Szweda, ale w rzeczywistości był Niemcem [...] w Berlinie miał audiencje u Hitlera i Goebbelsa. Jest też bardzo blisko z von Brauchitschem [dowódcą niemieckiej armii]"[3].

Tamtej zimy 1941 roku Berlin triumfował. Wojska niemieckie zagarnęły już zachodnią Europę; Wehrmacht zmierzał teraz na podbój Jugosławii i Grecji. Hitler przygotowywał się w tajemnicy do zaatakowania wiosną Związku Radzieckiego.

Nie wiemy, co Vaufreland robił w Berlinie podczas podróży z Dincklagem. Jednak z dokumentu w archiwach Bureau Central de Renseignement et d'Action (BCRA), służby kontrwywiadowczej de Gaulle'a w Londynie, wynika, że po wizycie w Berlinie „Louisa de Vaufrelanda wysłano do Tunezji, podawał się za Alzatczyka i używał nazwiska de Richmond"[4]. Chociaż podróż Vaufrelanda owiana jest mgłą tajemnicy, nie może być dziełem przypadku, że Tunezja była terenem działań agenta Abwehry Dincklagego, kiedy pracował w środowisku muzułmanów. Dalej czytamy w raporcie: „D. [Dincklage] jest teraz w bardzo złych stosunkach z Abetzem [...] utrzymuje, że Abetz ukradł 200 milionów francuskich franków [około 90 milionów dolarów w 2010 roku]. Tą kolosalną sumą podzielił się z Pierre'em Lavalem, ponieważ to Laval załatwił, że niektóre należące do Francji jugosłowiańskie kopalnie zostały przekazane nazistowskim Niemcom"[5].

Przyjęcie przez Hitlera było dla oficera Abwehry wielkim wyróżnieniem. Dincklage wrócił do Paryża z rozkazem komunikowania się bezpośrednio z Berlinem. Stał się wpływowym starszym oficerem Abwehry. A tymczasem Vaufreland zasłużył na tytuł *V-Mann*, co oznaczało, że stał się zaufanym agentem Abwehry o pseudonimie „Piscatory", agent numer F-7667 (*V-Mann* było także określeniem zaufanego agenta gestapo)[6].

Dincklage zorganizował teraz spotkanie Vaufrelanda i Chanel. Ich pierwszy kontakt wypadł tak naturalnie, że Chanel mogła się początkowo nie zorientować, że nadchodząca przygoda została zaaranżowana przez Dincklagego.

Zawsze pomysłowa Chanel, oportunistka z urodzenia, uważała, że potrafi poruszać się w okupowanym przez nazistów Paryżu oraz załatwić zwolnienie siostrzeńca André Palasse'a z obozu jenieckiego i bezpiecznie sprowadzić go w ramiona ciotki. Było to pilne. Dowiedziała się z Corbère, że André mógł zachorować na gruźlicę. Abwehra doskonale się orientowała, że Chanel martwi się losem siostrzeńca. Była gotowa jej pomóc, ale nie za darmo[7].

Chanel stanowiła dla Niemców idealny obiekt werbunku: potrzebowała czegoś, co Abwehra mogła dostarczyć, a sama miała wysoko postawionych znajomych w Londynie, neutralnej Hiszpanii i w Paryżu.

Chanel i Dincklage pojechali na krótko do La Pausa w Roquebrune – mogli swobodnie przemieszczać się między strefami okupacyjnymi dzięki stanowisku Dincklagego. Po ich powrocie do Paryża zostało zaaranżowane spotkanie z Vaufrelandem w hotelu Ritz[8].

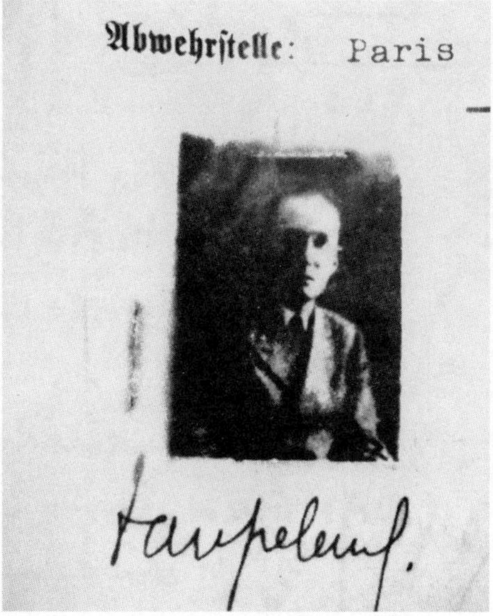

Baron Louis de Vaufreland, protegowany Dincklagego, był zaufanym niemieckim agentem; w 1941 roku pojechał z Chanel do Madrytu, a później poznał ją z wysokimi nazistowskimi funkcjonariuszami w Paryżu

Vaufreland szybko przekonał Chanel, że z pomocą swoich niemieckich przyjaciół zdoła załatwić uwolnienie André ze stalagu i jego powrót do Paryża. Vaufreland dawał też do zrozumienia, że jego niemieccy przyjaciele mogą jej pomóc wyszarpać kontrolę nad działem perfum Chanel z rąk Wertheimerów lub ich pełnomocników.

Vaufreland i Chanel tworzyli dość dziwną parę agentów. Baron, który ubierał się jak zniewieściały dandys, nie krył swego homoseksualizmu. Raport Wolnych Francuzów z Londynu określa go w owym czasie jako „trzydziestodziewięciolatka, arystokratę playboya z włosami rudoblond (alias Pescatori [*sic*], Marquis d'Awyigo, de Richmond)". Inny raport francuskiego wywiadu nazywa go „tłustym homoseksualistą średniego wzrostu zawsze nienagannie ubranym", a także „agentem Abwehry prowadzonym

PREFECTURE DE POLICE

Direction des Renseignements
Généraux et des Jeux

7 Section

OFFICE

163

16640

Tous renseignements sur le nommé :

CHASNEL Gabrielle

née le 19.8.1883 à Saumur

demeurant Couturier et Parfumeur 31 rue
CAMBON Paris 1er

Pseudonyme : WESMINSTER

Indicatif d'agent F. 7124

Signalée comme suspecte au fichier

D. S. DOC.

Pièces ... le 3 MARS 1946 aux Archives Centrales

Décision

examp. Cabinet par D.
» D. G. Doc.
» B. Doc.
» 5e Bureau G.M.P.
» A. C. (manuscrit)

enquête ou de Vaufreland

5455

Raport policyjnego wywiadu pokazujący numer kodu Chanel
jako agentki Abwehry i jej pseudonim

przez porucznika Hermanna Neubauera. [...] zawsze potrzebował dużych sum pieniędzy, był inteligentny, dobrze się wysławiał, władał bezbłędnie angielskim, niemieckim, włoskim i hiszpańskim [...] niezwykle niebezpieczny niemiecki szpieg". Dalej w raporcie czytamy: „W 1940 roku Vaufreland pracował w Maroku jako agent gestapo, zanim dołączył do paryskiej Abwehry". Później kolejny raport Wolnych Francuzów stwierdzał, że kiedy Vaufreland poznał Chanel, miał już na swoim koncie aresztowanie grupy członków francuskiego ruchu oporu gaullistów w Casablance[9].

Neubauer, szef Vaufrelanda w Abwehrze, wkrótce wkroczył do akcji, by doprowadzić do końca umowę z Chanel. Neubauer musiał znać Dincklagego. Jego biuro, podobnie jak gabinet Dincklagego, mieściło się w zarekwirowanym przez Abwehrę hotelu Lutetia przy bulwarze Raspail pod numerem 45, w pobliżu Saint-Germain-des-Prés. Neubauer tak jak Dincklage ubierał się po cywilnemu i mówił doskonale po francusku.

Wiosną 1941 roku Neubauer odwiedził Chanel i Vaufrelanda w butiku-biurze przy ulicy Cambon. Zapewnił, że pomoże w uwolnieniu André, jeśli Chanel zgodzi się pomóc Niemcom w zdobyciu „politycznych" informacji w Madrycie[10].

Chanel była zachwycona perspektywą podróży do Hiszpanii. Według późniejszych zeznań Vaufrelanda przed francuskim sędzią, Chanel „sprytnie zasugerowała, że potrzebuje wizy na wyjazd do Hiszpanii i do Anglii, aby przekazać swoim wysoko postawionym przyjaciołom ekonomiczne i polityczne informacje".

Jednym z kontaktów Chanel z Abwehrą był sonderführer SS Albert Notterman, na zdjęciu widzimy go już po wojnie, kiedy pracował dla amerykańskiej armii

Dzięki temu, jak twierdzi Vaufreland, „Neubauer wkrótce został zdobyty".

W którymś momencie 1941 roku Abwehra zapisała Gabrielle Chanel w swoim berlińskim rejestrze jako agentkę F-7124, pseudonim Westminster[11]. Można się zastanawiać, komu przyszło do głowy, by książęcy tytuł Bendora wykorzystać jako kryptonim. Czy zrobił to Dincklage, działający zakulisowo, który w teczce Chanel zamieścił informację o jej dawnym kochanku? (Po wojnie Chanel nie przyznała się do jakiejkolwiek wiedzy na ten temat).

Agent Neubauer wziął teraz sprawy w swoje ręce. Chanel i Vaufreland opuścili Paryż w gorący i duszny wieczór 5 sierpnia 1941 roku. Jechali pociągiem do Hiszpanii, mieli przekroczyć granicę francuską w Hendaye. Poprzedniego wieczoru biuro Abwehry w Paryżu wysłało telegram do niemieckiej policji w Hendaye: „Wyjazd z Paryża 20.10, 5 sierpnia 1941, przyjazd do Hendaye 6 sierpnia około godziny 9.11 – baron Giscatory [*sic*] de Vaufreland legitymujący się francuskim paszportem nr 3284 wystawionym w Casablance i Gabrielle Chanel legitymująca się francuskim paszportem nr 18348 wystawionym w Paryżu. Traktować te dwa paszporty z uwagą, zapewnić wszystkie wygody i oszczędzić wszelkich problemów". Telegram podpisano: „Biuro Abwehry, Paryż, nr 695 L/7.41 g IIIF". (Rzymska numeracja trzy „F" oznacza zagraniczną służbę kontrwywiadowczą Abwehry[12]).

Mówiący po hiszpańsku Vaufreland doskonale się nadawał do tej misji, miał bliskie związki rodzinne w Madrycie poprzez swoją arystokratyczną hiszpańską ciotkę. Źródła francuskie i brytyjskie określają tę inicjatywę jako część starań niemieckiego wywiadu wojskowego, by zwerbować agentów chętnych do służenia Niemcom. Ta podróż odpowiadała także prywatnym interesom Chanel. Miała nadzieję, że zawiezie siostrzeńca do domu. A podczas pobytu w Madrycie może poprawić sprzedaż Chanel No. 5 na hiszpańskim rynku.

W Madrycie Chanel wprowadziła się do apartamentu w Ritzu i pławiła w przedwojennych luksusach, a Vaufreland zamieszkał na mieście u przyjaciół. Archiwa Franco z okresu drugiej wojny światowej zostały całkowicie zniszczone, nie można więc odtworzyć działań Chanel w hiszpańskiej stolicy w sierpniu i wrześniu 1941 roku. Dysponujemy raportem z brytyjskich archiwów na temat wieczoru, jaki Chanel i Vaufreland spędzili z brytyjskim dyplomatą Brianem Wallace'em i jego żoną. Wallace, którego kryptonim brzmiał „Ramon"[13], informował Londyn szczegółowo o rozmowie, jaką wraz z żoną odbyli z tą parą przy kolacji w Madrycie. (Nie odkryto, kto był gospodarzem przyjęcia. Nie znaleziono depeszy brytyjskiej ambasady wysłanej do Londynu ze sprawozdaniem z tej rozmowy). Dodatek Wallace'a do telegramu brytyjskiej ambasady nr 347 z 22 sierpnia 1941 roku przytaczamy poniżej z pominięciem nieistotnych uwag:

MI, KOPIA, ZAŁĄCZNIK DO MADRYCKIEJ DEPESZY NR 347 Z 22 SIERPNIA 1941

Memorandum Mr. Briana Wallace'a
(Raport dotyczący rozmowy z mlle Chanel i baronem Luisem [*sic*] Vaufrelandem)

W środę 13 sierpnia byliśmy z żoną na kolacji, na której byli także mlle Chanel i baron Vaufreland [*sic*] (Francuz). Poniżej całościowy rezultat naszych konwersacji.

VAUFRELAND: Oboje znaliśmy go przez kilka lat (choć niezbyt dobrze) w Paryżu. Był młodym światowcem o silnie prawicowych sympatiach i rzekomo homoseksualnych skłonnościach. Był oficerem łącznikowym z Grenadier Guards i Inniskilling Dragoons, ewakuowany z Dunkierki 2 czerwca. Jest pół-Hiszpanem, siostrzeńcem księżnej Almazan. Przyjechał do Hiszpanii jako złota rączka panny Chanel (z którą niedawno poznał się w Paryżu). Osobiście jest osobą niesolidną.

I Vaufreland, i Chanel ostrzegli nas przed tutejszą ambasadą francuską, zwłaszcza przed ambasadorem i jego żoną, którzy ich zdaniem są „antybrytyjscy".

MLLE CHANEL: Prawie przez trzy godziny bardzo szczerze mówiła o Paryżu, jej szczerość zrobiła na mnie duże wrażenie. Jest zaprzyjaźniona z premierem i najwyraźniej jest też bardzo przywiązana do księcia Westminsteru. Chciałaby pojechać do Anglii, ale nie może się zmusić do porzucenia Francji. Podawany przez nią powód przyjazdu tutaj (czy raczej do Portugalii) jest taki, że nie mogła już wytrzymać w Paryżu i musiała zrobić sobie urlop. Główny temat jej wypowiedzi to paryżanie. Zasadnicze punkty są następujące:

1. Niemcy nie mogą zrozumieć Francuzów i z tego powodu nienawidzą Francuzów tak bardzo, że ona, panna Chanel, boi się, co się może stać.

2. Francuzi przez cały czas *rigolent* [śmieją się] i *fait des blagues* [opowiadają dowcipy]. To drobiazgi, ale doprowadzają Niemców do wściekłości. Tyle zrobiono w metrze, zwijając bilety w „V", a potem w „H" (jak Hitler), pisząc na ścianach itp., że Niemcy zagrozili zamknięciem metra.

3. Francuzi demonstrują skrajną wesołość. „Dlaczego – pytają Niemcy – jesteście tacy weseli, skoro przegraliście wojnę?". „A dlaczego – odpowiadają paryżanie – jesteście tacy smutni, skoro wygraliście wojnę?".

4. W strefie okupowanej ludzie nie są probrytyjscy, tylko antyniemieccy.

5. Francja powoli przekształca się w dwa kraje. Mieszkańcy strefy nieokupowanej zdają się myśleć, że

ci w strefie okupowanej znaleźli się tam na własne życzenie.

6. Bardzo niewielu Francuzów zdaje sobie sprawę, że przegrali wojnę. „Poczekajcie tylko, aż się pozbędziemy tych świń – mówią. – Jeśli zwrócisz uwagę, że Francja została pokonana, uznają to za nastawienie antyfrancuskie i zaczną coś napomykać o powstaniu i angielskiej pomocy".

7. Niemcy są głęboko antyfrancuscy, ale ogólnie raczej probrytyjscy (w tym sensie, że mają wielki podziw dla wszystkiego, co brytyjskie).

8. Niemcy boją się Churchilla i nienawidzą go, Anglię dzielą na Churchilla i całą resztę. Są przekonani, że ta reszta pragnie pokoju, a Churchill dąży do eksterminacji Niemiec.

9. Wśród Niemców odczuwa się poważny brak koordynacji, dotyczy to zwłaszcza różnic pomiędzy władzą cywilną a wojskową, które nienawidzą się wzajemnie i z prawdziwą przyjemnością wyrządzają sobie szkody. Wszyscy są przerażeni i nieszczęśliwi, a obserwatorzy sami są obserwowani.

10. Istnieje osobna [niemiecka] organizacja komercyjna, a więc niezwykle aktywna – Chanel ostrzega przed nią z wyjątkową powagą: „Wkupują się do każdego interesu, pod rozmaitymi przykrywkami, więc kiedy nastanie pokój, bardzo trudno będzie wyplątać niemieckie udziały".

11. Podsumowując, zdaniem Chanel Francuzi dotąd nie wiedzą, co im się przytrafiło. Francja nadal jest oszołomiona, ale już na tyle przetarła oczy, żeby się zorientować, co się dzieje wokół. Wkrótce odzyska władzę w kończynach i wtedy zaczną się kłopoty. Próbowali pominąć tę sprawę, ale ona nadal jest aktualna. Wśród Niemców panuje niepewność i coraz większa bezsilna wściekłość,

a także coraz jaśniejsze zrozumienie ich prawdziwej pozycji we Francji.

Podpisano: BRIAN WALLACE, 21 sierpnia 1941

Uwaga: W środę, 20, oboje wyjeżdżali do Lizbony na jakieś dwa tygodnie[14].

Chanel i Vaufreland nigdy nie pojechali do Portugalii. Późną jesienią czy na początku zimy 1941 roku wrócili do Paryża[15]. Tutaj Chanel dowiedziała się, że André Palasse wrócił do Francji, jest już bezpieczny, ale chory. I wtedy też francuskie służby wywiadowcze w Londynie zapisały w swoich kartotekach, że Vaufreland jest „bliskim przyjacielem Chanel".

Skoro André był wolny, Chanel mogła się skoncentrować na swoich interesach związanych z perfumami. Zamierzała wykorzystać swój status aryjskiej obywatelki francuskiej, żeby odzyskać to, co jej zdaniem zostało jej „ukradzione" przez Wertheimerów.

Przez następnych dwanaście miesięcy Vaufreland pomagał Chanel przekonać nazistów, że perfumy Chanel No. 5, sprzedane żydowskiej rodzinie Wertheimerów w 1924 roku, naprawdę należą do Chanel. Vaufreland załatwił Chanel spotkanie z wysokim nazistowskim funkcjonariuszem, który nadzorował realizację przepisów o „aryzacji" własności żydowskiej[16]. Edmonde Charles-Roux, główna biografka Chanel we Francji, tak opisała jej starania o odzyskanie perfumeryjnej własności: „Teraz na nią przyszła kolej odgrywania wyzyskiwanej [...] klan Wertheimerów miał się przekonać, jaka jest naprawdę. Była Aryjką, a oni nie. Była we Francji, a oni w Stanach Zjednoczonych. Emigranci... Żydzi. Jednym słowem, w oczach władz okupacyjnych liczyła się tylko ona"[17].

W SZACHU WERTHEIMERÓW

Czy to w czasie wojny, czy pokoju [...] żyła zamknięta w swojej fortecy.[1]

MARCEL HAEDRICH,
COCO CHANEL. HER LIFE, HER SECRETS

Rok 1941 dobiegał końca, kiedy Europę obiegła elektryzująca wieść. Siły japońskie zaatakowały Pearl Harbor, a już po kilku dniach Niemcy wypowiedziały wojnę Stanom Zjednoczonym. Winston Churchill wybrał się do Waszyngtonu na spotkanie z prezydentem Franklinem Rooseveltem. Obaj panowie nakreślili wstępną strategię w drodze do zwycięstwa nad Niemcami i Japonią podczas pierwszej wojennej Gwiazdki w Ameryce.

We Francji siatki ruchu oporu generała de Gaulle'a rekrutowały podziemne grupy lokalnych bojowników o wolność do sabotowania działań niemieckich i likwidowania nazistów. Niemcy nazywali ich „terrorystami" i ścigali bezlitośnie, a po złapaniu czasami werbowali do pracy dla nazistów, częściej torturowali, uśmiercali albo deportowali do obozów zagłady.

Kiedy Chanel i Vaufreland wczesną jesienią 1941 roku wrócili z Madrytu, paryżanie przeżywali czternasty miesiąc okupacji. Wieczorami Paryż spowijała cisza niemieckiej godziny policyjnej. W eseju z 1941 roku Jean Paul Sartre przeciwstawiał wcześniejsze „lata rozgadanych polityków republikańskich" obecnej „republice milczenia"[2]. W obliczu niemieckiej okupacji wielu

Francuzów dobrowolnie zrezygnowało ze swoich republikańskich praw i zaakceptowało rzekomo łaskawą dyktaturę marszałka Philippe'a Pétaina. Ponadto większość wierzyła, że stary marszałek wybawił naród od poważniejszej klęski.

A tymczasem w nazistowskich Niemczech jeden z faworyzowanych przez Hitlera przywódców SS Reinhard Heydrich został architektem Führera w sprawie Ostatecznego Rozwiązania. Adolf Eichmann, asystent Heydricha, zabrał się do pracy latem 1941 roku. Poszukiwał sposobów fizycznej eksterminacji Żydów. W styczniu 1942 roku podczas konferencji w kurorcie nad jeziorem Wannsee w Berlinie Heydrich i Eichmann przedstawili metody wprowadzenia Ostatecznego Rozwiązania.

W Vichy, w nieokupowanej strefie Francji, Żydom nie wolno już było zajmować żadnego stanowiska, które umożliwiałoby im oddziaływanie na opinię publiczną. Wkrótce zostali wykluczeni z handlu i przemysłu, a ich przedsiębiorstwa i własność prywatna uległy konfiskacie. W Paryżu i w całej okupowanej Francji Żydów niemających obywatelstwa francuskiego – imigrantów – aresztowano i wysyłano do obozów. Wszystkich Żydów we Francji miał niebawem spotkać ten sam los: aresztowanie, deportowanie do obozów koncentracyjnych prowadzonych przez SS i eksterminacja.

Wojna rozlała się po całej Europie. Siły Osi kontrolowały jeszcze Grecję, Jugosławię, część Afryki Północnej, a 22 czerwca 1941 roku niemieckie czołgi sforsowały niespodziewanie rosyjską granicę. Nikt z władz Rzeszy nie przypuszczał, że za jakiś czas nie uda im się pokonać Armii Czerwonej Stalina pod Leningradem, Moskwą i Stalingradem.

We Francji członkowie rodzącego się ruchu oporu Wolnych Francuzów de Gaulle'a i bojownicy komunistyczni zaczynali atakować niemieckich żołnierzy i marynarzy w Bordeaux i Nantes. Okupanci ginęli od strzałów na ulicy, w Paryżu zastrzelono oficera niemieckiej marynarki na peronie metra.

Na odwet nie trzeba było długo czekać. Plutony egzekucyjne Wehrmachtu rozstrzeliwały francuskich zakładników w całym kraju.

Zgodnie z nazistowskimi rozporządzeniami wszyscy Żydzi powyżej szóstego roku życia musieli nosić żółtą gwiazdę Dawida z przyszytym w poprzek czarnym napisem *Juive* lub *Juif*. Ten symbol miał być umieszczony na sercu, na każdym rodzaju ubrania. Wiadomo, że w samym tylko Paryżu zastosowało się do tego prawa 80 tysięcy Żydów. Kary za nieposłuszeństwo były dotkliwe. (Homoseksualiści, Romowie, więźniowie polityczni i kryminalni mieli obowiązek nosić trójkąty w różnych kolorach). A potem, poczynając od lata 1942 roku, paryżanie patrzyli, jak aresztowano żydowskich uchodźców w celu ich deportowania. Hitler nakazał całkowite zniszczenie rasy żydowskiej.

W sercu tego chaosu mistrz nazistowskiej zagłady Adolf Eichmann zastanawiał się, czy deportować francuskie dzieci poniżej szesnastego roku życia. Jego decyzję przyspieszył szef Vichy Pierre Laval. Zatwierdził depeszę do Eichmanna, który zarządzał wówczas Holokaustem z Berlina. W telegramie czytamy: „Laval zaproponował, żeby w wolnej strefie żydowskie dzieci poniżej szesnastego roku życia deportować razem z rodzinami. Los dzieci w strefie okupowanej go nie interesuje”[3]. Według wielu Francuzów, europejscy uchodźcy żydowscy we Francji, a właściwie wszyscy Żydzi, „zakłócili porządek rzeczy”. Obywatele chwalili antysemickie prawa wdrażane przymusowo przez francuską administrację, francuską policję i samych nazistów. Pewna wykształcona Francuzka, oglądając zdjęcia z deportacji Żydów, powiedziała do autora tej książki: „Ale oni nie są Francuzami, to Żydzi”.

Chanel musiała wiedzieć o obławach na paryskich Żydów. John Updike napisał w „New Yorkerze” z września 1998, że „wszystkie dowody świadczą o całkowitej obojętności Chanel na los jej żydowskich sąsiadów czy na wyrzeczenia i upokorzenia będące udziałem przeważającej liczby paryżan". Updike pisał, że pięćdziesięcioośmioletnia Chanel zdawała się „szczęśliwa", żyjąc ze swoim niemieckim kochankiem. „Szczęśliwa w świecie, w którym obok nich wyrastały góry nieszczęścia [...] w dzielnicy żydowskiej, piętnaście minut spacerkiem od Ritza"[4].

Chanel nie miała wątpliwości, że Niemcy poważnie traktują wdrożenie antysemickich praw i aryzację żydowskich przedsiębiorstw i własności. Koło Bożego Narodzenia 1941 roku powiedziała Misi Sert, że skoro naziści są przy władzy, ma nadzieję odzyskać kontrolę nad firmą znajdującą się aktualnie w rękach rodziny Wertheimerów, którzy uciekli do Stanów Zjednoczonych[5]. Chanel i Dincklage liczyli zapewne na to, że jeśli Hitler zwycięży – a prawie cały świat się tego spodziewał – Chanel będzie kontrolować zaryzowaną produkcję i dystrybucję perfum Chanel No. 5. Przyniesie jej to wprost niewyobrażalne korzyści. Podobnie jak wielu Niemców i Anglików, w tym Bendor, książę Westminsteru, Chanel i Dincklage mieli nadzieję na wynegocjowanie anglo-niemieckiego układu, który położyłby kres działaniom wojennym. Czerpali korzyści z przedwojennego handlu z Niemcami i chcieli przywrócenia tego handlu. W układzie z Hitlerem widzieli możliwość ponownego zjednoczenia arystokracji angielskiej i niemieckiej. Pamiętano powszechnie, że Hitler obiecał przywrócić na tron brytyjski bliskiego przyjaciela Chanel, Edwarda VIII, byłego króla imperium, obecnie księcia Windsoru. W istocie, gdyby dało się przywrócić handel, Niemcy i Wielka Brytania stałyby się międzynarodową potęgą ekonomiczną i udziały Chanel w zapachu No. 5 byłyby nie do przecenienia.

Chanel poczuła się pewniej. Abwehra dotrzymała obietnicy, że uwolni jej siostrzeńca André, który przebywał teraz w Paryżu ze swoją córką Gabrielle i na koszt Chanel leczył gruźlicę. Czekała go dalsza kuracja w Szwajcarii.

Zgodnie z obietnicą Vaufreland skontaktował się teraz ze swoim przyjacielem, niemieckim funkcjonariuszem, księciem Ernstem Ratiborem-Corveyem (przyjaźnił się z nim również

Dincklage). Ratibor-Corvey poradził zorganizować spotkanie Chanel z doktorem Kurtem Blanke, który pracował w biurze gestapo w hotelu Majestic, skąd wraz ze współpracownikami nadzorował wdrażanie nazistowskich przepisów o konfiskacie żydowskich majątków. Chanel chciała przy pomocy Blankego „zaryzować" La Société des Parfums Chanel na swój użytek[6].

Po okupacji Francji czterdziestoletni Blanke, niemiecki prawnik i nazista, został mianowany przez Berlin szefem paryskiego biura odpowiadającego za *Entjudung*, „eliminację wpływów żydowskich"[7]. Do 1944 roku odgrywał kluczową rolę w przejmowaniu żydowskich aktywów – przekazywał należące do Żydów firmy i majątki w aryjskie ręce[8].

Chanel i Blanke spotkali się w hotelu Majestic na początku zimy 1941–1942. Po tej rozmowie Chanel uznała, że zbliżyła się o krok do pokonania Wertheimerów i zdobycia pełnej kontroli nad Société des Parfums Chanel. Jednak nie doceniła zdolności przewidywania i sprytu braci Wertheimerów. Dawno przygotowali plan uratowania swojego biznesu, gdyby we Francji naziści doszli do władzy.

Już w 1936 roku, kiedy Hitler sprawował władzę w Niemczech, bracia Wertheimerowie byli przekonani, że Niemcy zamierzają pochłonąć Europę. Europejscy Żydzi byli skazani. Ich obawy potwierdziła niemiecka inwazja Nadrenii: wojny nie dało się uniknąć. Noc kryształowa, z 9 na 10 listopada 1938 roku – noc ataku na Żydów i żydowską własność w Niemczech i Austrii – udowodniła, że Hitler jest zdecydowany wyeliminować żydowską rasę[9].

Pod koniec pierwszej wojny światowej, kiedy lotnictwo było jeszcze w powijakach, Wertheimerowie zawarli spółkę z Félixem Amiotem, pionierem awiacji, i stali się mniejszościowymi udziałowcami w jego kompanii lotniczej. W 1934 roku Amiot dostarczał bombowce francuskim siłom powietrznym, a bombowce typu 370, 350 i 340 przyciągały wzrok inżynierów niemieckiej Luftwaffe. W 1939 roku Pierre Wertheimer pojechał do Nowego

Orleanu, żeby zdobyć rynek amerykański i wynegocjować otwarcie w Stanach Zjednoczonych fabryki Amiota montującej samoloty, jednak wypowiedzenie wojny przez Francję i ogłoszenie neutralności Stanów zniweczyło ten pomysł. Pierre wrócił do Francji i wraz ze starszym bratem Paulem zorganizował emigrację klanu Wertheimerów do Ameryki.

W raporcie z sierpnia 1939 roku francuskie Deuxième Bureau opisuje, jak czterdziestotrzyletni Félix Amiot, prezes SECM, firmy inżynieryjno-mechanicznej, która produkowała bombowce dla francuskich sił powietrznych od 1925 roku, otrzymał 50 milionów franków francuskich (równowartość około 22 milionów dolarów w 2010 roku)[10] od Wertheimerów przelewem bankowym z ich konta w banku Manheimer Mendelsohn we Francji[11]. Nie ma zapisów, jak zainwestowano te 50 milionów. Jednak w nadchodzących miesiącach Amiot wykorzystał swoje znajomości z prawą ręką Hitlera i naczelnym wodzem Luftwaffe, marszałkiem Rzeszy Hermannem Göringiem, by chronić interesy Wertheimerów we Francji.

Wojska niemieckie przetaczały się przez granice francuskie, a Wertheimerowie schronili się w dolinie Chevreuse, trzydzieści parę kilometrów na południowy zachód od Paryża. Tuż przed ucieczką, kiedy armia niemiecka zbliżała się do stolicy, Pierre Wertheimer i Amiot spotkali się w paryskim apartamencie Pierre'a. Dziennikarze Bruno Abescat i Yves Stavridès cytują Amiota: „Pożegnaliśmy się. Pierre prosił, żebym pomógł uratować co się da i żebym czuwał nad jego synem Jacques'em, który był w wojsku"[12]. Félix Amiot, czterdziestotrzyletni Normandczyk z zamożnej rodziny z Cherbourga, oraz Wertheimerowie zawarli teraz sekretny pakt: Amiot przejmie kontrolę nad francuską firmą La Société des Parfums Chanel i będzie prowadził ją jako powiernik Wertheimerów. (Po wojnie Wertheimerowie odzyskali kontrolę nad francuską firmą dopiero po prawnej batalii z Amiotem).

Paul i Pierre zabrali następnie swoje rodziny i przez Hiszpanię uciekli do Brazylii. Po wielu miesiącach i otrzymaniu wiz amerykańskich Pierre wraz z żoną Germaine odpłynął do Nowego Jorku na pokładzie SS „Argentina". W pierwszym tygodniu sierpnia 1940 roku dotarli na Manhattan. Paul, jego żona Madeleine i dzieci Antoine i Mathilde poszli w ich ślady i wylądowali w Nowym Jorku kilka tygodni później.

Wertheimerowie znaleźli w Stanach Zjednoczonych bezpieczne schronienie. Ich pieniądze, nieograniczone zasoby i ustalona reputacja solidnych przedsiębiorców gwarantowały sukces w Ameryce. Paul i Pierre zaczęli budować od nowa życie swoich rodzin: Paul w uroczym sześciopiętrowym budynku z kamienną fasadą pod numerem 35 przy ulicy West Seventy-fifth tuż przy Central Park West, a Pierre przy Park Avenue 784. Bracia wkrótce wypuścili nowe perfumy Bourjois, Courage, które trafiy do serc wrażliwych amerykańskich odbiorców. W końcu liczni Amerykanie, a także rosnąca rzesza imigrantów odczuwali tęsknotę za Paryżem i Francją. Tłoczyli się w kinach, by zobaczyć Humphreya Bogarta i Ingrid Bergman w wielkim przeboju filmowym *Casablanca*, a w 1941 roku umieszczali na liście przebojów balladę *Kiedy ostatni raz widziałem Paryż*[13].

Sprzedaż perfum Courage wzrosła. Później należąca do Wertheimerów wytwórnia Hoboken w New Jersey zaczęła odrębną produkcję Chanel No. 5. Perfumy okazały się sukcesem na rynkach Ameryki Południowej i Północnej. Jeszcze później Wertheimerowie wykorzystali do sprzedaży Chanel No. 5 kantyny amerykańskiej armii w kraju i zagranicą, znane jako PX.

Od 1940 roku Wertheimerowie jako jedni z pierwszych wspierali Wolnych Francuzów generała de Gaulle'a i sprawy żydowskie w Nowym Jorku. Ich sukces rozwścieczył Chanel.

W połowie sierpnia 1940 roku niemiecki strażnik graniczny obserwował „grubokościstego olbrzyma o niezbyt regularnych rysach"[14], który czekał w kolejce podróżnych na kontrolę policyjną na przejściu granicznym Hendaye pomiędzy Hiszpanią a Francją. Kiedy niemiecki funkcjonariusz sprawdził paszport mężczyzny, dowiedział się, że okaziciel paszportu don Armando Guevaray Sotto Mayor miał wzrost zaiste imponujący – dwa metry. Po serii męczących pytań i krótkim przejrzeniu bagażu don Sotto Mayor przeszedł kontrolę paszportową i celną. Wsiadł do pociągu Hendaye–Paryż, by odbyć osiemsetkilometrową podróż do Gare d' Austerlitz na paryskim Lewym Brzegu.

Poza wzrostem niezwykła była tylko tożsamość don Sotto Mayora. Mężczyzna podróżujący do Paryża w tamten gorący sierpniowy dzień naprawdę nazywał się Herbert Gregory Thomas, miał lat trzydzieści trzy i był obywatelem amerykańskim, synem Herberta Thomasa z Brooklynu i Amandy Caskie z Boone County w stanie Missouri. Wiceprezes firmy perfumeryjnej Wertheimerów Bourjois w Nowym Jorku wcielił się w postać don Sotto Mayora, żeby zrealizować dla rodziny Wertheimerów kilka sekretnych misji w Europie[15].

Thomas kształcił się w Szwajcarii. Skończył Corpus Christi College w Cambridge, miał dyplom prawa z paryskiej Sorbony i uniwersytetu w Salamance. Praktykował prawo międzynarodowe w Paryżu, Genewie i Hadze, zanim przeniósł się do Nowego Jorku i podjął pracę w przedsiębiorstwie perfumeryjnym Guerlaina. W 1939 roku zaczął pracować w należącej do Wertheimerów firmie Bourjois Inc. produkującej perfumy.

Tamtego sierpniowego dnia przed wyjazdem do Europy Thomas spotkał się z prasą w saloniku Pan Am Clipper na nowojorskim lotnisku miejskim (przemianowanym w 1947 roku na La Guardia). Reporterowi „New York Times" powiedział, że odszedł z Bourjois. Inc i obecnie pracuje dla Toilet Goods Association w Nowym Jorku. Dodał, że jedzie do Europy, żeby przyjrzeć się możliwościom zakupu i transportu surowców i olejków eterycznych z Francji, Włoch i Szwajcarii. Było to jednak dalekie od prawdy. Thomas miał do załatwienia kilka spraw. Po pierwsze, jako don Sotto Mayor miał odzyskać chemiczną formułę niezbędną do produkcji perfum Chanel No. 5. Po drugie, musiał zapewnić konieczne składniki – „naturalne aromaty", takie jak jaśmin – żeby markowe perfumy można było wytwarzać na miejscu w Hoboken[16]. Po trzecie, Thomas miał pomóc Félixowi Amiotowi wywieźć z Francji i dostarczyć do Nowego Jorku Jacques'a Wertheimera, ukrywającego się w Bordeaux syna Pierre'a. Jacques został zmobilizowany w 1939 roku. Po klęsce Francji uciekł z niemieckiego obozu jenieckiego dzięki pomocy Félixa Amiota.

W 1942 roku Thomas wstąpił do Office of Strategic Services (OSS), poprzedniczki CIA. Przyznał się swoim pracodawcom, że dwa lata wcześniej nadal pracował dla Wertheimerów, którzy poprosili go o przeprowadzenie czteromiesięcznej operacji pod przykryciem we Francji. Do końca życia Thomas bardzo niewiele o tym mówił.

Nieliczni bliscy przyjaciele Thomasa potwierdzają tajemniczość jego usposobienia. Jeden z nich, kolega z OSS Peter M.F. Sichel, powiedział autorowi tej książki: „Z Thomasem niełatwo było się zaprzyjaźnić, zarówno jego, jak i jego przeszłość otaczała aura tajemnicy. Umiał jednak nawiązać kontakt ze zwykłymi ludźmi; był wyniosły i doskonale wykształcony, ale snobizm był mu obcy".

Dokładne szczegóły tajnej misji Thomasa dla Wertheimerów pozostają tajemnicą – co dotyczy zwłaszcza sposobu, w jaki udało mu się zdobyć recepturę perfum Chanel – ale przywiózł ją Wertheimerom do Nowego Jorku. Thomas zmarł w 1990 roku w wieku osiemdziesięciu dwóch lat i nie pozostawił żadnych informacji w tej sprawie, ale Peter Sichel wypełnił niektóre białe plamy. Podczas drugiej wojny światowej Sichel stacjonował w kwaterze głównej OSS w Algierii, a potem w Europie; wiedział wówczas o działalności Thomasa dla OSS w Portugalii i Hiszpanii. Inne informacje ujawnili dziennikarze śledczy Bruno Abescat i Yves Stavridès w artykule dla magazynu „L'Express" w 2005 roku i Véronique Maurus, pisząca dla „Le Monde". Według Abescata i Stavridèsa, Claude Lévy, prawnik Wertheimerów i były mer Orleanu, powiedział: „Wyczyny agenta Pierre'a i Paula [Wertheimerów], Gregory'ego Thomasa i wywiezienie przez niego z Francji dużych ilości jaśminu do Stanów Zjednoczonych przypominają filmy o Jamesie Bondzie"[17].

Sichel uważa, że Thomas w swoich sekretnych operacjach posługiwał się albo „złotymi luidorami, albo angielskimi suwerenami", by opłacić agentów i kupić towary. O handlowych operacjach OSS w czasie drugiej wojny światowej Sichel pisał: „OSS używała złotych monet do finansowania misji w Europie i do kupowania obcych walut na operacje swoich agentów. Szmuglowałem kiedyś luidory z kraju europejskiego, ukryte w bucie w moim bagażu. Chociaż były ciężkie, to silny wysoki mężczyzna jak Gregory łatwo mógł przewieźć w swoim bagażu 500 luidorów"[18]. Obecnie złoty luidor, w zależności od daty wybicia, ma wartość od 800 do 3500 dolarów za sztukę. Sichel dodawał, że wówczas „wartość francuskich franków była niewielka, a Gregory miał dostęp do walut w Szwajcarii [...] [OSS] w czasie okupacji miało umowę z Francją, że jej agenci wynagradzani są frankami francuskimi dostarczanymi wcześniej przez inne osoby. OSS wpłacało pieniądze na ich konta w Szwajcarii".

W wywiadzie dla magazynu „Forbes" w 1989 roku Thomas wyjawił, że „przekupił francuskich gangsterów", żeby pomogli przewieźć Jacques'a do Ameryki[19]. Z innych źródeł wiemy, że Jacques opuścił Lizbonę 21 listopada 1940 roku na pokładzie siedmiotonowego transatlantyckiego parowca „Excalibur" należącego do American Export Lines i zmierzającego do Nowego Jorku[20]. Na liście pasażerów Jacques, obywatel francuski, zapisany jest jako „Hebrajczyk".

Thomas w końcu wypełnił swoją misję dla braci Wertheimerów i wrócił do Nowego Jorku. Kilka miesięcy po ataku na Pearl Harbor, kiedy Stany Zjednoczone przystąpiły do wojny, został przydzielony jako wyższy oficer do szpiegowskiej organizacji OSS Williama J. „Dzikiego Billa" Donovana i wysłany do Hiszpanii i Portugalii jako szef placówki. (Thomas przebywał w Madrycie,

Z myślą o przyszłości H. Gregory Thomas umieszcza próbkę perfum Bourjois w betonowej krypcie na Światowych Targach w Nowym Jorku, 1939. Podczas okupacji niemieckiej Thomas w roli tajnego agenta Wertheimerów, baronów perfumeryjnych, przemknął się do Paryża jako don Armando Guevaray Sotto Mayor. Miał wykraść recepturę perfum Chanel No. 5, żeby firma Bourjois mogła je produkować w Stanach Zjednoczonych. Po wojnie Thomas został prezesem, a potem głównym szefem firmy Wertheimerów

kiedy w 1944 roku przyjechała tam Chanel z misją dla reichsführera SS Heinricha Himmlera, jednak w kartotekach OSS Thomasa nie ma o niej wzmianki). Po wojnie bracia Wertheimerowie zrobili Thomasa prezesem Chanel Inc., amerykańskiej kuzynki firmy Chanel. Thomas przepracował tam dwadzieścia pięć lat.

MISJA DLA HIMMLERA

Chciała prowadzić życie w ukryciu.

EDMONDE CHARLES-ROUX,
L'IRRÉGULIÈRE

W poniedziałkowy poranek 9 listopada 1942 roku większość Francuzów przeczytała takie nagłówki: „Podły anglo-amerykański atak na naszą Afrykę Północną"[1]. Chanel była zaszokowana. Paryż drżał.

To była odważna i sekretna operacja. Wstępniak na tytułowej stronie „Le Matin" przedstawił znanego kozła ofiarnego: „Żydom z ich podłymi chwytami nie uda się, tak jak nie uda się Anglikom i Amerykanom. Kiedy Francja zostaje zdradzona, oddaje cios, każdy Francuz, cała Europa opowiadają się po stronie Francji".

Inna gazeta zapewniała czytelników: „Adolf Hitler oświadczył: Będziemy walczyć do końca"[2]. Po kilku godzinach Radio Paryż poinformowało, że oddziały brytyjskie i amerykańskie pod wodzą generała Dwighta D. Eisenhowera w ten poniedziałek o świcie zaatakowały plaże Algierii i Maroka. Świat dowiedział się później, że ryzykowna operacja pod kryptonimem „Pochodnia" (*Torch*), była „dzieckiem prezydenta Franklina D. Roosevelta".

Po zabezpieczeniu plaż Algierii i Maroka Winston Churchill oznajmił Europie za pośrednictwem radia BBC: „To jeszcze nie jest koniec. To nawet nie jest początek końca. To prawdopodobnie koniec początku"[3]. Chociaż Niemcy zabronili Francuzom słuchania BBC, nielegalne odbiorniki były nastawione na porę regularnych wieczornych audycji: „Tu mówi Londyn". Każdego wieczoru komentatorzy BBC beznamiętnym głosem opowiadali o sukcesach aliantów w Afryce Północnej, o tym, jak prawa ręka Pétaina admirał François Darlan przeszedł na stronę Amerykanów. BBC nie przepuszczało okazji, żeby przypomnieć, że kolaboranci zostaną ukarani, kiedy Francja będzie już wolna.

Pogróżki BBC i odważne słowa Churchilla mroziły krew w żyłach winnych. Chanel została nazwana „horyzontalną kolaborantką", podobnie jak francuska aktorka Arletty[4]. W 1942 roku magazyn „Time" opublikował czarną listę obywateli francuskich oskarżonych o kolaborację z Niemcami. Znajdował się na niej René de Chambrun, prawnik Chanel. Wolni Francuzi wiedzieli, że na ścianach w jego domu wiszą cenne obrazy ukradzione przez nazistów rodzinie Schlossów i ze zbiorów Rosenbergów[5]. Artykuł w magazynie „Life" ostrzegał: „Niektórych [kolaborantów] się zamorduje [...] a inni będą sądzeni, kiedy Francja zostanie wyzwolona"[6]. Redaktorzy pisma czytanego przez miliony Amerykanów utrzymywali, że przywódcy Vichy, marszałek Philippe Pétain i Pierre Laval, teść René de Chambruna, staną przed sądem jako kolaboranci i spotka ich kara.

Raport „Life" musiał być szokiem dla Chambruna, potomka Lafayette'a w prostej linii, honorowego obywatela stanu Delaware, człowieka cieszącego się szacunkiem waszyngtońskich elit. Teraz został potępiony przez tajną armię podziemną generała Charles'a de Gaulle'a we Francji[7]. Chanel i inni kolaboranci też się zapewne zastanawiali, co ich czeka.

W poniedziałek, w dniu inwazji, Josée Laval Chambrun, przyjaciółka Chanel, zanotowała w swoim dzienniku: „Amerykanie zaatakowali Algierię i Maroko. André obudził nas [Josée i jej męża René] tą wiadomością i chciał wiedzieć, czy to prawda". Tamtego dnia Josée poszła na lunch do superwytwornej restauracji Fouqueta na Champs-Élysées i zapisała później: „Darlan i Juin [dowódcy francuskich wojsk w Afryce Północnej] też wkrótce zmienią front, żeby wspierać aliantów. Mam podobne odczucia jak w maju i czerwcu 1940, kiedy życie uległo zawieszeniu [inwazja niemiecka]. To koniec epoki"[8].

René i Josée mieli powody do niepokoju. Od pierwszych tygodni okupacji prawnik Chanel z polecenia Pierre'a Lavala publikował w pewnej gazecie poufne informacje, w których tłumaczył antysemickie działania Vichy. Reprezentował także amerykańskie firmy z filiami w nazistowskich Niemczech. Nie krył swojego entuzjastycznego stosunku do współpracy z hitlerowską Rzeszą. Do chwili wylądowania aliantów w Afryce Północnej był współgospodarzem biznesowych obiadków w Ritzu, na których naziści spotykali się z francuskimi *collabo*, żeby zaplanować rozmaite wspólne przedsięwzięcia, polityczne, ekonomiczne czy finansowe, w ramach nowego porządku europejskiego, który głosił Hitler.

Na Boże Narodzenie nagłówki znowu krzyczały: „Gaullistowscy patrioci mordują w Algierze admirała François Darlana". Wojska niemieckie okupowały teraz całą Francję. Kiedy Niemcy próbowali przejąć flotę francuską w Tulonie, marynarze zatopili swoje okręty w basenie portowym. Francja znalazła się całkowicie pod nazistowskim butem. Hitlerowcy rządzili w Vichy. Pétain był bezsilny.

W styczniu 1943 roku Chambrun był już tak roztrzęsiony, że wyznał przyjacielowi, doktorowi Ernstowi Achenbachowi, który był prawą ręką Ottona Abetza w niemieckiej ambasadzie w Paryżu: „To ciężka sprawa, ta kolaboracja"[9].

Zima 1943 roku była nie do zniesienia[10]. Temperatura spadała, po Paryżu hulały wilgotne wiatry. Nastroje opadały wraz z rtęcią w termometrach. Wygłodzonym ludziom trudno było wytrzymać mroźny ziąb, przydziały żywności bowiem malały dla tych wszystkich, których nie stać było na czarnorynkowe ceny. O wszystko było trudno: buty, ubrania, mleko, ser, masło, mięso czy wino. Starzy ludzie dosłownie umierali z głodu w swoich łóżkach, starając się przetrwać w cieple pościeli kolejny dzień.

Obraz wroga, dumnego i urodziwego Aryjczyka, kroczącego zuchwale po Champs-Élysées, flirtującego z ładnymi *demoiselles*, przekształcił się w wizerunek apodyktycznego, aroganckiego starzejącego się mężczyzny, zbyt starego, by można było wysłać go na front rosyjski. Nastrój zmienił się z niechętnej akceptacji zwykłych paryżan w ponury fatalizm okupowanych.

Pod koniec roku widać było już otwartą wrogość i opór wobec Niemców[11]. W biurach francuskiej firmy prawniczej przy Champs-Élysées na znak dezaprobaty pracownicy siadali teraz plecami do wysokich okien, ilekroć ulicą defilowały oddziały niemieckie. Paryż, niegdyś centrum kultury i dobrego smaku, stał się niebezpieczną placówką, gdzie po wieczornej godzinie policyjnej rozzłoszczeni mężczyźni wyruszali na ulice zabijać Niemców, karać znanych kolaborantów i czarnorynkowych handlarzy[12]. Wyższy funkcjonariusz nazistowski raportował do Berlina, że od początku 1943 roku nie da się nie zauważyć „generalnego odrzucenia tego, co niemieckie", panuje też powszechna nadzieja Francuzów na „bliską klęskę Niemiec i zwycięstwo aliantów już w tym roku". Niemieccy poborowi i oficerowie „spędzali jedną niedzielę w miesiącu na ćwiczeniu w rzutach granatem i strzelaniu z karabinu na paryskiej strzelnicy". Wiedzieli, że może już wkrótce będą musieli bronić swego życia przed armią cieni.

Dincklage i Chanel zastanawiali się zapewne, czy uda im się umknąć przed gniewem ruchu oporu Charles'a de Gaulle'a. Bojownicy jego Wolnych Francuzów i komuniści coraz gwałtowniej reagowali na kolaborantów. Relacje Chanel z nazistami, jej zajadły antysemityzm i uwaga „Francja ma to, na co zasłużyła", wygłoszona na przyjęciu na Lazurowym Wybrzeżu w 1943 roku, zostały odnotowane w Londynie przez służby wywiadowcze Wolnych Francuzów de Gaulle'a i przez partyzanckie siły oporu we Francji[13]. Chanel, Jean Cocteau i Serge Lifar także mieli zostać ukarani.

Dincklage wiedział, że jest człowiekiem napiętnowanym. Agenci brytyjskiego i francuskiego podziemia działający we

Major Abwehry Theodor Momm, kolega Dincklagego z pierwszej wojny światowej, podczas której obaj byli niemieckimi oficerami. Chanel i Dincklage wysłali Momma do Berlina w 1943 roku, żeby zaproponował usługi Chanel brigadeführerowi SS Walterowi Schellenbergowi

Francji i Wolni Francuzi de Gaulle'a mieli informacje o jego pracy dla nazistów na Lazurowym Wybrzeżu, w Paryżu i w Szwajcarii. Jego współpraca z gestapo, wskazywanie Żydów we Francji i powiązania z Adolfem Hitlerem odnotowano w kartotekach[14]. Dincklagego i Chanel musiała spotkać zemsta. Zdawali sobie sprawę, że nad ich uporządkowanym światem powoli zapada kurtyna. Przyjaciel Dincklagego i kolega z Abwehry, major Theodor Momm, już napomykał, że Dincklage powinien wyjechać z Paryża. Momm chciał, żeby Dincklage udał się do Turcji i pracował z jego bratem w kwaterze głównej Abwehry w Stambule[15].

Kiedy Coco dowiedziała się, że Momm może doprowadzić do rozstania jej z Dincklagem, była zdruzgotana. Dopóki nie pojawił się Dincklage, sześćdziesięcioletnia Chanel (w kwestionariuszu paszportowym podała nieprawdziwy wiek, rok urodzenia 1893 zamiast 1883) od śmierci Paula Iribe (latem 1935 roku) nie miała stałego partnera. Chociaż Momm był zupełnie pozbawiony uroku, mógł żywić nadzieję, że zastąpi Dincklagego, Chanel nie brała tego jednak pod uwagę. Poruszyłaby niebo i ziemię, żeby zatrzymać przy sobie Spatza[16].

Dincklage i Chanel mieli pewien plan. Wymagał on spotkania Chanel z jej starym przyjacielem, brytyjskim ambasadorem w Madrycie, sir Samuelem Hoare'em. Była to powtórka jej wcześniejszej misji z Vaufrelandem, tyle że teraz chodziło o sprawę, w którą wierzyła. Wiedziała od sir Samuela, że może się skontaktować z księciem Westminsteru w Londynie za pośrednictwem systemu łączności ambasady brytyjskiej w Madrycie.

Miała nadzieję przy pomocy Bendora poinformować premiera Winstona Churchilla, że niektórzy wysocy dostojnicy niemieccy chcieliby odsunąć Hitlera od władzy i zakończyć wrogie działania wobec Wielkiej Brytanii. Churchill musi mieć świadomość, że gdyby Niemcy wpadły w ręce Związku Radzieckiego, byłaby to katastrofa.

Dincklage zamierzał towarzyszyć Chanel do Madrytu i służyć jako łącznik pomiędzy nią a ambasadą niemiecką, gotów w każdej chwili skontaktować się z Berlinem za pośrednictwem tejże ambasady. Miał także zbadać możliwości kontaktu z innymi źródłami alianckimi w Madrycie[17].

Wczesną zimą 1943 roku Dincklage pojechał do Berlina w nadziei przekonania swoich szefów w Abwehrze, że Chanel jest cennym i chętnym pośrednikiem, gotowym ponownie współpracować z Abwehrą i pojechać do Madrytu, gdzie wykorzysta swoje znajomości z wysoko postawionymi osobami, żeby dotrzeć do księcia Westminsteru i Churchilla za pośrednictwem ambasadora Hoare'a[18].

Podczas pobytu w Berlinie Dincklage widział, jak bardzo miasto zostało zniszczone przez bombowce aliantów. Jego matka Lorry, wówczas już siedemdziesięciosiedmioletnia, mieszkająca na wsi w pobliżu Kilonii wraz z ciotką, baronesą Weber-Rosenkrantz, opowiedziała zapewne synowi, jak beznadziejne było życie w ojczyźnie[19]. Okolice Kilonii niszczyły bomby aliantów. Dincklage powrócił do Paryża przekonany, że hitlerowskie Niemcy są skazane, nie wątpił też, że szefowie Abwehry przychylą się do jego propozycji, by Chanel reprezentowała ich interesy „w kręgach ważnych osobistości amerykańskich i brytyjskich"[20].

Henry Gidel, ceniony historyk francuski, biograf Coco, napisał, że mademoiselle Chanel uznała, iż może wykorzystać swoją przyjaźń z Winstonem Churchillem, by przekonać Niemców, że ona i Dincklage mają znajomości, które pozwolą zawrzeć odrębny pokój z Wielką Brytanią. Gidel uważał, że Bendor, książę Westminsteru, dobrze znany z proniemieckich sympatii, a także wielu innych brytyjskich polityków i członków rodziny królewskiej, obawia się, że Związek Radziecki zagarnie całą Europę. Bendor zachęcał Chanel, by została łączniczką pomiędzy Berlinem a Londynem. Gidel pisał: „Ustalono, że Westminster był zdecydowanym zwolennikiem odrębnego pokoju z Niemcami. Nie ulega wątpliwości, że inicjatywę Chanel (przekazania Brytyjczykom wiadomości od nazistów) od początku sekretnie popierał Bendor, który już wcześniej próbował przekonać swojego przyjaciela Churchilla do własnych poglądów" – wynegocjowania bilateralnego zakończenia działań wojennych. I dalej: „Bendor wierzył, że jeśli Chanel ma najmniejszą choćby szansę doprowadzenia do spotkania Niemców czy ich pełnomocników z Churchillem, to gra jest warta świeczki"[21].

Bendor nie był jedynym członkiem brytyjskiego establishmentu, który zabiegał o położenie kresu działaniom wojennym między Wielką Brytanią a Niemcami. James Lonsdale-Bryans, brytyjski dyplomata i sympatyk nazistów, w 1940 roku pojechał do Rzymu w imieniu Ministerstwa Spraw Zagranicznych, by spotkać się z Ulrichem von Hassellem, niemieckim ambasadorem we Włoszech. Jednak z nigdy niewyjaśnionych powodów jego misja się nie powiodła. Według raportu brytyjskich służb specjalnych (MI5), Lonsdale-Bryans miał poparcie wielu członków parlamentu, w tym lorda Halifaxa[22].

W nazistowskich Niemczech Heinrich Himmler, minister spraw wewnętrznych Rzeszy, szef SS i gestapo, człowiek, którego Hitler wybrał na „najwyższego nadzorcę Ostatecznego Rozwiązania", był w głębi duszy przekonany, że Niemcy nie zdołają wygrać wojny[23]. Już jesienią 1942 roku milcząco zaaprobował przeprowadzenie przez brigadeführera SS Waltera Schellenberga, ówczesnego szefa wywiadu SS, dyskretnego rozeznania, czy można by wykorzystać przedstawicieli Szwecji i Szwajcarii do negocjowania końca wojny niemiecko-brytyjskiej[24]. Himmler chciał, żeby Schellenberg znalazł „wyjście z rozszalałego morza krwi rozlanej przez masowych morderców z SS"[25]. Schellenberg, katolik, syn producenta fortepianów, miał trzydzieści trzy lata, z zawodu był prawnikiem. Amerykański dziennikarz William L. Shirer nazwał go „gangsterem intelektualistą z uniwersyteckim wykształceniem"[26]. Brytyjski historyk Anthony Cave Brown pisał, że Schellenberg był „szóstym pod względem władzy człowiekiem w Rzeszy, ale nie był on nazistowskim ważniakiem – był to człowiek zdolny, bystry i niebezpieczny"[27].

Po wojnie przesłuchiwali Schellenberga członkowie wybitnej brytyjskiej grupy „łowców szpiegów" – Hugh Trevor-Roper, Helenus Patrick Milmo, Klop Ustinov, sir Stuart Hampshire i Roy Cameron. Każdy z nich miał inną opinię o szefie wywiadu SS. Zwięzłe podsumowanie charakteru Schellenberga skompilowane przez jednego ze zwycięzców i podpisane tajemniczym szyfrem „MFIU 3 HDH" to przerażająca lektura.

> [Schellenberg] był pod każdym względem podłym typem, pozbawionym poczucia lojalności i zwykłej przyzwoitości – człowiek, któremu w żadnych okolicznościach nie można ufać. Wytrawny aktor. Potrafi włączyć wdzięk, a kiedy to robi, ma się nieodparte przekonanie, że to miły, niegroźny, pomysłowy młody człowiek [...]. Patrzy ludziom głęboko w oczy, jakby chciał ich przekonać, że to, co mówi, płynie z głębi serca. Prawdziwy Schellenberg to lodowato zimny, zawsze wyrachowany realista, który niczego nie pozostawia przypadkowi. W chwilach słabości doskonale wie, jak dozować wrażenie, jakie chce wywołać. Schellenberg wie, czego chce,

> wie, jak to osiągnąć, nawet po trupach, jeśli będzie trzeba. [...] Słowa „przyjaźń" czy „lojalność" nic dla niego nie znaczą, nie oczekuje też tego od innych [...] Oprócz licznych talentów i niezachwianego samozadowolenia cierpi na ciężki kompleks niższości.[28]

Z błogosławieństwem Himmlera – pomimo głoszonej przez Hitlera wojny totalnej, oznaczającej albo zniszczenie Rzeszy, albo ostateczne zwycięstwo – Walter Schellenberg wykorzystywał teraz swoje kontakty w krajach neutralnych, żeby znaleźć możliwość jakiegoś wyjścia w przypadku przegranej[29]. Początkowo udało mu się uzyskać obietnicę naczelnego wodza szwajcarskich sił zbrojnych generała Henriego Guisana, że Szwajcaria pozostanie neutralna, będzie jednak odpierać każdego najeźdźcę. Mając obietnicę Guisana, przekonał Himmlera i nazistowską hierarchię, żeby nie atakować sąsiada. W ten sposób Schellenberg poprawił swoje relacje z Bernem i teraz nalegał na swoich ludzi, żeby nawiązali dialog z amerykańskimi agentami OSS pracującymi dla szefa Allena Dullesa w szwajcarskiej stolicy. Na dowód swojej wiarygodności Schellenberg przekazał Szwajcarom pewną liczbę Żydów uwolnionych z obozów koncentracyjnych.

Rok 1943 zaczął się dla Hitlera źle. Siły niemieckie były w odwrocie po klęsce 6. Armii generała Paulusa pod Stalingradem. Deklaracja Churchilla, Roosevelta i de Gaulle'a (za zgodą Stalina) głosiła, że alianci będą żądać bezwarunkowej kapitulacji państw Osi. Niebawem siły niemieckie i włoskie poddały się aliantom w Afryce Północnej, a żołnierze Eisenhowera na czele wojsk sprzymierzonych przeprowadziły inwazję na Sycylię. Po wylądowaniu sił alianckich na stałym lądzie we Włoszech król Wiktor Emanuel II zdymisjonował Benita Mussoliniego. Później, ale jeszcze w tym samym roku, król i jego premier generał Pietro Badoglio wypowiedzieli Niemcom wojnę. Nawet ocenzurowane wiadomości w Paryżu nie mogły ukryć niepewnej sytuacji

Niemiec. Wieczorne audycje BBC nie szczędziły detali dotyczących codziennych bombardowań niemieckich miast. Na nazistowskie Niemcy zapadł wyrok.

Wczesną wiosną 1943 roku hrabia Joseph von Ledebur-Wicheln, wyższy rangą agent Abwehry w Paryżu, odebrał telefon z Berlina. Dzwonił – przez bezpieczną linię – kapitan Erich Pheiffer, szef sekcji szpiegostwa zagranicznego Abwehry. Chciał, żeby hrabia Ledebur skontaktował się z baronem Hansem Güntherem von Dincklage.

Ledebur w 1944 roku przeszedł na stronę brytyjskich tajnych służb w Madrycie. Swoim śledczym z MI6 opowiedział, co się wydarzyło po jego rozmowie z szefem kapitanem Pheifferem: „Pheiffer powiedział mi, że Dincklage proponuje kontakty Chanel w Londynie z wysoko postawionymi osobami do pomocy niemieckim służbom wywiadowczym [...]. Pheiffer poprosił, żebym sprawdził propozycję Dincklagego"[30].

Ledebur wezwał Dincklagego do swojego biura przy ulicy Tilsitt obok Champs- Élysées. Podczas tego pierwszego spotkania Dincklage wytłumaczył mu, że „Chanel gotowa jest współpracować z Abwehrą, pojechać do Madrytu i Lizbony i skontaktować się z ważnymi osobami w kręgach amerykańskich i brytyjskich, a potem pojechać do Anglii". Jednak, nalegał Dincklage, „Abwehra musi najpierw sprowadzić do Francji młodą Włoszkę, do której Chanel jest przywiązana z powodu swoich lesbijskich skłonności. Ta kobieta ma towarzyszyć Chanel w podróżach po Półwyspie Iberyjskim i potem do Londynu. Ledebur będzie musiał załatwić dostarczenie przez Abwehrę paszportów i wiz dla Chanel, tej dziewczyny i Dincklagego".

Wówczas Dincklage nie podał żadnych dodatkowych szczegółów proponowanej misji do Madrytu i Londynu. (Mógł powiedzieć Ledeburowi, że kobieta, Vera Bate Lombardi, należała do brytyjskiej rodziny królewskiej i była przyjaciółką z lat dziecięcych Winstona Churchilla oraz księcia Westminsteru). Ledebur zaczął zbierać dodatkowe informacje o Dincklagem i Chanel.

Wypytywał Fern Bedaux, żonę nazistowskiego agenta Charlesa Bedaux, którego dobrze znał. Fern miała apartament w Ritzu na tym samym piętrze co Chanel. Powiedziała Ledeburowi, że Coco jest narkomanką, która „co wieczór przyjmuje u siebie Dincklagego".

Niemiecki agent Abwehry hrabia Joseph von Ledebur-Wicheln rozmawiał z Dincklagem w Paryżu na temat planów wykorzystania Chanel w Madrycie do kontaktu z Winstonem Churchillem via tamtejsza brytyjska ambasada. Na zdjęciu Ledebur już po przejściu na stronę brytyjskiego MI5 w Hiszpanii w 1944 roku

Ledebur potrzebował więcej informacji, zanim będzie mógł przekazać kapitanowi Pheifferowi swoją opinię. Zwrócił się do dawnego szefa Dincklagego w Abwehrze we Francji i Szwajcarii, pułkownika Alexandra Waaga, który nadal stacjonował w Paryżu. Ledebur dowiedział się od Waaga, że „Dincklage był przed wojną jednym z agentów Abwehry Waaga i prowadził siatkę szpiegowską na Lazurowym Wybrzeżu i w Tulonie, gdzie mieszkał z dwiema pięknymi Angielkami, siostrami Joyce, z których jedna była jego kochanką"[31]. (Nic nie wiemy o tych siostrach). Według Waaga: „Dincklage był wspaniałym, profesjonalnym agentem, który mówił płynnie po angielsku i po francusku i dostarczał liczne raporty o francuskich fortyfikacjach i okrętach wojennych we francuskiej bazie morskiej w Tulonie. Później pracował jako dyplomata w niemieckiej ambasadzie w Paryżu".

W 1938 roku Dincklage musiał zwinąć swoją działalność szpiegowską we Francji, „ponieważ został namierzony przez służby wywiadowcze francuskiego 2ème Bureau. Wyjechał wtedy do Szwajcarii, gdzie znów pracował pod wodzą pułkownika Waaga, prowadząc tam niemiecką siatkę szpiegowską"[32].

Jednak teraz (podczas okupacji), oznajmił Waag: „Nie mogłem korzystać z Dincklagego, bo chciał za dużo pieniędzy. Brakowało mu poczucia celu". A zresztą „Dincklage pracował teraz bezpośrednio dla służby zagranicznej Abwehry w Berlinie [...] pod przykryciem pracownika zaopatrzenia niemieckiej służby organizacyjnej w Paryżu". Waag ujawnił, że w Paryżu „Dincklage kontaktował się z majorem von Mommem z berlińskiej Abwehry"[33].

Następnie Ledebur zajrzał do archiwów Abwehry. Dowiedział się, że „w 1940 Dincklage miał kłopoty z gestapo rzekomo dlatego, że jego żona była pół-Żydówką"[34]. W końcu hrabia Ledebur odwiedził Dincklagego w „wystawnie i luksusowo urządzonym apartamencie przy alei Focha". Tutaj odkrył, że Dincklage ma kamerdynera w liberii, w holu stoją kije golfowe, a całe mieszkanie opływa w luksusy, które zrobiły na gościu wrażenie. Taki apartament można było przydzielić jedynie bardzo wysokiemu oficerowi Abwehry.

Podczas rozmowy w mieszkaniu Dincklagego gospodarz „wyjaśnił, że podróż do Madrytu daje Chanel wiele możliwości zaprzęgnięcia jej licznych brytyjskich i amerykańskich przyjaciół w służbę Abwehry". Usilnie proszony o więcej szczegółów Dincklage nalegał, by Ledebur poznał Chanel. Dodał, że „pierwsza podróż do Madrytu była potrzebna do rozwinięcia projektu".

Ledebur nie miał czasu na spotkanie z Chanel, ale powiedział Dincklagemu, że jego poprzedni szef, pułkownik Waag, „sprzeciwiał się wyjazdowi Chanel do Madrytu". Zadzwonił do Berlina i oznajmił kapitanowi Pheifferowi: „Nie popieram wyjazdu Dincklagego do Madrytu". Pheiffer przyznał mu rację.

Dla Ledebura sprawa była zamknięta. Jednak, jak na ironię, po wielu tygodniach dowiedział się od swojego kontaktu w Paryżu, hrabiny Édith de Beaumont, że widziała Dincklagego w Hendaye na francusko-hiszpańskim przejściu granicznym[35].

> Dowiedziałem się, że w Hendaye w styczniu 1944 Dincklage odbył długą rozmowę z szefem gestapo na stacji granicznej [...] to mnie zaintrygowało. Wiedziałem, że Dincklage miał nadzieję zdobyć wiadomości wywiadowcze od Brytyjczyków i Amerykanów w Hiszpanii dzięki międzynarodowym koneksjom Chanel. Sprawdziłem następnie w źródłach niemieckiego wywiadu wojskowego, czy wydali wizę Chanel albo Dincklagemu. Dowiadywałem się także w niemieckich służbach paszportowych, Passerierschein Pruefstelle, w jaki sposób Chanel i Dincklage mogli pojechać do Madrytu.
>
> Po kilku dniach Passerierschein Pruefstelle (stacja kontrolna zezwoleń na bezpieczne przejście) poinformowała mnie, że para podróżowała prawdopodobnie pod przybranymi nazwiskami.

Ledebur raczej się nie dowiedział, że podróż Chanel do Madrytu załatwiały służby bezpieczeństwa SS w Paryżu na rozkaz Berlina. Nie dowiedział się również, że oficerem gestapo, z którym Dincklage spotkał się w Hendaye, był oficer łącznikowy Schellenberga we Francji, czterdziestodziewięcioletni hauptsturmführer Walter Kutschmann, komisarz policji granicznej SS w Hendaye[36]. (Tajny powojenny raport przygotowany przez doradcę politycznego Stanów Zjednoczonych w sprawie nazistowskich zbrodniarzy wojennych mówi o tym, że „Kutschmann został wyznaczony przez Schellenberga do udzielania Chanel wszelkiej możliwej pomocy i wręczania mademoiselle Chanel dużych sum pieniędzy w Madrycie"[37]).

Mniej więcej w tym samym czasie, kiedy Dincklage spotykał się z hrabią Ledeburem w Paryżu, pracownicy Ministerstwa Spraw Zagranicznych w Berlinie w najgłębszej tajemnicy badali grunt do podjęcia negocjacji z Wielką Brytanią. Himmler nie był jedynym nazistą próbującym znaleźć drogę ucieczki. Ribbentrop i jego personel „szukali dojść do zachodnich aliantów, ale także do Związku Radzieckiego". Równocześnie Allan Dulles, szef OSS w Bernie (później pierwszy dyrektor CIA) i agenci brytyjscy pracowali nad nawiązaniem kontaktu z gotowymi do rozmów środowiskami niemieckimi[38]. Szef Dincklagego z Abwehry admirał Wilhelm Canaris i ambasador niemiecki Fritz von Papen podczas pobytu w Turcji „otrzymywali propozycje pokojowe ze strony amerykańskiej już w 1943 roku"[39].

W nadchodzących miesiącach podjęcie mediacji i wynegocjowanie strategii wycofania się z działań wojennych stały się dla Himmlera sprawą najwyższej wagi. I on, i jego towarzysze nie mieli wątpliwości, że po zakończeniu wojny będą sądzeni za działania kryminalne, jeśli Niemcy podpiszą bezwarunkową kapitulację[40]. Schellenberg był tak zaniepokojony zdrowiem psychicznym Hitlera, że zaryzykował rozmowę o wyniku wojny ze swoim przyjacielem psychiatrą Williamem Bitterem z Uniwersytetu Berlińskiego[41].

Nie tylko Schellenberg obawiał się, że Niemcy pod wodzą Hitlera nie czeka nic dobrego. W 1943 roku grupa wyższych oficerów Wehrmachtu w Berlinie i w Paryżu – niektórzy związani byli z Abwehrą – z księciem Clausem von Stauffenbergiem na czele zawiązywała kolejny spisek w celu zabicia wodza Trzeciej Rzeszy.

Do końca lata czy nawet do wczesnej jesieni 1943 roku Dincklage nie miał żadnych wiadomości od swoich kontaktów w Abwehrze w Berlinie. Wraz z Chanel przekonali przyjaciela i towarzysza broni z czasów pierwszej wojny majora Theodora Momma, członka partii nazistowskiej i oficera Abwehry, by pojechał do stolicy Rzeszy i poszukał możliwości wykorzystania usług Chanel w celu dotarcia do księcia Westminsteru i innych brytyjskich osobistości. Miał podkreślać, tak jak robił to wcześniej sam Dincklage, że bliskie stosunki Chanel z księciem Westminsteru i jej długoletnia przyjaźń z Winstonem Churchillem pomogą skomunikować się z najważniejszymi osobami w Londynie[42].

Po przyjeździe do Berlina Momm skontaktował się z pracownikami niemieckiego Ministerstwa Spraw Zagranicznych, jednak nie udało mu się wzbudzić ich zainteresowania. Zwrócił się wówczas do swojego starego przyjaciela, doktora Waltera Schiebera, nazistowskiego radcy stanu i brigadeführera SS. W tamtym czasie Schieber był starszym doradcą w Ministerstwie Uzbrojenia i Produkcji Wojennej Alberta Speera. Dzięki pomocy Schiebera Momm wkrótce dowiedział się, że brigadeführer SS Walter Schellenberg, szef wywiadu Himmlera, może być zainteresowany jego propozycją. Na wstępnym spotkaniu „nalegał, by sprowadzić Chanel do Berlina"[43]. Dincklage natychmiast rozpoczął przygotowania do wspólnej podróży[44].

Jesienią 1943 roku wyprawa do Berlina nie była specjalnie uciążliwa, chyba że podróżny miał pecha i trafił na jeden z częstych nalotów brytyjskich bombowców. Chanel i Dincklage stanęli przed wyborem: mogli skorzystać z francusko-niemieckiego systemu kolei albo z regularnych lotów niemieckiej Alte Tante Ju (Stara Ciotka Ju, co oznaczało markę samolotu Junkers). Samolot latał codziennie z berlińskiego lotniska Tempelhof na paryskie Le Bourget, gdzie w maju 1927 roku wylądował Lindbergh po historycznym przelocie Nowy Jork–Paryż.

Wygodniejsza była jazda slipingiem z paryskiego Gare du Nord na berlińską Zoo Station, pociągi te jeździły codziennie. Chanel z towarzyszami wyjechałaby z Paryża o 23.17 i przybyłaby do Berlina następnego dnia o 21.34, korzystając po drodze z dobrego jedzenia i wygodnego spania.

Jeśli wybraliby pociąg, to prawdopodobnie na berlińskim dworcu czekaliby na nią zaufani oficerowie SS w towarzystwie ordynansów, którzy zaopiekowaliby się bagażem. Następnie przez boczne wyjścia na Jebenstrasse udaliby się do limuzyn SS i wyruszyli w drogę zaciemnionymi ulicami Berlina. Jesienią i zimą

1943 roku było chłodno, na ulicach zalegały pryzmy śniegu. Chanel na pewno zobaczyłaby, jak zbombardowany został Berlin. Nawet kościół poświęcony pamięci kajzera Wilhelma został naruszony przez brytyjskie bomby zapalające.

Szofer SS pojechał na autostradę obwodnicy Ring Autobahn w drodze do berlińskiego domu gościnnego nad Wannsee, uzdrowiska nad jeziorem w zachodniej części Berlina. Tutaj nie dotarły naloty. (Jednak na wypadek nalotu był schron położony kilka metrów od hoteliku). W styczniu 1942 roku w pensjonacie w Wannsee obergruppenführer SS Reinhard Heydrich zorganizował swoją niesławną konferencję koordynującą plany eksterminacji europejskich Żydów.

Chanel miała się spotkać z prawą ręką Himmlera, brigadeführerem SS. Wkraczała na salony nazistowskiej władzy.

Kwatera główna SS w Berlinie, dokąd Chanel pojechała pod koniec 1943 roku.
Widoczny tu budynek był kiedyś żydowskim domem opieki.
Chanel, Dincklage i Momm spotkali się w kwaterze głównej SS
z brigadeführerem Walterem Schellenbergiem

Pierwsze spotkanie z Schellenbergiem odbyło się według wszelkiego prawdopodobieństwa w jego gabinecie w Głównym Biurze Bezpieczeństwa Rzeszy przy Berkaer Strasse, na rogu Sulzaer Strasse. Budynek służył jako dom opieki gminy żydowskiej, dopóki nie został przejęty przez SS w 1941 roku[45].

Historia spotkania Chanel i Dincklagego z szefem wywiadu generałem Walterem Schellenbergiem w Berlinie znajduje się w protokołach brytyjskich tajnych służb z zeznań Schellenberga złożonych podczas „ciężkich" przesłuchań, które ciągnęły się przez kilka miesięcy 1945 roku po jego aresztowaniu przez Brytyjczyków. Z sześćdziesięciu stron zapisu wynika, że Schellenberg był chory i zestresowany. „Byłem wykończony po ośmiu tygodniach w celi bez światła"[46]. Jednak z porównania ze źródłami historycznymi wynika, że informacje, jakich udzielił przesłuchującym, były w znacznej mierze prawdziwe. Ale data pierwszej wizyty Chanel u Schellenberga podana jest nieprawidłowo. Chanel spotkała go po raz pierwszy w Berlinie w grudniu 1943 roku, a nie w kwietniu roku następnego, jak podano w zapisie przesłuchań. Kwietniowa data może dotyczyć ponownej wizyty Chanel w Berlinie po niepowodzeniu misji madryckiej[47].

A oto, co powiedział brigadeführer SS Walter Schellenberg śledczym z MI5 o pierwszej wizycie Chanel w berlińskiej kwaterze głównej SS:

> W kwietniu 1944 roku radca stanu Scheiber, brigadeführer SS i prawa ręka Alberta Speera w nazistowskim Ministerstwie Uzbrojenia i Produkcji Wojennej, i sturmbannführer SS Momm powiedzieli Schellenbergowi o niejakiej *Frau* Chanel, obywatelce francuskiej i właścicielce znanej wytwórni perfum. Mówiło się, że ta kobieta zna Churchilla na tyle dobrze, żeby podjąć z nim polityczne negocjacje. [Była] wrogiem Rosji, pragnęła pomóc Francji i Niemcom, których losy, jej zdaniem, były ściśle powiązane. Schellenberg nalegał, by sprowadzić ją

do Berlina. Przyjechała w towarzystwie niejakiego *Herr* Dincklagego. (Schellenberg przypuszcza, że Dincklage miał jakieś powiązania z Abwehrą i SD, ale nie może tego potwierdzić).

Schellenberg poznał Chanel w obecności Dincklagego, Schiebera i Momma, i wtedy ustalono, że niejaka *Frau* Lombardi, dawna poddana brytyjska z dobrej rodziny, następnie żona Włocha, zostanie zwolniona z obozu internowania i wysłana do Madrytu jako pośredniczka. *Frau* Lombardi, wieloletnia przyjaciółka *Frau* Chanel, została wraz z mężem internowana[48] z jakichś powodów politycznych związanych z tymże mężem, a niewykluczone, że i z [Pietrem] Badoglio [wówczas premierem Włoch)][49]. Zadanie Lombardi miało polegać na wręczeniu listu napisanego przez Chanel urzędnikom brytyjskiej ambasady w Madrycie, żeby oni przekazali list Churchillowi. [Listu, o którym wspomina Schellenberg, nigdy nie znaleziono]. Dincklage miał działać jako łącznik pomiędzy Verą Lombardi w Madrycie, Chanel w Paryżu i Schellenbergiem w Berlinie[50]. (Misja Chanel w Madrycie otrzymała kryptonim Modellhut).

W Rzymie Vera Lombardi nie miała pojęcia o berlińskim porozumieniu Chanel i Schellenberga. Biografka Chanel Edmonde Charles-Roux twierdzi, że Chanel napisała do Very z prośbą o pomoc przy uruchomieniu butiku w Madrycie, informując jednocześnie, że Niemcy zorganizują wszystko, by pomóc Verze dotrzeć do Chanel w Paryżu[51].

W lipcu 1943 roku teoria Mussoliniego, że faszyzm przyniesie Europie „nowy porządek", legła w gruzach. W Rzymie na czele rządu nagle zastąpił go marszałek Pietro Badoglio. Mussolini umknął wówczas na północ i utworzył kadłubowy faszystowski rząd za niemieckim frontem, za rzeką Pad.

Brigadeführer SS Walter Schellenberg (pośrodku), szef wywiadu SS, i jego koledzy z organizacji (data nieznana). Pod koniec 1943 roku Schellenberg spotkał się z Chanel, Dincklagem i Mommem w Berlinie i zaaprobował misję pod kryptonimem Modellhut w Hiszpanii w styczniu 1944

W pierwszych latach wojny Vera Lombardi, kobieta, która wprowadziła w życie Chanel Bendora, księcia Westminsteru, i angielskich arystokratów takich jak Winston Churchill, wraz ze swoim mężem, pułkownikiem Albertem Lombardim[52] mieszkała w Parioli, eleganckiej dzielnicy Rzymu w pobliżu Villa Borghese. Lombardi należał do partii faszystowskiej od 1929 roku. Rodzina pułkownika utrzymywała z Mussolinim kontakty niemal od dwudziestu lat. Jego brat Giuseppe był szefem wywiadu włoskiej floty.

Pomimo włoskiego obywatelstwa, małżeństwa i koneksji z prominentnymi faszystami Vera nie cieszyła się zaufaniem władz z powodu królewskich koneksji, angielskich przyzwyczajeń i wyglądu. Od 1936 roku włoska tajna policja związana z Ministerstwem Spraw Wewnętrznych oraz wojskowe służby

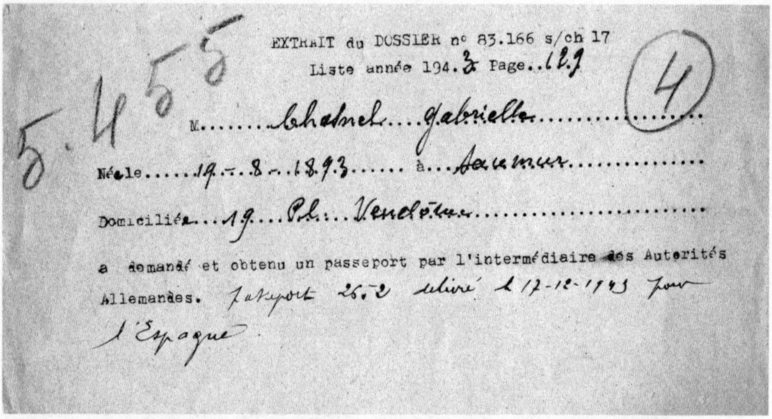
5.455

EXTRAIT du DOSSIER n° 83.166 s/ch 17
Liste année 194.3 Page..129

(4)

M........Chanel....Gabrielle........

Né(e) le.....19...8..1893..... à...Saumur........

Domiciliée...19...Pl....Vendôme........

a demandé et obtenu un passeport par l'intermédiaire des Autorités Allemandes. Passeport 25.2 délivré le 17-12-1943 pour l'Espagne

Dokument z policyjnej teczki Chanel ujawniający, że zwracała się o wizę na wyjazd do Hiszpanii w 1943 roku i otrzymała ją „za wstawiennictwem niemieckich władz". Raport paryskiej policji z 1948 świadczy o tym, że Chanel w żaden sposób nie uzasadniła swoich starań o tę wizę. Przyznały ją władze francuskie na bezpośrednie polecenie szefa SS w Paryżu Karla Bömelburga

informacyjne śledziły wizyty Very w ambasadzie brytyjskiej i jej powiązania ze społecznością brytyjską w Rzymie. Podejrzewano, że jest „brytyjską informatorką".

Vera była informatorką, nie ma jednak śladów, że była brytyjską agentką. Kiedy policja zaczęła ją podejrzewać o zdradę Włoch, pisała właśnie do Londynu do przyjaciela z dzieciństwa Winstona Churchilla, wówczas posła do parlamentu, by mu donieść, jaką popularnością cieszy się Mussolini we Włoszech. W liście – „Drogi Winstonie, tak bardzo bym chciała, żebyś tu był" – z czerwcową datą 1935 roku nalegała, by Churchill postarał się nawiązać przyjazne stosunki z dyktatorem[53].

Raport włoskich służb specjalnych z 1941 roku mówi o tym, że „angielska dama, żona włoskiego oficera, zamieszkała przy Barnaba Oriana 32 w niewielkiej willi [domowy adres Lombardich w Parioli], nie zgasiła światła w czasie nalotu". Dwa lata później, kiedy siły aliantów zbliżały się do Rzymu, faszystowskie służby specjalne zaczęły systematycznie aresztować wszystkich podejrzewanych o sympatię do aliantów. W większości przypadków byli oni internowani w obozie koncentracyjnym Bagno a Ripoli koło Florencji.

Verę, „podejrzewaną o to, że jest agentką brytyjskich służb specjalnych od dziesięciu lat", aresztowano 12 listopada 1943 roku i zamknięto w rzymskim więzieniu dla kobiet[54]. Trzy dni później dyrektywa włoskiego Ministerstwa Spraw Wewnętrznych stwierdzała: „Ta osoba [Vera Bate Lombardi] musi być przeniesiona na północ od rzeki Pad, potrzebne dokładne wytyczne, gdzie ma być przetrzymywana". Odpowiedź przyszła już 15 listopada. „Kobieta powinna przebywać w Bagno a Ripoli". Późniejszy odręczny dopisek na dokumencie informował, że transfer Very musi być „tematem umowy z odpowiednimi władzami niemieckimi".

Siedem dni później Vera była wolna. Wspólna dyrektywa ministerstw Spraw Wewnętrznych i Obrony z 24 listopada 1943 stwierdzała: „Osoba [Vera Lombardi] przetrzymywana w rzymskim więzieniu została zwolniona 22 listopada na rozkaz dowództwa niemieckiej policji w Rzymie. Wygląda na to, że Arkwright Vera znowu jest na wolności..."[55]. (Arkwright to panieńskie nazwisko Very). Dokument podpisał komendant policji prowincji.

Schellenberg dotrzymał słowa i ocalił Verę.

Wróciwszy z Chanel do Paryża, Dincklage załatwił jej paszport i wizę do Hiszpanii. Dokument dostarczono 17 grudnia 1943 roku. Paszportowi towarzyszyła oficjalna adnotacja francuska: „Podanie o paszport i jego wydanie załatwiane za pośrednictwem władz niemieckich. Paszport 2652, dostarczony [...] na Hiszpanię"[56]. Został przyznany przez władze francuskie na bezpośrednie polecenie szefa paryskiego gestapo Karla Bömelburga[57]. (Rok później bardzo poufne brytyjskie memorandum zaadresowane do sekretarza Churchilla przy Downing Street 10 w Londynie ujawniało, iż „istnieją przekonujące dowody, że

Oficer SS Walter Kutschmann w cywilnym ubraniu. Kutschmann, oficer łącznikowy brigadeführera SS Waltera Schellenberga na francuskiej granicy w Hendaye w 1944 roku, miał dostarczyć w tymże roku olbrzymią sumę pieniędzy Chanel do Madrytu. W 1946 roku był 182. na liście poszukiwanych nazistowskich zbrodniarzy wojennych, oskarżony o zgładzenie tysięcy Żydów w Polsce

Verze Lombardi pomagał w tej podróży [z Rzymu do Madrytu] Sicherheitsdienst"[58], służba wywiadu Schellenberga).

W końcu grudnia 1943 lub na początku stycznia 1944 Chanel i Dincklage (z Verą) wyjechali z Paryża pociągiem na przejście graniczne z Hiszpanią w Hendaye. Przerwali tam podróż, żeby przejść przez francusko-niemiecko-hiszpańską kontrolę graniczną. Tam też Dincklage spotkał się z oficerem łącznikowym Schellenberga, Walterem Kutschmannem, „któremu polecono dostarczyć Chanel do Madrytu dużą sumę pieniędzy"[59].

Raport MI6 dotyczący Schellenberga podaje nieco inną wersję: „Tydzień po uwolnieniu Verę wywieziono samolotem do Madrytu [...]"[60].

Czy Schellenbergowi nie dopisywała pamięć, czy stracił kontakt z Dincklagem jako swoim oficerem łącznikowym?

W Madrycie Chanel i Lombardi zameldowały się w hotelu Ritz, po czym poszły na spotkanie z przyjacielem Chanel sir Samuelem Hoare'em w ambasadzie brytyjskiej. Znów pomagał Chanel brytyjski dyplomata Brian Wallace (pseudonim Ramon), który w 1941 roku informował Londyn o misji Chanel–Vaufreland dla Abwehry[61].

Z przesłuchania Schellenberga w MI6 wynika, że „za zgodą Schellenberga Lombardi otrzymała też list od Chanel dostarczony za pośrednictwem [Reinharda] Spitzy'ego, w którym nalegała, by Vera po przyjeździe do Anglii spotkała się z Churchillem"[62]. Treści tego listu nigdy nie ujawniono, a sam list nie znalazł się w archiwach przeszukiwanych przez autora. (Najwyraźniej Schellenberg uważał, że Vera Lombardi zamierza z Madrytu dotrzeć do Wielkiej Brytanii).

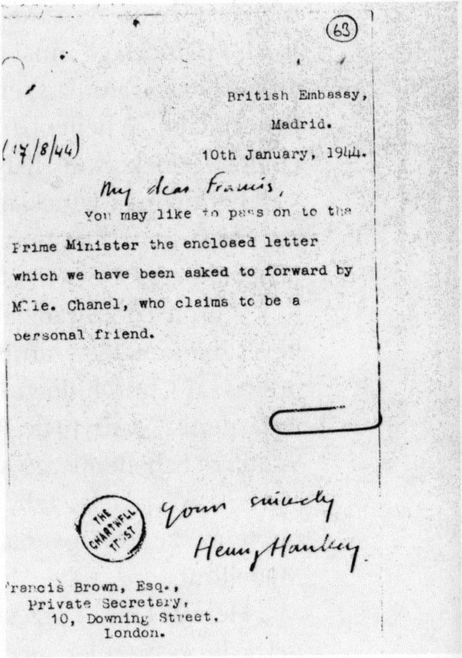
(63)

British Embassy,
Madrid.
(17/8/44) 10th January, 1944.

My dear Francis,

You may like to pass on to the Prime Minister the enclosed letter which we have been asked to forward by Mlle. Chanel, who claims to be a personal friend.

THE CHARTWELL TRUST

Yours sincerely
Henry Hankey.

Francis Brown, Esq.,
Private Secretary,
10, Downing Street,
London.

List Henry'ego Hankeya, wysokiego rangą dyplomaty w brytyjskiej ambasadzie w Madrycie, ze stycznia 1944. W liście czytamy: „Mój drogi Francis, może zechcesz przekazać premierowi załączony list, o którego przesłanie prosiła nas Mlle Chanel, która utrzymuje, że jest prywatnie zaprzyjaźniona z premierem"

Następnie protokoły przesłuchań Schellenberga przez MI6 ujawniają poruszający fakt: „Po przybyciu do tego miasta [Madrytu] [...] zamiast wypełnić wyznaczone jej zadanie [Vera] zadenuncjowała wszystkich władzom brytyjskim jako niemieckich agentów. W rezultacie nie tylko Chanel została zadenuncjowana jako niemiecka agentka, ale Spitzy także. W wyniku tak oczywistego niepowodzenia zerwano natychmiast kontakty z Chanel i Lombardi". (Dincklage musiał znać Reinharda Spitzy'ego, obaj mężczyźni pracowali dla szefa Abwehry, admirała Canarisa). Raport MI6 dodaje: „Schellenberg nie wie, czy później przekazano Churchillowi jakiekolwiek listy za pośrednictwem tej kobiety"[63].

I znów rola Dincklagego podczas pobytu w Madrycie pozostaje tajemnicą. Czy wyjawiono Brytyjczykom, że był kontaktem Schellenberga ? Czy musiał opuścić Madryt?

Wkrótce po zdradzie Very Chanel poprosiła Henry'ego Hankeya, dyplomatę w ambasadzie brytyjskiej w Madrycie, żeby przekazał Churchillowi list. List Chanel, wysłany tuż przed jej wyjazdem z Madrytu do Paryża, nie wspomina o brigadeführerze Walterze Schellenbergu ani o operacji Modellhut. Jest apelem do starego przyjaciela, żeby pomógł Verze Lombardi, podejrzewanej teraz, że jest agentką SS, gdyż brała udział w misji Chanel Modellhut.

Henry Hankey przesłał sześciostronicowy odręczny list Chanel do biura premiera przy Downing Street 10. W archiwach Churchilla w Chartwell list się zachował, wraz z adnotacją asystenta Churchilla, że list Chanel pokazano pani Churchill pod nieobecność premiera. A oto tekst listu Chanel do Churchilla napisanego odręcznie na papierze z hotelu „Ritz, Place del Prado, Madryt":

> Mój Drogi Winstonie,
>
> Wybacz, że zwracam się do Ciebie z prośbą w takiej chwili [...] od jakiegoś czasu słyszę, że Vera Lombardi nie jest najlepiej traktowana we Włoszech, ponieważ jest Angielką i żoną włoskiego oficera. Znasz mnie na tyle dobrze, by wiedzieć, że zrobiłam wszystko, co w mojej mocy, żeby ją wyratować z sytuacji, która w istocie stała się tragiczna, bo faszyści po prostu zamknęli ją w więzieniu. Musiałam zwrócić się do kogoś ważnego, żeby ją uwolnić i dostać zgodę na zabranie jej tutaj [...] to, że mi się udało, stawia mnie w bardzo kłopotliwej sytuacji,

jako że jej paszport – włoski – został ostemplowany niemiecką wizą, toteż doskonale rozumiem, że może to być podejrzane [...] możesz sobie wyobrazić, mój drogi, że po latach okupacji we Francji było moim udziałem spotkanie wszelkiego typu ludzi! Z przyjemnością pogadałabym z Tobą o tym wszystkim!

Enfin, Vera veut [...] *en Italie où se trouve son mari* [Krótko mówiąc, Vera chce wrócić do Włoch, gdzie jest jej mąż]. *Je crois qu'un mot de vous aplanirait toutes les difficultés et je rentrerais* [...] *tranquille en France car je ne peux pas l'abandonner là. J'espère que votre santé est meilleure* [Myślę, że jedno Twoje słowo usunęłoby wszystkie trudności i mogłabym spokojnie wrócić do Francji, ponieważ nie mogę jej tam zostawić. Mam nadzieję, że Twoje zdrowie się poprawiło]. *Je n'ose pas vous demander de me répondre mais naturellement un mot de vous serait un grand reconfort pour attendre la fin* [Nie ośmielam się prosić, żebyś mi odpisał, ale oczywiście słowo od Ciebie byłoby wielką pociechą w oczekiwaniu na koniec].

Croyez moi toujours très affectueusement... [Jak zawsze serdecznie...]

Coco Chanel

(*Peut-ètre Randolph peut me Donner de vos nouvelles*). [(Może Randolph będzie mógł mi przekazać wiadomości od Ciebie)][64]

Churchilla nie było w Londynie, kiedy przyszedł list Chanel. Leżał ciężko chory w Tunezji: miał 39 stopni gorączki i od 12 grudnia walczył z zapaleniem płuc[65]. Brał udział w konferencji z Rooseveltem i Stalinem w Teheranie i po drodze zatrzymał się w Tunezji, żeby zobaczyć się z Eisenhowerem. Piątego stycznia premiera przeniesiono do La Mamounia, hotelu-pałacu w Marakeszu. Do Londynu wrócił dopiero 19 stycznia 1944 roku. Choroba Churchilla była ściśle strzeżonym sekretem, choć ambasador Hoare w Madrycie zapewne wiedział, że Churchill jest niedysponowany. W każdym razie misja Modellhut była skazana na niepowodzenie. Wzmianka Chanel o zdrowiu Churchilla mogła oznaczać, że Hoare poinformował ją o tym, że premier się rozchorował.

Kiedy list Chanel dotarł na Downing Street 10, ona sama wraz z Dincklagem byli już z powrotem w Paryżu. Później Chanel pojechała do Berlina, żeby wytłumaczyć Schellenbergowi, dlaczego sprawy w Madrycie poszły tak kiepsko[66].

W rezultacie nieudanej misji Chanel–Dincklage w Madrycie Winston Churchill, brytyjska agencja szpiegowska MI6 i brytyjscy dyplomaci zostali wplątani w zamieszanie z Verą Lombardi. Chanel obawiała się potem szantażu ze strony uczestników akcji Modellhut.

W marcu 1944 roku do rezydencji miejskiej lady Ursuli Filmer Sankey, córki Bendora, przy South Street w Londynie przyszedł ręcznie nabazgrany na dwóch stronach list od Very Lombardi. Vera błagała przyjaciółkę, żeby porozmawiała z ojcem i Churchillem i pomogła jej wydostać się z Madrytu, a potem wrócić do domu, do Rzymu[67]. Niepokój Very wzrastał z każdym dniem. Wiedziała, że Brytyjczycy podejrzewają ją o współpracę z SS. Bała się, że nie pozwolą jej wrócić do wyzwolonego Rzymu i do męża.

Apel do córki Westminstera przyszedł do Londynu w chwili, gdy Churchill spierał się z Amerykanami o strategię śródziemnomorską. Stany Zjednoczone domagały się inwazji na Francję, by uciszyć Stalina. Churchill wolałby prowadzić atak od Morza Śródziemnego.

Mimo nawału tak ważnych spraw przez najbliższe miesiące premier Wielkiej Brytanii poświęcał swój cenny czas na ratowanie Very Lombardi.

Niektórzy historycy i biografowie twierdzą, że wykorzystanie przez Schellenberga Chanel jako emisariusza, który miał dotrzeć do Churchilla przez Madryt, było pomysłem nietrafionym. Sir Stuart Hampshire, w czasie wojny oficer MI6, uważa, że Schellenberg nie był poinformowany o determinacji Churchilla, by doprowadzić do kapitulacji Niemiec.

Mimo umowy podpisanej przez aliantów w styczniu 1943 roku w Casablance, wzywającej do bezwarunkowej kapitulacji Niemiec, wysocy funkcjonariusze w Stanach Zjednoczonych i Wielkiej Brytanii byli zdania, że gdyby dało się pozbyć Hitlera i zawiesić działania wojenne między Niemcami a Wielką Brytanią i Stanami, niemieckie wojska zdołałyby powstrzymać marsz Rosjan w Europie Wschodniej i na terenie Rzeszy. Tym sposobem można by uniknąć przejęcia Europy przez komunistów.

Wiosną 1944 roku wielu funkcjonariuszy służb informacyjnych SS Schellenberga i Abwehry, wśród nich także Dincklage, przestało wierzyć w ostateczne zwycięstwo Niemiec. Abwehra została wkrótce wcielona do Sicherheitsdienst, służby bezpieczeństwa, i podporządkowana brigadeführerowi SS Schellenbergowi. Rozglądano się za możliwością wynegocjowania końca wojny. A rosnąca desperacja Schellenberga, by rozpocząć rozmowy na ten temat, jego liczne manewry i sztuczki zbiegały się z sygnałami od alianckich i brytyjskich polityków, że wczesne zakończenie wrogich działań jest konieczne, by zatrzymać radziecki marsz na Niemcy i inwazję Stalina na całą Europę.

Szef SS nie był osamotniony w tych poszukiwaniach nowej strategii dla Niemiec. W 1943 roku niemiecki minister spraw zagranicznych Ribbentrop i szef Dincklagego dowódca Abwehry Wilhelm Canaris kontaktowali się z alianckimi wyższymi oficerami, by doprowadzić do układu. Już w 1943 roku Dulles, szef OSS w Bernie, dążył po kryjomu do zawarcia umowy z Niemcami za pośrednictwem Szwajcarii i Szwecji. Dulles uważał, że Stany Zjednoczone i Wielka Brytania muszą się umówić z Niemcami, zanim Rosjanie opanują Europę. Twierdził, że deklaracja z Casablanki wzywająca do bezwzględnej kapitulacji Niemiec była „zwykłym kawałkiem papieru, który można wyrzucić bez większych problemów, jeśli Niemcy będą dążyły do pokoju". Dulles zawyrokował: „Hitler musi odejść".

Trzydziestoośmioletni hrabia Claus von Stauffenberg, szef sztabu niemieckiej armii rezerwowej, i jego koledzy oficerowie opracowali plan działania. Ich zamiar zabicia Hitlera, nazwany operacją Walkiria, także zakładał, że po śmierci Hitlera szybko zostanie zawarty pokój z Anglią, by powstrzymać Sowietów przed opanowaniem Berlina i zbolszewizowaniem go.

Dwudziestego lipca 1944 roku Stauffenberg uczestniczył w konferencji na wysokim szczeblu, której przewodniczył Hitler. Wszedł do kwatery Hitlera Wolfsschanze (Wilczy Szaniec) w pobliżu Kętrzyna w Prusach Wschodnich, położył swoją aktówkę wyładowaną materiałami wybuchowymi i zapalnikami w pobliżu miejsca, gdzie siedział Hitler. Nacisnął zapalnik, by odpalić materiały wybuchowe w teczce, i wyszedł z pomieszczenia.

Wybuchł tylko jeden ładunek, raniąc Hitlera. Spisek się nie udał. Stauffenberg i jego bohaterscy koledzy oficerowie zapłacili za to życiem. Kilka miesięcy później admirał Canaris na rozkaz Himmlera został aresztowany przez Schellenberga. Znaleziono dowody, że pomagał spiskowcom. Abwehrę połączono wtedy z SS. Canarisa zamordowano w kwietniu 1945 roku w obozie koncentracyjnym we Flossenburgu. W tym samym czasie Dincklage został przeniesiony do nowej organizacji wywiadu wojskowego SS.

SZCZĘŚCIE COCO

Bogaci, sprytni, mający dobre znajomości
uniknęli kary – wrócili po burzy...

GASTON DEFFERRE, CZŁONEK
FRANCUSKIEGO RUCHU OPORU

Wczesnym rankiem we wtorek 6 czerwca 1944 roku francuskojęzyczna BBC poinformowała o lądowaniu aliantów – D-Day – w Normandii i zapowiedziała, że wkrótce Paryż będzie wolny. Tysiące Amerykanów, Brytyjczyków, Francuzów i innych żołnierzy alianckich wylądowało na plażach, skoczyło ze spadochronem na dachy i drzewa, osłaniało operację z powietrza zaledwie 123 kilometry od centrum Paryża. Francja była wstrząśnięta. Wiadomości wkrótce potwierdziły gazety i radio. Nagłówek w „Le Matin" głosił: „Francja znowu polem bitwy"[1].

Był to ponury moment dla Chanel i innych kolaborantów. Ona, Jean Cocteau, Serge Lifar i Paul Morand należeli do setek tych, których nazwiska znalazły się na czarnej liście sporządzonej przez francuski ruch oporu[2]. Jeśli Niemcy zostaną zmuszeni do opuszczenia Paryża, Chanel i jej przyjaciół czeka proces i kara z rąk tych, którzy cierpieli podczas okupacji nie tylko upokorzenia. W następnych dniach paryżanie wpatrywali się w maszty flagowe na dachach publicznych budynków. Czy wiszą tam swastyki? Jeśli tak, to znaczy, że Niemcy jeszcze są. Dla paryżan pusty maszt oznaczałby, że Niemcy uciekli.

W Portsmouth na angielskim wybrzeżu Dwight D. Eisenhower, naczelny dowódca operacji Overlord uśmiechał się bez przerwy[3], podczas gdy w Berlinie Hitler szalał ze złości. Jego niegdyś ulubieni dowódcy, generałowie Gerd von Rundstedt i Erwin Rommel, Lis Pustyni, ostrzegli go otwarcie, żeby „zakończył tę wojnę, dopóki istnieją jeszcze jakieś oddziały niemieckiej armii"[4]. Von Rundstedt został zdymisjonowany, Rommel popełnił samobójstwo, żeby uratować rodzinę przed gniewem Führera[5].

W hotelu Lutetia Dincklage, Momm i ich towarzysze z Abwehry pakowali lub palili swoje kartoteki, przygotowując się do opuszczenia Paryża i powrotu do Niemiec. Samoloty aliantów bombardowały już okolice miasta. Ritz powoli pustoszał. Jego niemieccy goście wyjeżdżali do domu.

Dincklage uciekł wkrótce po nieudanym zamachu na Hitlera 20 lipca. Chanel, obecnie sześćdziesięcioletnia (choć mogła uchodzić za pięćdziesięciolatkę), w dusznym upale sierpnia przeniosła się do swojego apartamentu przy ulicy Cambon, naprzeciwko Ritza. Wszystko znowu pokrywała warstewka popiołu. Bombowce alianckie atakowały przedmieścia Paryża, Niemcy dzień i noc palili dokumenty, tak jak robili to Francuzi cztery lata wcześniej podczas ewakuacji miasta[6]. Chanel nie była zupełnie sama, zostali z nią jej kamerdyner Léon i wierna pokojówka Germaine.

W Berlinie Schellenberg ponawiał starania, by spotkać się z neutralnym negocjatorem. W końcu porozumiał się z hrabią Folkem Bernadottem, szwedzkim dyplomatą, i poprosił o próbę wynegocjowania zawieszenia broni za pośrednictwem angielskich dyplomatów w Sztokholmie. Na dowód szczerości swych intencji Schellenberg polecił zwolnić i przekazać aliantom niektórych więźniów z obozów SS w Ravensbrück i Neuengamme. To miał być sygnał, że on i Himmler nie są już nazistowskim betonem. W przyszłości ocaliło to Schellenbergowi życie[7].

Kiedy armie alianckie zbliżały się do Paryża, Chanel skontaktowała się z Reverdym, kochankiem, z którym schodzili się i rozchodzili od wielu lat. Na początku okupacji Reverdy przyjechał do Paryża, żeby zobaczyć się z Chanel, zanim wstąpił do grupy ruchu oporu. Nie zastał jej. Przebywała jeszcze w Corbère u rodziny Palasse. Teraz naciskany przez Chanel wyruszył na poszukiwanie Vaufrelanda, żeby go aresztować. Chanel prawdopodobnie miała nadzieję, że Vaufreland, jedyny Francuz, który mógł dać świadectwo jej stosunków z Niemcami, zniknie na zawsze.

Przy pomocy swoich partyzantów Reverdy zlokalizował Vaufrelanda, który ukrywał się w paryskim apartamencie hrabiego Jeana René de Gaignerona[8]. Barona ujęto i wsadzono do więzienia razem z innymi *collabos*. Następnie był przetrzymywany w obozie w Drancy na przedmieściach Paryża, tym samym, w którym tak niedawno rodziny żydowskie czekały na deportację do nazistowskich obozów. Później Vaufreland mówił o dziwnej interwencji Reverdy'ego: „Musiał coś mieć przeciwko mnie"[9].

Przez cały czerwiec Serge Lifar, przyjaciel Chanel, prowadził próby baletu *Szota Rustaweli* w operze paryskiej pod kierunkiem Arthura Honeggera i Charlesa Müncha[10]. Teraz, kiedy siły alianckie zbliżały się do Paryża, Lifar odrzucił propozycję przewiezienia go do neutralnej Szwajcarii prywatnym samolotem należącym do austriackiego dyrygenta Herberta von Karajana. Ukrył się w apartamencie Chanel przy ulicy Cambon. Chanel zwierzała się przyjaciółce: „Nie mogłam chodzić po mieszkaniu nawet lekko roznegliżowana, bo Serge mógł się czaić w szafie"[11]. Potem Serge sam zgłosił się do komitetu przeprowadzającego czystki w operze. Zawieszono go w pracy na rok – i był to lekki klaps w ramach kary za kolaborację z nazistami. Wielu bliskich przyjaciół Chanel miało powody, żeby się ukrywać. „We francuskim społeczeństwie zapanowało uczucie nienawiści i dążenie do zemsty; za tyle cierpienia, upokorzeń i wstydu, za tyle ofiar zdrady, tortur i deportacji"[12]. Wielu Francuzów na te cztery długie lata trafiło do więzienia, pilnowało ich i upokarzało prawie milion Niemców. Ludzie starali się przeżyć, niektórzy z godnością, a inni – jak Chanel, Vaufreland, Cocteau czy Lifar – zdecydowali się na kolaborację.

Ostatni pociąg z żydowskimi więźniami do Auschwitz opuścił Francję 17 sierpnia, a kilka dni później między oddziałami niemieckimi a Wolnymi Francuzami i komunistycznymi partyzantami wybuchły zażarte walki uliczne. W Paryżu toczyło się powstanie mające na celu wyzwolenie miasta od znienawidzonych szkopskich najeźdźców, generał Charles de Gaulle lądował w Normandii, a oddziały Wolnych Francuzów generała Philippe'a Leclerca zbliżały się do miasta.

Późnym wieczorem 24 sierpnia wysunięta kolumna Leclerca dotarła do Paryża. Następnego dnia czołgiści generała w mundurach khaki podarowanych przez Amerykanów i francuskich marynarzy, z charakterystycznymi czerwonymi pomponami na czapkach, obsadzili najważniejsze punkty w mieście. W ciągu kilku miesięcy cała Francja została wyzwolona.

Dwudziestego piątego sierpnia armia Leclerca wzięła Paryż, niemiecki generał Dietrich von Choltitz skapitulował, a generał Charles de Gaulle, szef Tymczasowego Rządu Republiki Francuskiej, wkroczył do Paryża na spotkanie z Leclerkiem i innymi wyższymi oficerami i adiutantami.

Następnego dnia de Gaulle poprowadził przez Champs-Élysées sławny marsz do Notre Dame na uroczystą mszę. Wcześniej oznajmił w ratuszu: „*Paris! Paris outragé! Paris brisé! Paris martyrisé! Mais Paris libéré!* Na te słowa paryżanie płakali z radości. Zapisały się w historii: „Paryż! Paryż splądrowany! Paryż złamany! Paryż umęczony! Ale Paryż wolny!"[13].

Jednak dla niektórych były to złowieszcze słowa, oznaczały, że nadchodzi pora rozliczeń.

Aby obserwować marsz de Gaulle'a Champs-Élysées do placu de la Concorde, Chanel, Lifar i inni zaproszeni goście zebrali się w mieszkaniu Sertów, z którego widać było plac[14]. Jeśli wierzyć ich biografom, to wielu z nich, w tym Chanel, jej przyjaciel hrabia de Beaumont i Lifar, niepokoiło się – ich rola niemieckich *collabos* była bardzo widoczna. Mieli nadzieję, że José Marie Sert, w czasie wojny hiszpański ambasador w Watykanie (ale mieszkający w Paryżu), zdoła ochronić ich przed zemstą, którą szykują bojownicy ruchu oporu de Gaulle'a.

Dwa tygodnie później Chanel aresztowano[15].

Upokorzeni oficerowie niemieccy, którzy dostali się w ręce żołnierzy Drugiej Francuskiej Dywizji Pancernej, Paryż, sierpień 1944

Po wyzwoleniu francuski pisarz Robert Aron wyliczył, że od 30 do 40 tysięcy kolaborantów zostało straconych bez sądu[16].

Aby skończyć z tą polową sprawiedliwością, Tymczasowy Rząd de Gaulle'a ustanowił w połowie września 1944 roku specjalne sądy, które miały zająć się kolaborantami. Tych, których uznano winnymi, czekała egzekucja, odpowiedzialnych za mniej zaawansowaną kolaborację – nowo wymyśloną zbrodnię braku poczucia wartości narodowej (*indignité nationale*) – karano utratą prawa głosu, startu w wyborach i zajmowania urzędów publicznych, a także praktykowania pewnych zawodów.

Pojawienie się francuskich i alianckich oddziałów uwolniło wielkie pokłady energii w całej Francji. W Paryżu podczas szalonego świętowania gołymi rękami ściągano tabliczki z niemieckimi nazwami ulic wokół opery i wszędzie indziej. Jedni wznosili toasty za wolność, inni dyszeli chęcią zemsty. Znanym kolaborantom pozostawała ucieczka lub śmierć; jeśli zostaliby znalezieni,

Kolaborujący z Niemcami byli w wyzwolonej Francji ścigani; kobiety, które zakochały się w niemieckich najeźdźcach, upokarzano. Na zdjęciu: dwie kobiety z nazistowskimi swastykami na wygolonych głowach

groziła im natychmiastowa kula w łeb. Przystojne kobiety, kolaborantki horyzontalne, wyciągano z domów i publicznie golono im głowy. Dwunastu tysiącom niemieckich żołnierzy, urzędników i pieczeniarzy nie udało się wydostać z Paryża. W większości trafili do francuskich obozów.

Wśród nich znalazła się Catsy, była żona Dincklagego, podejrzewana przez wywiad Wolnych Francuzów o to, że jest agentką niemieckiego wywiadu[17]. Tuż przed okupacją została internowana w Gurs, francuskim obozie dla niemieckich cywilów. W czasie okupacji zwolniono ją i wtedy wróciła do Paryża[18]. Po wojnie Sybille Bedford, przyrodnia siostra Catsy, w książce o tamtych latach utrzymywała, że Catsy cierpiała niedostatek w czasie okupacji, ponieważ była Żydówką[19].

Inną historię opowiada tajny powojenny raport francuskiego wywiadu: otóż Catsy przez całą okupację pracowała dla Niemców, chroniona przez Dincklagego i licznych niemieckich przyjaciół. Z dokumentów wynika, że po wyzwoleniu Catsy, przerażona możliwością schwytania przez francuski ruch oporu, sama zgłosiła się do paryskiej policji. Spodziewała się znaleźć ochronę, a tymczasem została natychmiast internowana wraz z innymi obywatelami niemieckimi w dawnym obozie przejściowym SS dla Żydów w Drancy. Potem trzymano ją w obozie Noisy-le-Sec na przedmieściu Paryża, a w końcu przetransportowano do obozu w Basse-Normandie, którego więźniem była przez osiemnaście miesięcy[20].

Catsy wypuszczono po niestrudzonych zabiegach jej prawnika. Aby ją uwolnić, przedstawił władzom rekomendacje do zwolnienia napisane przez żonę wysokiego francuskiego oficera. Jednak tajne raporty francuskiego kontrwywiadu ujawniają, że Catsy nie była ofiarą w czasie niemieckiej okupacji, wprost przeciwnie, kolaborowała z Niemcami, handlowała na czarnym rynku i była szpiegiem nazistowskiego reżimu. Nie żyła w ukryciu jak Żydówka, „[przez cztery lata okupacji] pozostawała w doskonałych stosunkach z Niemcami [...] choć teraz utrzymuje, że ich nienawidziła"[21].

Aby załatwić sobie zwolnienie, „Catsy zebrała listy od przyjaciół, którzy byli wspólnikami jej czarnorynkowych transakcji, sprzedając wytworną damską bieliznę. Chciała w ten sposób udowodnić swoją nienawiść do niemieckich sił okupacyjnych". Tajny raport francuski stwierdza: „Wbrew zeznaniom przed francuskimi władzami Catsy często przyjmowała swojego eks-męża Hansa

Günthera Dincklagego w swoim mieszkaniu przy ulicy des Sablons”[22]. W końcu oboje byli agentami Abwehry i przyjaciółmi. Raport nie oszczędza Dincklagego: „Był aktywnym i niebezpiecznym agentem propagandy. Wykorzystywał madame Chasnel [*sic*] do zdobywania informacji dla swojej służby”[23]. Raport odnotowuje, że kiedy siły alianckie zbliżały się do Paryża, „przyjaciel Catsy standartenführer SS Otto Abetz radził jej, żeby opuściła Francję[24]. Na zakończenie raport stwierdza: „Maximiliane von Schoenebeck [Catsy] jest agentką niemieckiego wywiadu i jej obecność we Francji stanowi zagrożenie dla bezpieczeństwa narodowego. Musimy zakładać, że otrzymała rozkaz pozostania we Francji, żeby pewnego dnia znowu podjąć swoje działania szpiegowskie. Musi być traktowana jako osoba we Francji niepożądana”.

Chociaż Catsy i Dincklage zostali ministerialnym dekretem z 5 lipca 1947 roku oficjalnie wydaleni z Francji, Catsy udało się zostać tu aż do swojej śmierci. Zmarła w Nicei w 1978 roku w wieku siedemdziesięciu dziewięciu lat. Rodzina Schoenebecków w rozmowie w domu w Austrii latem 2010 roku stwierdziła, że po wojnie Catsy pracowała u Chanel, jednak nie mogli przedstawić na to żadnego dowodu[25].

Od 1942 roku Chanel znajdowała się na oficjalnej czarnej liście FFI[26]. Teraz, w pierwszym tygodniu września 1944 roku, grupka młodych członków ruchu oporu FFI, Fifiki, jak ich nazywała Chanel, zbrojne ramię komitetu Wolnych Francuzów przeprowadzającego czystki, zabrała Chanel na przesłuchanie do siedziby komitetu[27].

Biografowie Chanel utrzymują[28], że odniosła się pogardliwie do uzbrojonych młodzieńców w sandałach, z podwiniętymi rękawami koszul. Grupa przesłuchująca Chanel nie miała dokumentów jej tajnych działań, nie znała szczegółów jej współpracy z Abwehrą ani jej misji madryckiej w 1941 roku z Vaufrelandem. A przede wszystkim nie miała pojęcia, że Chanel była główną postacią misji pokojowej Modellhut finansowanej przez Schellenberga w 1944 roku.

Mówi się, że Chanel poczuła się bardziej dotknięta wojowniczością i złymi manierami Fifików niż aresztowaniem. Po kilku godzinach przesłuchiwania przez komitet „oczyszczenia" była z powrotem w swoim apartamencie przy ulicy Cambon. Jej cioteczna wnuczka Gabrielle Palasse Labrunie wspomina, że po powrocie do domu powiedziała swojej służącej Germaine: „To Churchill mnie uwolnił"[29].

Choć nie ma na to żadnych dowodów, Labrunie i niektórzy z biografów Chanel wierzą, że to premier Churchill interweniował za pośrednictwem Duffa Coopera, brytyjskiego ambasadora przy Tymczasowym Rządzie de Gaulle'a, żeby Chanel zwolniono. Paul Morand pisze w swojej biografii, że Churchill polecił Duffowi Cooperowi, by „chronił Chanel"[30].

Służąca Germaine powiedziała Labrunie, że Chanel wkrótce „nagle opuściła mieszkanie przy ulicy Cambon [...] dostała pilną wiadomość od [diuka] Westminsteru". Jakaś nieznajoma osoba powiedziała jej: „Nie trać ani minuty... wyjeżdżaj z Francji". W kilka godzin Chanel opuściła Paryż w cadillaku z szoferem, a limuzyna zmierzała do bezpiecznej Lozanny w Szwajcarii[31].

Interwencja Churchilla chroniąca Chanel przed oskarżeniem była tematem spekulacji biografów. Jedna z teorii głosi, że Chanel wiedziała o złamaniu przez Churchilla jego własnego Aktu o handlu z nieprzyjacielem (z 1939 roku; prowadzenie interesów z nieprzyjacielem w czasie wojny uznano za czyn kryminalny), gdy płacił ukradkiem Niemcom za ochronę własności księcia Windsoru w Paryżu. Nikt nie tknął apartamentu księcia w XVI dzielnicy, kiedy Windsorowie przebywali na wygnaniu na Bahamach, gdzie książę był gubernatorem. Biograf księcia Windsoru stwierdza: gdyby Chanel miała proces o kolaborację z wrogiem w czasie wojny, mogłaby wskazać jako kolaborujących z nazistami Windsorów i inne wysoko postawione w towarzystwie osoby.

Rodzina królewska nie przyjęłaby spokojnie zdemaskowania jednego ze swoich członków"[32].

Rodzina królewska była tak przewrażliwiona na punkcie kolaboracji księcia, że w ostatnich dniach wojny wysłano do Europy Anthony'ego Blunta, królewskiego historyka. Blunt, zdemaskowany później jako szpieg rosyjski, w 1945 roku pojechał w tajemnicy do Schloss Friedrichshof, by odzyskać poufną korespondencję księcia Windsoru z Adolfem Hitlerem i innymi prominentnymi postaciami Niemiec. (Ta korespondencja księcia z Hitlerem i nazistami pozostaje utajniona).

Chanel z pewnością wiedziała o pronazistowskim nastawieniu księcia i jego żony, mogła też wiedzieć o jego korespondencji z Hitlerem. Agent MI6 Malcolm Muggeridge był w Paryżu podczas wyzwolenia jako brytyjski oficer łącznikowy z francuską *sécurité militaire*. Nie mógł się nadziwić, w jaki sposób Chanel uniknęła czystki. „Jednym z tych nadzwyczajnie prostych pociągnięć, które uczyniły z Napoleona tak skutecznego generała, umieściła w witrynie swego sklepu informację, że jej perfumy są dostępne bezpłatnie dla amerykańskich żołnierzy, którzy zaczęli ustawiać się w kolejce, żeby dostać darmowy flakon Chanel No. 5, i byliby oburzeni, gdyby francuska policja odważyła się ją tknąć"[33]. Chanel udało się odłożyć na później zeznania przed sądem, które zadecydowały o losie Maurice'a Chevaliera, Jeana Cocteau, Sachy Guitry'ego i Serge'a Lifara.

Od 1944 roku Lozanna stała się jednym z domów Chanel. Dincklagego przyjaciele ukrywali przed alianckimi siłami okupacyjnymi w Niemczech czy Austrii. Później dołączył do Chanel w czterogwiazdkowym hotelu Beau Rivage nad Jeziorem Genewskim, gdzie Chanel mieszkała, zanim kupiła dom na wzgórzach nad jeziorem i lasem Sauvabelin w Lozannie.

Po zakończeniu wojny Chanel często jeździła do Paryża. Stamtąd wraz z Misią Sert wybierały się do Monako i wracały do Lozanny, żeby kupić narkotyki. Zdobywanie substancji odurzających było niebezpieczne, według biografów Misi Sert udawały się więc obydwie po swoje narkotyki do spółdzielczych aptek poza Francją. Były absolutnie pewne, że ochronią je „wpływowi przyjaciele"[34].

Misia była „nieostrożna i niecierpliwa. Nawet nie próbowała ukryć tego, co robiła. Gawędząc przy kolacji czy włócząc się po pchlim targu, zatrzymywała się na chwilę, by wbić igłę przez spódnicę. Kiedyś w Monte Carlo weszła do apteki i poprosiła o morfinę, a przerażona Chanel błagała ją o zachowanie większej ostrożności".

W Szwajcarii Chanel miała znajomości w aptece w Lozannie, więc chodziły tam z Misią kupować narkotyki. „Dwie stare przyjaciółki zmieniły się z wiekiem; dziewczęca uroda Chanel przerodziła się w małpi szyk, jej spryt w mściwość, a Misia, kiedyś pulchna i promienna, po prostu zmarniała". Podczas jazdy pociągiem do Lozanny „pogrążały się w rozmowie, dużo się śmiały, dystyngowane i eleganckie. Przyzwyczajenie – kanwa wszystkich przyjaźni – sprawiło, że nie mogły się bez siebie obejść".

Biografowie Misi Sert utrzymują, że „w towarzystwie kolegi kolaboranta Paula Moranda Chanel nadal krytykowała relacje Misi z Żydami i homoseksualistami i narzekała, że Misia jest perfidnym pożeraczem ludzi, pasożytującym na sercu. Jednak pomimo tej niechęci powiedziała Morandowi, że ilekroć kogoś potrzebowała, zwracała się do Misi, bo Misia była wszystkimi kobietami, a w Misi były wszystkie kobiety".

W ostatnich miesiącach wojny Winston Churchill był rozpaczliwie zajęty politycznymi skutkami śmierci Franklina D. Roosevelta, zagarnięciem Berlina przez Sowietów i niemiecką kapitulacją w maju 1945 roku. A mimo to znalazł czas, by zająć się sprawami Chanel i Very Lombardi; w końcu Vera należała do brytyjskiej arystokracji, była blisko zaprzyjaźniona z Churchillem, księciem Windsoru, księciem Westminsteru, a także z członkami rodziny królewskiej.

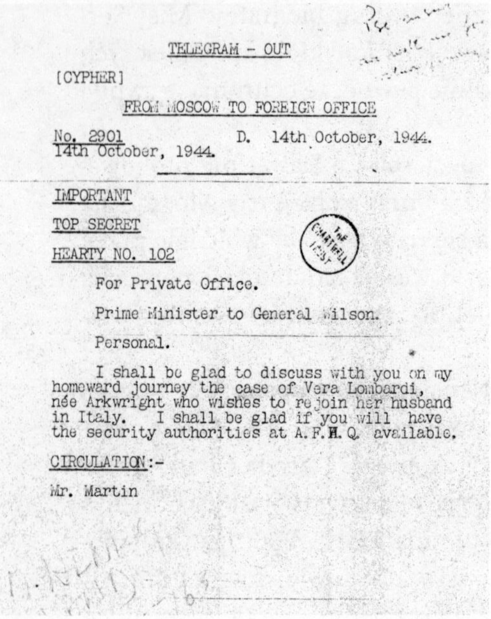

TELEGRAM - OUT

[CYPHER]

FROM MOSCOW TO FOREIGN OFFICE

No. 2901 D. 14th October, 1944.
14th October, 1944.

IMPORTANT

TOP SECRET

HEARTY NO. 102

For Private Office.

Prime Minister to General Wilson.

Personal.

I shall be glad to discuss with you on my homeward journey the case of Vera Lombardi, née Arkwright who wishes to rejoin her husband in Italy. I shall be glad if you will have the security authorities at A.F.H.Q. available.

CIRCULATION:-

Mr. Martin

Negocjując ze Stalinem w Moskwie, Churchill znalazł czas, by 14 października 1944 roku wysłać ten ściśle tajny prywatny telegram do generała Wilsona w Rzymie: „Z Moskwy do ministra spraw zagranicznych. W drodze powrotnej do domu chętnie porozmawiałbym o sprawie Very Lombardi, z domu Arkwright, która pragnie dołączyć do męża we Włoszech. Byłbym zobowiązany, gdyby władze bezpieczeństwa były dostępne w AFHQ"

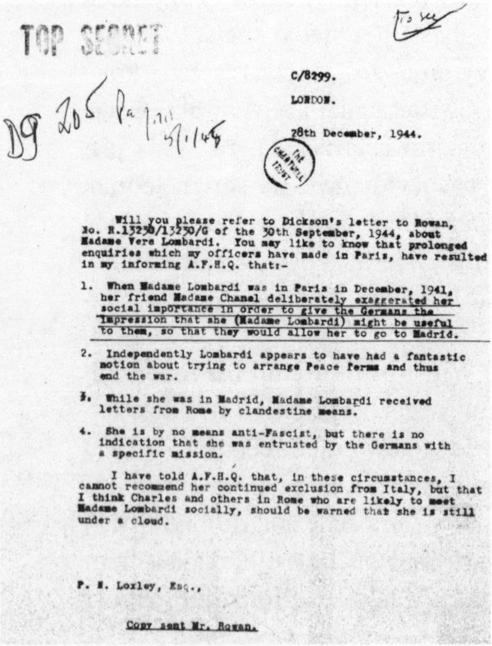

TOP SECRET

C/8299.

LONDON.

28th December, 1944.

Will you please refer to Dickson's letter to Rowan, No. R.13230/13230/G of the 30th September, 1944, about Madame Vera Lombardi. You may like to know that prolonged enquiries which my officers have made in Paris, have resulted in my informing A.F.H.Q. that:-

1. When Madame Lombardi was in Paris in December, 1941, her friend Madame Chanel deliberately exaggerated her social importance in order to give the Germans the impression that she (Madame Lombardi) might be useful to them, so that they would allow her to go to Madrid.

2. Independently Lombardi appears to have had a fantastic notion about trying to arrange Peace Terms and thus end the war.

3. While she was in Madrid, Madame Lombardi received letters from Rome by clandestine means.

4. She is by no means anti-Fascist, but there is no indication that she was entrusted by the Germans with a specific mission.

I have told A.F.H.Q. that, in these circumstances, I cannot recommend her continued exclusion from Italy, but that I think Charles and others in Rome who are likely to meet Madame Lombardi socially, should be warned that she is still under a cloud.

P. N. Loxley, Esq.,

Copy sent Mr. Rowan.

Ściśle tajna depesza brytyjskiego dyplomaty z grudnia 1944 roku informująca, jak Chanel „wyolbrzymiała towarzyskie znaczenie [Very], żeby wywołać wśród Niemców przekonanie, że [madame Lombardi] może im się przydać, i żeby dali zgodę na jej wyjazd do Madrytu [...]" (data 1941 to błąd)

Od zimy 1944 przez całą wiosnę 1945 roku pułkownik S.S. Hill-Dillon z kwatery głównej sił alianckich w Paryżu wysyłał wiadomości do Churchilla na Downing Street. W jednej z depesz informował premiera, że śledczy chcieli wiedzieć, dlaczego Vera Lombardi „została przez wywiad niemiecki wysłana do Madrytu ze specjalną misją". Dwudziestego ósmego grudnia 1944 roku P.N. Loxley, wysoki oficer SIS-MI6 i główny prywatny sekretarz lorda Alexandra Cadogana, podsekretarza stanu w Ministerstwie Spraw Zagranicznych, wysłał następującą, ściśle tajną depeszę do Naczelnej Kwatery Sił Alianckich (AFHQ) w Rzymie. Kopię wysłano na Downing Street 10, do sekretarza Churchilla sir Lesliego Rowana. (Kopia ma złą datę[35]).

> Kiedy madame Lombardi była w Paryżu w grudniu 1941 roku[36] [*sic*], jej przyjaciółka madame Chanel celowo przerysowywała jej pozycję towarzyską, żeby Niemcy odnieśli wrażenie, że może być dla nich użyteczna, dzięki czemu pozwoliliby jej pojechać do Madrytu.
>
> Niezależnie od tego Lombardi wpadła na fantastyczny pomysł, próbując zaaranżować warunki pokoju i w ten sposób zakończyć wojnę. Podczas pobytu w Madrycie madame Lombardi nielegalnymi kanałami dostawała listy z Rzymu. W żadnym razie nie jest antyfaszystką, ale nie ma dowodów, że Niemcy powierzyli jej specjalną misję.
>
> Powiedziałem AFHQ, że w takiej sytuacji nie mogę rekomendować dalszego trzymania jej poza Włochami [...]. Myślę, że należałoby ostrzec te osoby w Rzymie, które pewnie spotkają się z nią na gruncie towarzyskim, że nadal nie jest zupełnie czysta.

Poprzednio biuro Churchilla przy Downing Street 10 otrzymało informację od pracownika Ministerstwa Spraw Zagranicznych:

> [Vera Lombardi] od początku budziła podejrzenia naszych ludzi w Madrycie, którym jej opowieść o podróży przez Niemcy i tereny okupowane wydawała się nieprzekonująca i pełna sprzeczności. Istnieją także nieodparte dowody, że miała bezpośrednią pomoc Sicherheitsdienst [służby wywiadowcze SS Schellenberga].[37]

W Madrycie pod koniec 1944 roku wszystkie wysiłki Very, by wrócić do Rzymu, wydawały się próżne. I nagle tuż po Nowym Roku brytyjskie Ministerstwo Spraw Zagranicznych przesłało do ambasady w Madrycie szyfrogram: „Sztab Sił Alianckich wycofał zastrzeżenia, dama może wrócić do Włoch. Konieczna będzie wcześniejsza notyfikacja co do miejsca i daty przybycia”[38]. Najwyraźniej Churchill interweniował.

Cztery dni później z Downing Street wysłano ściśle tajną notę do pułkownika Hill-Dillona do sztabu sił alianckich w Paryżu: „Pokazałem premierowi pański list z 30 grudnia [...] w sprawie pani Lombardi; pan Churchill prosił mnie, żebym panu bardzo podziękował za przeprowadzenie poszukiwań i kłopot, jaki pan sobie zadał w tej sprawie”[39] (Podpis na nocie nieczytelny).

Vera w końcu połączyła się z mężem Albertem w kwietniu czy maju 1945 roku, co jasno wynika z jej dziękczynnego listu do Churchilla:

> Rzym, 9 maja 1945
>
> Mój Drogi Winstonie,
>
> dziękuję z całego serca za wszystko, co dla mnie zrobiłeś, za to, że znalazłeś na to czas, wybacz mi to, czego sama nie mogę sobie wybaczyć. Za to, że poczułeś się w obowiązku myśleć o tak bezużytecznej osobie jak ja i to w czasie, kiedy niewątpliwie ratowałeś świat. Randolph jest tu dla nas wielką pociechą i będzie mi bez niego bardzo smutno. Jego angielskie usposobienie i tak

ogromne serce są dla mnie jak tchnienie życia po pięciu latach zamknięcia w tych dusznych krajach.

Może Bóg da, że wkrótce pojadę do domu, żeby na krótką chwilę złapać oddech.

Serdecznie i dziękczynnie

[podpis] VERA[40]

Albertowi Lombardiemu udało się tymczasem ukryć swe dawne koneksje z Mussolinim. Służył teraz aliantom tak jak dawniej faszystowskiemu dyktatorowi. Vera Lombardi zmarła w Rzymie rok po powrocie z Madrytu.

Kilka miesięcy po wyzwoleniu Paryża dywizja pancerna francuskiego generała Philippe'a Leclerca wyzwoliła Sztrasburg, a wojska amerykańskie wyrwały się z niemieckiego oblężenia w Ardenach po tak zwanej bitwie o wybrzuszenie. Dwa miesiące później wojska radzieckie weszły do Auschwitz, obozu zagłady SS na terytorium Polski. A tymczasem Dincklage załatwił za pośrednictwem berlińskiej Abwehry – kontrolowanej obecnie przez brigadeführera Schellenberga[41] – niemiecką firmę, która miała rozpocząć negocjacje ze szwajcarskimi władzami w celu otrzymania dla niego pozwolenia na odwiedzenie przez niego Szwajcarii. Według wydziału szwajcarskiej policji do spraw cudzoziemców, niemiecka firma – United Silk-Weaving Mill. Ltd. z Berlina – chciała dostać zgodę na podróżowanie Dincklagego do Zurychu, na rozmowy ze szwajcarską filią firmy i niemiecką komisją przemysłu w szwajcarskiej stolicy Bernie. Firma upierała się, że Dincklage miał negocjować import jedwabiu i eksport narzędzi. W istocie transakcja polegała na zamianie produkowanego w Szwajcarii sztucznego jedwabiu na niemieckie narzędzia z odlewanej stali. Według United Silk-Weaving Mill, umowa warta była 1,2 miliona franków szwajcarskich[42].

Władze szwajcarskie przejrzały podstęp. W grudniu 1944 roku odmówiły Dincklagemu prawa wjazdu. Raport szwajcarski jest krótki: „Niemiecki obywatel Rzeszy Hans Günther von Dincklage, mieszkaniec Berlina, dostał odmowę wjazdu do neutralnej Szwajcarii[43].

Później Dincklage zatrudnił szwajcarskiego adwokata, żeby złożyć podanie o obywatelstwo Liechtensteinu, co pozwoliłoby mu automatycznie wjeżdżać do Szwajcarii. Szwajcarski departament sprawiedliwości i policji poinformował teraz władze Liechtensteinu, że Dincklage jest osobą niepożądaną. Jego podanie o obywatelstwo zostało odrzucone.

W Bernie nie zapomniano, jak w 1939 roku Dincklage przebywał w Szwajcarii na szpiegowskiej misji Abwehry. Władzom Liechtensteinu powiedziano: „Informacja na temat Dincklagego negatywna, był wydalony z Francji w 1947 roku". To nie ostatni raz, kiedy Dincklage próbował zyskać legalną zgodę na zamieszkanie w Liechtensteinie czy Szwajcarii.

W Paryżu ci, którzy wiedzieli, zastanawiali się, czy szczęście nie opuści Chanel. W maju 1946 roku w paryskim Pałacu Sprawiedliwości sędzia Roger Serre otworzył sprawę przeciwko niej. Teczka sądowa Chanel z tamtego okresu zniknęła z państwowego archiwum francuskiego departamentu sprawiedliwości. Pozostała tylko karta indeksu z napisanym ręcznie jej nazwiskiem i notatką „art 75 I4787", co oznacza, że kartoteka wiązała się z artykułem francuskiego kodeksu karnego dotyczącym szpiegostwa. Według głównego kuratora francuskich archiwów z XX wieku, karta wyraźnie wskazuje, że „specjalny francuski sąd zajmujący się kolaboracją otworzył sprawę zgodnie z francuskim kodeksem karnym dotyczącą kontaktów Chanel z wrogiem w czasie wojny"[44].

W 1946 roku sędzia Serre bardzo chciał przesłuchać Chanel. Jego źródła wywiadowcze w Berlinie znalazły dokumenty przedstawiające ją jako agenta Abwehry F-7124, kryptonim Westminster – wzięty od wieloletniego przyjaciela i kochanka Bendora, księcia Westminsteru. Wywiadowczy zespół Serre'a odkrył także,

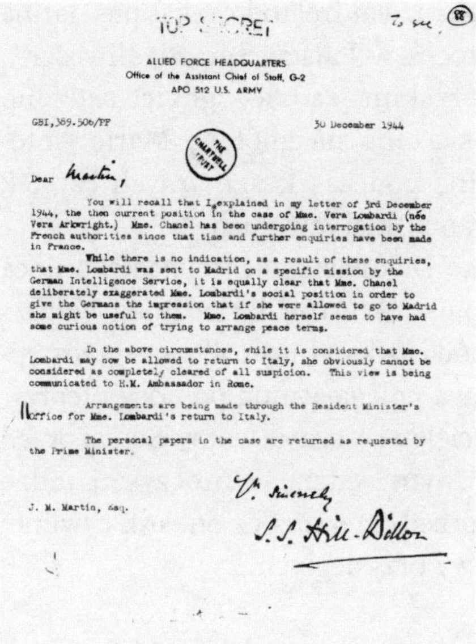

TOP SECRET

To see, (88)

ALLIED FORCE HEADQUARTERS
Office of the Assistant Chief of Staff, G-2
APO 512 U.S. ARMY

GBI,389.506/PF

30 December 1944

Dear Martin,

You will recall that I explained in my letter of 3rd December 1944, the then current position in the case of Mme. Vera Lombardi (née Vera Arkwright.) Mme. Chanel has been undergoing interrogation by the French authorities since that time and further enquiries have been made in France.

While there is no indication, as a result of these enquiries, that Mme. Lombardi was sent to Madrid on a specific mission by the German Intelligence Service, it is equally clear that Mme. Chanel deliberately exaggerated Mme. Lombardi's social position in order to give the Germans the impression that if she were allowed to go to Madrid she might be useful to them. Mme. Lombardi herself seems to have had some curious notion of trying to arrange peace terms.

In the above circumstances, while it is considered that Mme. Lombardi may now be allowed to return to Italy, she obviously cannot be considered as completely cleared of all suspicion. This view is being communicated to H.M. Ambassador in Rome.

Arrangements are being made through the Resident Minister's Office for Mme. Lombardi's return to Italy.

The personal papers in the case are returned as requested by the Prime Minister.

Yrs sincerely
S.S. Hill-Dillon

J. M. Martin, Esq.

Ściśle tajny list od S.S. Hill-Dillona, wyższego oficera w kwaterze głównej sił alianckich w Paryżu, z 30 grudnia 1944 roku. W liście czytamy: „Panna Chanel jest przesłuchiwana przez władze francuskie [...] jest jasne, że panna Chanel celowo wyolbrzymiała towarzyską pozycję pani Lombardi, żeby Niemcy wypuścili ją do Madrytu, gdzie może być dla nich użyteczna. Sama pani Lombardi wydaje się żywić jakieś dziwne złudzenia o próbach ustalenia warunków pokoju...”

że Vaufreland napisał szereg raportów dla Abwehry. Nie mogli jednak znaleźć niczego, co napisałaby Chanel. Z tego powodu, a także dlatego, że śledczy nigdy nie powiązali Chanel z misją Modellhut dla SS, nie została formalnie aresztowana. Niemniej jednak sąd wydał rozporządzenie, by stawiła się przed sędzią Serre'em[45].

Chanel zdawała sobie sprawę, jak bardzo stała się bezbronna. Uważała, że jest zagrożona – nie tylko przez Vaufrelanda, ale też przez Theodore'a Momma i Waltera Schellenberga. Główni aktorzy misji Modellhut najwyraźniej mogli ją skompromitować. Zresztą Dincklage także. Kto wie, co zeznałby na przesłuchaniu? Bystry obserwator napisał później: „Spatz [...] to było jej żywe piekło”[46]. Przypominała „wściekłego kapitana na pokładzie tonącego statku”. Pierre Reverdy wiedział o zdradzie Chanel i wybaczył[47].

Przesłuchania barona Louisa de Vaufrelanda zaczęły się od jego aresztowania przez Reverdy'ego i partyzantów z ruchu

Kiedy wojska alianckie miały wyzwolić Paryż, Dincklage wrócił do nazistowskich Niemiec. W grudniu 1944 prosił o pozwolenie na wjazd do Szwajcarii; była to jedna z licznych prób dołączenia do Chanel, która uciekła do Lozanny. Szwajcarzy odmówili jego prośbie

oporu. Vaufreland czekał pięć lat na proces w Pałacu Sprawiedliwości[48], paryskim sądzie, gdzie sądzono i skazano na gilotynę Marię Antoninę podczas koszmarnych czystek francuskiej rewolucji.

Dwunastego i trzynastego lipca 1949 roku, 160 lat później, Vaufrelanda oskarżono o liczne przestępstwa polegające na pomocy nieprzyjacielowi w czasie wojny. Stanął przed jednym sędzią w uroczystej todze i przed czterema członkami cywilnej ławy przysięgłych.

Po powtarzających się wezwaniach sędziego Serre'a Chanel w końcu stanęła przed obliczem sędziego Fernanda Paula Leclercqa. Jej przesłuchanie przez Leclercqa opierało się na bogatych dokumentach sądowych, zawierających świadectwo Vaufrelanda na temat jej pracy dla Abwehry[49]. Poniżej fragment sądowego stenogramu z jej zeznań. Nie ulega wątpliwości, że została dobrze przygotowana przez swoich adwokatów.

Chanel zaczęła od poinformowania sędziego Leclercqa, że poznała Vaufrelanda w 1941 roku w hotelu Ritz za pośrednictwem hrabiego i hrabiny Gabriel de la Rochefoucauld[50].

Dodała, że Vaufreland robił wrażenie „frywolnego młodzieńca, mówiącego mnóstwo bzdur. Najwyraźniej jego moralność nie odpowiadała normom, wszystko w jego sposobie bycia i ubierania, a także perfumowanie się zdradzało, kim jest. Nie ufałam mu. Jeśli utrzymywał relacje z niektórymi Niemcami, mogły być jedynie seksualnej natury". Jednak „był miłym chłopcem, zawsze gotowym oddać przysługę".

Chanel przyznała, że podczas ich pierwszego spotkania Vaufreland wiedział wszystko o jej siostrzeńcu, André Palasse, który był wówczas jeńcem wojennym w Niemczech.

Leclercq nie naciskał, skąd Vaufreland wiedział, że André jest jeńcem wojennym w Niemczech, ani w jaki sposób on sam poznał Chanel. W każdym razie według zeznań Chanel,

> Vaufreland utrzymywał, że może go [André] sprowadzić z powrotem. Przyjęłam propozycję, którą Vaufreland złożył spontanicznie.
>
> W istocie mój siostrzeniec został repatriowany po kilku miesiącach, i nie mogę powiedzieć, czy rzeczywiście było to wynikiem interwencji Niemców na prośbę Vaufrelanda. Zapewniał mnie, że osobiście załatwił wolność [Palasse'a], a ja w dalszym ciągu w to wierzę [...] Zdawało się, że bardzo pragnie zrobić mi przyjemność [...] zaproponowałam Vaufrelandowi pieniądze, ale odmówił, prosił jedynie, by pożyczyć mu trochę mebli.

Protokół zeznań Chanel nie zawiera pytań sędziego Leclercqa, kiedy sędzia dokonywał kolejnych odkryć. Chciał jednak wiedzieć, czy była w kontakcie z przedstawicielami niemieckiej władzy, kiedy poznała Vaufrelanda. Chanel odpowiedziała bez żadnych nacisków: „Vaufreland przychodził do mnie wielokrotnie pod pretekstem informowania mnie o swoich usiłowaniach. Nigdy nie przyszedł do mojego domu, w każdym razie do jego prywatnej części, w towarzystwie Niemca. Niewykluczone, że przychodził do sklepu, gdzie mnie nigdy nie było i gdzie istotnie przychodzili jacyś Niemcy, żeby kupić perfumy. Nigdy nie poznał mnie z żadnym Niemcem, a jedynym Niemcem, jakiego znałam podczas okupacji, był baron Dinchlage [*sic*], mieszkający we Francji od przedwojny i ożeniony z Izraelitką".

Sędzia Leclercq musiał zapoznać się z zeznaniami Vaufrelanda przed sędzią Serre'em. Leclercq nalegał, by Chanel wyjaśniła, jak doszło do tego, że pojechała do Madrytu z Vaufrelandem.

Chanel zeznała:

> Spotkałam Vaufrelanda w pociągu, którym jechałam chyba jakoś tak w sierpniu 1941 roku do Hiszpanii. Dostałam paszport oficjalną drogą z prefektury policji. Aby dostać ten paszport i wizę, osobiście poczyniłam niezbędne ustalenia ze służbą niemiecką [...] bez żadnej interwencji ze strony Vaufrelanda. Zupełnym przypadkiem spotkaliśmy się w pociągu. Byłam jednak szczęśliwa, mając go u boku w Madrycie, ponieważ ma matkę Hiszpankę i włada tym językiem bezbłędnie, więc oddał mi przysługę w kraju, w którym niedawno była rewolucja i gdzie formalności policyjne są bardzo rygorystyczne. Nigdy nie wykazał się postawą, która mogłaby wzbudzić moje podejrzenia. Po powrocie mojego siostrzeńca poprosiłam de Vaufrelanda, żeby odwiedzał mnie rzadziej. W istocie mój siostrzeniec, którego prosiłam, żeby odnosił się przyjaźnie do Vaufrelanda [...] nie ukrywał, że po rocznej niewoli nie może znieść takich osób [homoseksualistów] [...]. A ponieważ siostrzeniec mieszkał u mnie, nie chciałam dopuścić do żadnych incydentów między nimi – uznałam więc, że mam obowiązek ostrzec de Vaufrelanda.

Sędzia Leclercq zadał Chanel szereg pytań na podstawie dokumentów dostarczonych przez policję i oficerów wywiadu. Zapytana o swoje relacje z szefami Vaufrelanda z Abwehry, Chanel odpowiedziała: „Nigdy nie znałam Niemców o nazwisku Neubauer czy Niebuhr [...] de Vaufreland nie przedstawiał mnie Niemcom, z którymi utrzymywał stosunki".

Następnie Leclercq zadawał Chanel pytania związane ze złożonym pod przysięgą zeznaniem szefa Vaufrelanda w Abwehrze, porucznika Niebuhra, i sonderführera Nottermana (obydwaj pracowali wówczas dla amerykańskiego kontrwywiadu wojskowego [CIC] w Niemczech).

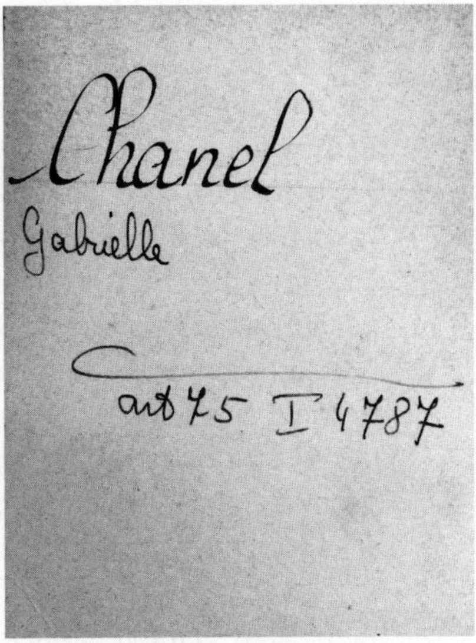

Fiszka indeksowa z francuskich archiwów z nazwiskiem Chanel wypisanym odręcznie nad inskrypcją „Art 75 I4787", co jest odniesieniem do teczki francuskiego Ministerstwa Sprawiedliwości (nigdy nieodnalezionej), związanej z podejrzaną komitywą Chanel z Niemcami w okresie wojny

Kiedy powiedziano Chanel o zeznaniach Niebuhra i Nottermana o ich spotkaniach, wzajemnych relacjach i o jej podróży do Hiszpanii, odparła: „Podtrzymuję swoje twierdzenie, że nigdy Vaufrelanda o nic nie prosiłam, ani dla mojego siostrzeńca, ani dla siebie w związku z chęcią podróży do Hiszpanii".

Vaufreland zeznał sędziemu Serre, że pomagał Chanel skontaktować się z władzami nazistowskimi odpowiedzialnymi za „aryzowanie" obiektów czy przedsiębiorstw należących do Żydów, chodziło konkretnie o posiadanie przez Wertheimerów 90 procent praw do perfum Chanel. Pytana o to Chanel oznajmiła: „Nigdy nie prosiłam Vaufrelanda, żeby się angażował w ponowne otwarcie mojego biznesu perfumeryjnego". Na wzmiankę o wykorzystaniu przez nią nazistowskich przepisów o aryzacji żydowskich przedsiębiorstw, uniknęła odpowiedzi: „Firma Chanel nigdy nie została zarekwirowana. Niewykluczone, że Vaufreland przypadkiem usłyszał rozmowę na ten temat, ale ja go o nic nie prosiłam".

Sędzia Leclercq nie poszedł dalej. Najwyraźniej nie wiedział, że Félix Amiot – nie-Żyd mający koneksje z Göringiem – przejął biznes perfumeryjny Chanel w zarząd powierniczy dla Wertheimerów.

Chanel: „A co do mojej hiszpańskiej podróży, to jej oficjalnym powodem był zakup surowców niezbędnych do wyrobu perfum i dlatego właśnie dostałam paszport. [...] To prawda, że znałam wysoko postawione osoby w Anglii, z którymi mogłam porozmawiać przez telefon dzięki ambasadzie brytyjskiej w Madrycie. Przede wszystkim chciałam się czegoś dowiedzieć o księciu Westminsteru, który wówczas był ciężko chory [...]. Znałam osobiście pana Winstona Churchilla, ale nie dzwoniłam do niego w tej sprawie, bo nie chciałam mu wtedy zawracać tym głowy".

Kiedy skonfrontowano ją ze złożonym pod przysięgą zeznaniem Vaufrelanda, że oficer Abwehry o nazwisku Hermann Niebuhr naradzał się z Chanel w jej gabinecie, a za jej podróż do Hiszpanii w 1941 roku płaciła Abwehra, Chanel odpowiedziała: „A co do rzekomej wizyty Niebuhra na ulicy Cambon, to stanowczo protestuję przeciw podobnemu twierdzeniu Vaufrelanda, który nigdy nie przyprowadził do mnie żadnego Niemca. Mogę nawet powiedzieć, że jego samego tylko raz widziałam w towarzystwie Niemca, a było to ostatniego dnia okupacji, kiedy zjawił się na ulicy Cambon z niemieckim oficerem".

Ani sędzia Leclercq, ani sędzia Serre nigdy nie wspomnieli o drugiej podróży Chanel do Madrytu w 1944 roku, podjętej dla Waltera Schellenberga. Mogli nie znać dokumentów z archiwów francuskiego wywiadu albo z powodów politycznych postanowili zignorować współpracę Chanel z SS. Sąd nigdy jej nie zapytał o czteroletni związek w czasie wojny z wyższym oficerem Abwehry baronem Hansem Güntherem von Dincklage.

Sędzia Leclercq poinformował następnie Chanel, że Niebuhr zeznał pod przysięgą, a potwierdził to Vaufreland, że misja do Madrytu Vaufreland–Chanel w 1941 roku została sfinansowana przez Abwehrę.

Chanel odpowiedziała: „Stanowczo protestuję przeciwko jego deklaracjom, które nie są wiarygodne. Nie pamiętam żadnego Niemca, którego miałby mi przedstawić Vaufreland". Następnie skonfrontowana ze świadectwem Niebuhra wyjaśniła: „W Ritzu spotykało się różnych ludzi w mieszanym towarzystwie [...] Vaufreland mógł mnie przedstawić temu mężczyźnie, którego bardzo bym chciała zobaczyć; tak czy inaczej na pewno nie widziałam go w mundurze. Musiał płynnie mówić po francusku, więc nie miałam pojęcia o jego narodowości".

Stwierdziła następnie: „Z pewnością nie darzyłam szacunkiem Vaufrelanda i nie ukrywałam tego, bo mam zwyczaj mówić szczerze, co myślę. A co do pomysłu wysyłania mnie na misję do Anglii, żebym spotkała się z premierem i księżną Yorku, ówczesną królową Anglii, to pomysł ten przy bliższym oglądzie nie trzyma się kupy; nigdy też nie dostałam pieniędzy od takiej osoby [...]. Moja sytuacja [finansowa] była wystarczająco dobra, by ośmieszyć ten pomysł. Moim zdaniem ta osoba [porucznik Niebuhr] próbuje przez takie fantastyczne deklaracje wyjaśnić własne relacje z de Vaufrelandem".

Poinformowana o tym, że Abwehra zarejestrowała ją jako jedną ze swoich agentek, Chanel argumentowała: „Nigdy nie miałam świadomości, że jestem zarejestrowana przez niemieckie służby, i z oburzeniem protestuję przeciwko takim absurdom [...]. To prawda, że przekraczałam granicę w Hendaye, ale nigdy ani ja, ani Vaufreland nie spotkaliśmy się ze specjalnym traktowaniem ze strony Niemców. Spędziliśmy dwie godziny w poczekalni, a po godzinie jakiś niemiecki oficer, widząc moje zmęczenie, zaproponował mi krzesło. To jedyne względy, jakie mnie spotkały". I dodała: „Teraz sobie przypominam. Vaufreland powiedział mi, że on też wyjeżdża [z Paryża]. Jeśli uznał, że musi zasygnalizować nasz wyjazd temu Niebuhrowi, zrobił to na własną rękę, bez mojej wiedzy; niewątpliwie chciał w ten sposób oszczędzić nam trudności na granicy".

Na zakończenie Chanel powiedziała sędziemu Leclercqowi: „Mogę załatwić oświadczenie pana Duffa Coopera, byłego ambasadora brytyjskiego, który potwierdzi, jakim szacunkiem cieszę się wśród angielskiej socjety".

Nie ma dowodów, czy sędzia Leclercq podjął jakąkolwiek próbę dowiedzenia się, dlaczego Chanel utrzymywała wieloletnie stosunki z Vaufrelandem, udostępniając mu swoją willę w Roquebrune na Lazurowym Wybrzeżu wiosną 1942 roku niemal w tym samym czasie, kiedy przebywała tam z Dincklagem[51].

Wcześniej Leclercq przesłuchiwał André Palasse'a. Jego świadectwo trafiało w sedno.

> Przed wojną byłem dyrektorem Chanel Silk Establishment. W 1940 roku dostałem się do niewoli, w listopadzie 1941 zostałem repatriowany. Ponieważ nie mogłem podjąć dyrekcji przedsiębiorstwa Chanel w Lyonie, panna Chanel powierzyła mi stanowisko dyrektora firmy z siedzibą przy ulicy Cambon 31 w Paryżu.
>
> Przed wojną nie znałem Vaufrelanda. Poznałem go kilkanaście dni po tym, jak zostałem dyrektorem [...] kiedy oznajmił, że zostałem uwolniony dzięki jego stosunkom z Niemcami. Panna Chanel także powiedziała mi, że prosiła Vaufrelanda, by użył swoich wpływów, aby mnie uwolnić.
>
> Spotkałem Vaufrelanda pięć czy sześć razy w domu panny Chanel. I na początku 1942 roku straciłem go z oczu. Nie mogę mieć pewności, czy to on sprawił, że wyszedłem na wolność, nie mam na to żadnego dowodu. Powtarzam, że wiem tylko to, co powiedzieli mi Vaufreland i panna Chanel.[52]

Trzynastego lipca 1949 roku barona Louisa de Vaufrelanda uznano winnym licznych zarzutów związanych ze współpracą

Proces przed ławą przysięgłych w paryskim Pałacu Sprawiedliwości, na którym Chanel miała zeznawać na temat swojej podróży do Madrytu w towarzystwie szpiega Abwehry, barona Louisa de Vaufrelanda

z wrogiem i skazano na sześć lat więzienia[53]. Nie wiadomo, czy do wyroku zaliczono mu czas już spędzony w areszcie. Chanel wróciła do bezpiecznej przystani w Szwajcarii, ale sędzia nie był zadowolony z procesu Vaufrelanda. W protokole sądowym napisano: „Odpowiedzi, jakich udzieliła sądowi panna Chanel, były zwodnicze. Sąd zadecyduje, czy jej sprawa będzie dalej prowadzona"[54].

Nie było sprawozdań prasowych z procesu Vaufrelanda i żadnej wzmianki o Chanel. Wyrok wydano w okresie trwania licznych procesów innych kolaborantów. Sędziowie i przysięgli uginali się pod ciężarem spraw, a czytelnicy francuskiej prasy byli zalewani sprawozdaniami z procesów ujawniających zbrodnie wojenne nazistów.

Nie najmniej ważnym wśród tych procesów opisywanych w międzynarodowej i francuskiej prasie była sprawa zbrodniarza wojennego Ottona Abetza, nazistowskiego dostojnika, który jako przedstawiciel Niemiec w Paryżu w czasie okupacji wydawał w niemieckiej ambasadzie bogate przyjęcia. W lipcu 1949 roku Abetz został skazany na dwadzieścia lat ciężkich robót. Zwolniono go w 1954 roku, cztery lata później zginął w wypadku samochodowym. Gazety spekulowały, że jego śmierć była zemstą za skazywanie Żydów na komorę gazową.

Nieprzyznanie się Chanel do współpracy z Abwehrą, niezgodność jej świadectwa z zeznaniami Vaufrelanda, porucznika Niebuhra i sonderführera Nottermana nigdy nie zostały zakwestionowane. Nigdy nie pokazano jej zalecenia Abwehry do posterunku gestapo na francusko-hiszpańskim przejściu granicznym w Hendaye, aby Chanel i Vaufrelandowi udzielić wszelkiej pomocy w przekraczaniu granicy. Informacje jej siostrzeńca o częstych wizytach Vaufrelanda przy ulicy Cambon i używaniu przez niego gabinetu Chanel zignorowano. Nie ma dowodów, by któryś z sędziów, Leclercq czy Serre, domagał się od Chanel wyjaśnień, dlaczego – skoro Louis de Vaufreland budził w niej abominację – był tak częstym gościem w jej biurze przy ulicy Cambon i w Ritzu. A sędzia Leclercq nigdy nie pytał jej o stosunki z Dincklagem i o jej misję dla Abwehry w 1941 roku. I w końcu w księgach sądowych nie ma pytań o misję Chanel do Madrytu dla brigadeführera SS Schellenberga. Władze amerykańskie dopiero po wojnie dowiedziały się, że druga misja Chanel do Hiszpanii z ramienia Himmlera była finansowana przez Schellenberga, podobnie jak o tym, że jego oficer łącznikowy w Hendaye, Walter Kutschmann był nazistowskim zbrodniarzem wojennym. Służby wywiadu Stanów Zjednoczonych mogły ich nigdy nie poinformować o tym kluczowym fakcie.

W 1949 roku nieliczni dostojnicy byli zainteresowani połączeniem kropek, które prowadziły do zdrady Francji przez Chanel. Szczegóły jej kolaboracji z nazistami przez lata ukryte były we francuskich, niemieckich, włoskich, radzieckich i amerykańskich archiwach. W istocie podczas okupacji Francji władze niemieckie wyciągały dokumenty z kartotek francuskiego wywiadu i wywoziły je do Berlina. Później oficerowie wywiadu radzieckiego znaleźli je w berlińskich archiwach nazistów i wysłali do Moskwy. Pozostały tam jako punkt odniesienia dla radzieckiego wywiadu mniej więcej do 1985 roku. Umowa pomiędzy Rosją a Francją sprawiła w końcu, że tysiące kartotek wróciło do francuskich archiwów wojskowych w Château de Vincennes.

Śledztwo w sprawie Vaufrelanda we Francji i w Niemczech zajęło około pięciu lat, zaangażowana w nie była policja i organizacje wywiadowcze w Berlinie i Paryżu. Szczegóły z teczek francuskiego wywiadu znali tylko nieliczni, a brytyjskie i francuskie służby nie wymieniały się informacjami. Zeznania Vaufrelanda i świadectwa niemieckich oficerów Abwehry, którzy mieli do czynienia z Chanel w Paryżu (obaj, Niebuhr i Notterman, po 1945 roku pracowali dla alianckich służb wywiadowczych), znalazły się pośród tysięcy stron maszynopisów niedawno odtajnionych przez francuskie i niemieckie władze.

Francuzi, którzy przeżyli okupację, przymknęli oczy na okrucieństwa nazistów. Pytani o życie w tamtych czasach często odpowiadają: „okupacja Francji przez Niemców to były ciężkie czasy. W latach wojny zdarzały się dziwne rzeczy [...] lepiej o tym wszystkim zapomnieć”[55].

Złożywszy zeznania na procesie Vaufrelanda, Chanel spokojnie wymknęła się z powrotem za granicę, do domu w pobliżu Lozanny, który kupiła i urządziła. Jej czteroletnia kolaboracja nigdy naprawdę nie stała się sprawą publiczną.

Dincklage ukrywał się w powojennych Niemczech, kiedy śledczy alianccy poszukiwali dawnych oficerów Abwehry i SS. Później szukał schronienia w dobrach swojej ciotki Rosencrantz Manor w pobliżu Schinkel w północnych Niemczech.

Posiadłość Rosencrantz w pobliżu Kilonii, gdzie Dincklage mieszkał przez krótki czas, kiedy próbował uzyskać zgodę na wyjazd do Chanel do Szwajcarii

W październiku 1945 roku był w drodze do Rosencrantz z amerykańskim żołnierzem Hansem Schillingerem[56], przyjacielem Horsta, dawnego fotografa Chanel. Kiedy przekraczali kanał Nord-Ostsee w brytyjskiej strefie, nagle obu mężczyzn zatrzymał brytyjski patrol[57]. Okazało się, że Dincklage miał przy sobie ponad 8000 dolarów, 1340 norweskich koron, 100 koron słowackich i 33 złote monety – i to wszystko w czasach, kiedy zabronione było przewożenie między strefami aliantów większych sum niezgłoszonych walut[58]. Obaj z Schillingerem zostali aresztowani, a pieniądze skonfiskowano. Władze brytyjskie rozpoczęły śledztwo[59].

Podczas przesłuchania przez brytyjską żandarmerię wojskową Schillinger przyznał, że „dostał pieniądze od mademoiselle Chanel z Société des Parfums Chanel, kiedy był na urlopie w Paryżu. Chanel prosiła, żeby przekazał je Dincklagemu"[60].

Brytyjczycy w końcu zatrzymali pieniądze, a mężczyzn wypuścili. Dużo później, kiedy brytyjski oficer przesłuchiwał Chanel w Paryżu, otrzymał następującą odpowiedź na zadane pytanie: „Panna Chanel oświadczyła, że nie chce zwrotu pieniędzy, bo mogłoby to narazić ją na kłopoty ze strony rządu francuskiego za posiadanie niezadeklarowanych obcych walut. Toteż życzy sobie, żeby przekazać te pieniądze na cel dobroczynny wskazany przez władze"[61]. Nie wiadomo, co Brytyjczycy w końcu zrobili ze skonfiskowanymi pieniędzmi.

W grudniu 1945 roku Dincklage dotarł do Rosencrantz Manor, gdzie jego matka Lorry mieszkała w czasie wojny i po jej zakończeniu. Wkrótce dołączył do Chanel w Szwajcarii.

POWRÓT COCO

Nigdy nie poniosłam porażki.[1]

COCO CHANEL

Starzejąca się Chanel nie była gotowa na przyjemną emeryturę w Szwajcarii z Dinclagem u boku czy bez niego. Wiele lat wcześniej powiedziała do fotografa Horsta: „Jestem zmęczona! Oczywiście to kłamstwo. Czuję się dobrze i mam mnóstwo pomysłów na wiele rzeczy w przyszłości”[2].

Chanel miała jeszcze przed sobą długie życie. Jej kolaboracja z nazistami, żywiołowy antysemityzm i próby wykorzystania hitlerowskich przepisów o aryzacji, by zaszkodzić Wertheimerom, zostały właściwie zignorowane. Przez kilka lat po złożeniu zeznań na procesie Louisa de Vaufrelanda Chanel wiodła spokojne życie na dobrowolnym wygnaniu w Lozannie. Był tam Dincklage. Jednak plotka głosiła, że już nie są razem[3]. Gabrielle Palasse często odwiedzała ciocię Coco. Jej ojciec André dochodził do siebie w willi nad Jeziorem Genewskim, którą podarowała mu Chanel. Kiedy jego zdrowie uległo poprawie, przeniósł się wraz z nową żoną do domu w Bretanii.

Od 1945 roku Chanel zaczęła kupować milczenie tych wszystkich, którzy wiedzieli o jej związkach z Abwehrą i SS Schellenberga. I nadal wymyślała historyjki o swoim dzieciństwie, o romansach, o działalności w czasie wojny. Kiedy zobaczyła brulion *Mémoires de Coco* Louise de Vilmorin [Paryż 1999], powiedziała swemu biografowi Paulowi Morandowi, byłemu funkcjonariuszowi rządu Vichy, że nie podoba jej się to, co napisała Vilmorin[4]. Sama zaangażowała, nie ruszając się ze Szwajcarii, innego francuskiego autora Michela Déona, wybranego później do Akademii Francuskiej w dowód uznania dla jego beletrystyki, żeby napisał jej wspomnienia. Po roku zaprezentował trzystustronicowy maszynopis oparty na „długich dialogach" z Chanel. Miesiąc później okazało się, że ta książka też „nie odpowiada jej gustom"[5]. Chanel nigdy nie rozmawiała o tym z Déonem, posłała mu tylko wiadomość za pośrednictwem Hervé Mille'a, zaprzyjaźnionego redaktora „Paris Match". Zgodnie z informacją Mille'a, Chanel chciałaby, żeby Déon wiedział, że chociaż „na tych trzystu stronach nie ma nawet jednego zdania, którego nie byłaby autorką, to po przeczytaniu książki na tym etapie uważa, że nie takie są oczekiwania Ameryki"[6].

Według Moranda, Déon doszedł do następującego wniosku: „Chanel żywiła dziecinny lęk przed porzuceniem świata swoich marzeń i konfrontacją z rzeczywistością egzystencji"[7].

Na wygnaniu w Szwajcarii Chanel była w kiepskim nastroju. W miarę upływu lat opłakiwała stratę kolejnych przyjaciół. Wczesną jesienią 1950 roku odwiedziła Paryż i chorą Misię Sert. Misia, wyniszczona i słaba, nadal nadużywająca narkotyków mimo siedemdziesięciu ośmiu lat, wspominała, że była kiedyś jedną z ulubionych modelek Renoira i innych francuskich impresjonistów. Wizyta okazała się pożegnaniem. Misia umarła, mając Chanel u boku. Wkrótce po koronacji królowej Elżbiety odszedł Bendor, a Étienne Balsan zginął w wypadku samochodowym, jak kiedyś Boy Capel.

Chanel nadal niepokoiła się tym, że inni mają nad nią władzę: jej partner z Abwehry Vaufreland; Theodor Momm; Walter Schellenberg, no i oczywiście Dincklage. To byli żyjący świadkowie jej współpracy z nazistami.

W czerwcu 1951 roku dowiedziała się przez Momma, że Schellenberga wypuszczono z więzienia, gdyż cierpiał na nieuleczalną chorobę wątroby. Skrócono sześcioletni wyrok więzienia wydany przez trybunał wojskowy w Norymberdze sądzący zbrodnie wojenne[8]. W oczekiwaniu na proces osadzony w więzieniu Schellenberg spisał swoje wspomnienia. Teraz pracował nad nimi z niemieckim dziennikarzem, tworząc książkę o tym, jak wyglądało życie prawej ręki reichsführera SS Heinricha Himmlera. Książce dano tytuł *The Labyrinth* (*Labirynt*).

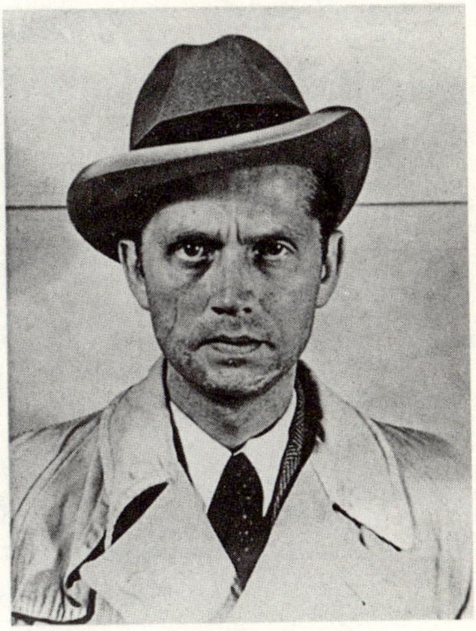

Walter Schellenberg, niegdyś najbliższy pomocnik Himmlera, po oddaniu się w ręce agentów sił alianckich, 1945. Później sądzony i skazany za zbrodnie wojenne. Kiedy go wypuszczono z powodu złego stanu zdrowia, Chanel opłacała jego wydatki na wygnaniu

Theodor Momm zapewne powiedział Chanel, że Schellenberg szuka wydawcy swojej książki, a ona uświadomiła sobie niebezpieczeństwo. Za pośrednictwem COGA Trust (akronim stworzony z połączenia pierwszych liter Coco i Gabrielle) finansowała wygodną egzystencję Schellenberga i jego żony Irene w szwajcarskiej krainie jezior. Jednak władze nie życzyły sobie, by skazany za zbrodnie wojenne mieszkał w Szwajcarii, został więc wysiedlony. Schellenbergowi udało się zdobyć fałszywy paszport szwajcarski na nazwisko Louis Kowalki, wtedy wraz z Irene zaczęli ukrywać się w Pallanzy nad brzegiem jeziora Maggiore we Włoszech.

Momm przebywający w Niemczech ponownie ostrzegł Chanel, że Schellenberg leczy się na wątrobę w Pallanzy i rozpaczliwie potrzebuje pieniędzy, żeby zapłacić swojemu lekarzowi, doktorowi Francisowi Langowi, i klinice włoskiej, w której się kuruje.

Profesor Reinhard Doerries, główny biograf Schellenberga, mówi, co się następnie zdarzyło:

> Doktor Lang z żoną odwiedzili Schellenberga w Pallanza [...] podczas rozmowy o sprawach finansowych doktor Lang musiał wyznać [Schellenbergowi], że jest w dużych kłopotach, bo z własnej kieszeni pokrył nie tylko medyczne wydatki Schellenberga, czyli 20 tysięcy franków szwajcarskich. Doktor Lang opowiada, „jak Schellenberg zadzwonił do Chanel, wyjaśnił swoje finansowe problemy [...] i dama haute couture wkrótce przybyła [do Pallanzy] w czarnym mercedesie z zasłoniętymi szybami. Dała Schellenbergowi około 30 tysięcy franków szwajcarskich [doktor nie jest pewien, czy nie były to franki francuskie].

Doktor Lang tak tłumaczył gest Chanel: „W czasie wojny Schellenberg pomógł jej i innym osobom ze świata mody”[9].

Walter Schellenberg zmarł w Turynie 31 marca 1952 roku w wieku czterdziestu dwóch lat, został tam pochowany 2 kwietnia. Po jego śmierci żona pisała do Momma: „Madame Chanel wsparła nas finansowo w trudnej sytuacji, to dzięki niej mogliśmy spędzić razem jeszcze kilka miesięcy”[10]. Po śmierci Schellenberga Irene wraz z dziećmi wróciła do Düsseldorfu, gdzie szukała wydawcy autobiografii męża. Chanel wiedziała o tym i mogła wówczas uzyskać od Irene Schellenberg obietnicę, że jej nazwisko nie pojawi się w książce, jeśli uda się ją opublikować.

Dincklage, choć wydalony ze Szwajcarii za działalność szpiegowską na rzecz Niemiec, przez wiele lat mieszkał z Chanel w Lozannie i w Davos. Według przyjaciół, Spatz nadal wyglądał jak przystojny niemiecki oficer. Jest takie zdjęcie Chanel i Spatza zrobione około 1949 roku w Szwajcarii. Dincklage w eleganckim długim palcie i kapeluszu wygląda jak dystyngowany oficer na emeryturze. Oboje robią wrażenie zrelaksowanych. Ci, którzy znali go w tamtym okresie, pamiętają go jako starzejącego się playboya, mężczyznę o uderzającej urodzie i nienagannych manierach.

Pierre Galante, biograf Chanel, napisał, że idylla Dincklage–Chanel trwała. „Spędzali razem czas w szwajcarskim kurorcie narciarskim, robiąc krótkie wypady do Włoch. Szwajcarscy przyjaciele Mademoiselle, jej trzej prawnicy, dentysta, lekarz, specjalista od reumatyzmu i okulista często widywali ich razem, były nawet plotki o ewentualnym małżeństwie"[11]. Aż pewnego dnia Spatz zniknął.

Dincklage porzucił Chanel, by zamieszkać na stałe na hiszpańskich Balearach, w słonecznym uzdrowisku śródziemnomorskim o przyjemnym klimacie, trochę podobnym do Sanary-sur-Mer, terenie myśliwskim byłego szpiega w latach trzydziestych. Żył z przyzwoitej emerytury wypłacanej regularnie przez COGA Trust. Wydaje się, że nikt nie wie, czy Chanel i Dincklage kiedykolwiek się jeszcze spotkali.

Chanel i Dincklage, Szwajcaria 1949

Pierre Galante rozmawiał wówczas z przyjaciółmi Chanel. Proszeni o opisanie jej nastroju po wyjeździe Dincklagego przedstawiali „uroczą, zwyczajną, pełną życia kobietę, która często przyjmowała przyjaciół albo w hotelach, gdzie mieszkała, albo w restauracjach «starej» Lozanny. Rzadko zmieniała menu. Niemal zawsze zamawiała zupę jarzynową, filet mignon, ryż bez masła i kompot owocowy". Mówili też, że chodziła z przyjaciółmi na tańce i na zakupy, zwłaszcza do sklepów z bardziej przystępnymi cenami. „Jadała na mieście, często ze swoim lekarzem, którego bardzo lubiła, a później zaprosiła go wraz z żoną na jakiś czas do willi La Pausa"[12].

Chanel prawie nigdy nie mówiła o modzie. Ktoś z przyjaciół zauważył: „Zupełnie jakby to już jej nie interesowało. Prawie... Pewnego razu Chanel nie spodobała się bluzka jednej z przyjaciółek, nie mogła się opanować, wzięła nożyczki i na miejscu dokonała kilku zmian"[13].

Fotograf Horst mówił o innym wrażeniu, jakie odniósł w 1951 roku: „Chanel w tamtym okresie życia była trochę zagubiona, robiła wrażenie znudzonej. Inaczej się czesała, zaczęła wyskubywać brwi. Nie wyglądała jak tamta Chanel, którą znałem"[14].

Co ta niezwykła kobieta – nadal tryskająca twórczymi pomysłami i energią – teraz zrobi? W wieku siedemdziesięciu lat Chanel miała szczególny i trwały atut: talent. Nadal była obiektem podziwu i sympatii ze strony Pierre'a Wertheimera, chociaż od ponad czterdziestu lat ciągle się kłócili. Trochę wcześniej Wertheimer odkrył, że Chanel produkuje perfumy w Szwajcarii. Było to wyraźne złamanie umowy z 1924 roku, którą podpisała, sprzedając wszystkie prawa do swoich perfum i kosmetyków Société des Parfums Chanel, firmy, która w 90 procentach należała do Wertheimerów.

Wiosną 1947 roku Wertheimer ze swoim prawnikiem zapukał do paryskiego biura René de Chambruna przy alei Champs-Élysées. Pierre Wertheimer chciał zawrzeć ugodę. Proponował Chanel 50 tysięcy dolarów i dodatkowo niewielki procent od rocznej sprzedaży Chanel No. 5. Chambrun podbił stawkę, domagając się większego udziału w rocznej sprzedaży. Negocjacje trwały prawie cały dzień, toczyły się spory, w końcu zaczęto mówić o wielkich sumach. W czasie długiej, wyczerpującej dyskusji Chambrun wyszedł z gabinetu rzekomo po to, by przez prywatny telefon w swoim apartamencie uzyskać zgodę klientki z Lozanny. W istocie wyszedł po to, by porozmawiać z Chanel twarzą w twarz. Czekała cały dzień, żeby usłyszeć propozycje Wertheimera[15].

Następnego dnia wcześnie rano osiągnięto porozumienie. Chanel miała dostać 350 tysięcy dolarów gotówką i 2 procent od całej sprzedaży, czyli ponad milion dolarów rocznie (równowartość 9 milionów obecnie). Dywidendy miały być przekazywane na jej konto w Union de Banques Suisse. Później Chanel powiedziała do przyjaciółki: „No, teraz jestem bogata"[16].

Pierre Wertheimer dokonał wówczas, w 1947 roku, sprytnej kalkulacji. Gdyby pozwał Chanel do francuskiego sądu, wyszłyby na jaw jej nazistowskie koneksje, jej relacje z doktorem Kurtem Blanke, jej próby „zaryzowania" własności Wertheimerów. W sądzie mogłoby się ujawnić tajne porozumienie Wertheimerów z Félixem Amiotem, a także wypłacenie Amiotowi dużej sumy pieniędzy w 1939 roku i umowa Amiota na budowanie samolotów wojskowych dla Luftwaffe Hermanna Göringa. Nawet sekretnej misji Gregory'ego Thomasa groziło upublicznienie. Negatywne opinie prasowe zaszkodziłyby wizerunkowi Chanel, lukratywna marka, którą tak ceniła rodzina Wertheimerów, doznałaby trwałego uszczerbku. Wertheimer chronił franczyzę, która przyniosła rodzinie niewyobrażalne bogactwo. Wiele lat później – w 2008 roku – flakon Chanel No. 5 sprzedawano „co trzydzieści sekund"[17].

W 1970 roku, po trzydziestoletniej współpracy, Chanel wyrzuciła René de Chambruna (później się pogodzili). Ale w tamtym czasie oznajmiła: „Nie znoszę prawników, policjantów i żołnierzy"[18]. A następnie mimo pogardy dla prawników zaangażowała Roberta Badintera, błyskotliwego międzynarodowego prawnika; po wielu latach zasłynie jako człowiek, który przyczynił się do zniesienia we Francji kary śmierci na gilotynie.

Biograf Pierre Galante pisze, w jaki sposób Badinter został adwokatem Chanel.

„Jestem Żydem – powiedział. – Może pani o tym nie wie".

„Wiem – odpowiedziała Chanel. – I wcale mi to nie przeszkadza. Nie mam nic przeciwko Żydom".

Chambrun i jego żona Josée nigdy nie powiedzieli publicznie ani słowa o Chanel. Tej parze udało się po wojnie uniknąć kary dzięki niezwykle wysokim koneksjom, tak jak Chanel ocalił Winston Churchill. Przez wiele lat Chambrun bronił Chanel, angażując w to cały swój talent. Choć doskonale wiedział o jej kolaboracji w czasie wojny, w retrospektywnej audycji BBC chronił ją i kłamał na temat jej relacji z Dincklagem i jej misji w Berlinie w 1943 roku.

Stenogram wywiadu dla BBC, po raz ostatni nadanego w 2009 roku, notuje słowa Chambruna na pytanie o Dincklagego: „Wiem, że w jakimś momencie, bo mówiła mi o nim, był jakiś niemiecki tenisista, z wyższej sfery, Dincklage, wiem, że pomogła mu finansowo. I tylko tyle wiem z tych wszystkich plotek towarzyszących Coco"[19].

Pytany o wyjazd Chanel w 1944 roku do Hiszpanii odpowiedział: „Nie widzę niczego, co mogłoby ją interesować w takiej misji. Taka jest moja Chanel, myślę, że tak właśnie by zrobiła. To nie moja sprawa. A jej sprawa, którą znam, polegała na tym, że pomogła temu dawnemu tenisiście, rzeczywiście mu pomogła, ale całe to gadanie o negocjowaniu odrębnego pokoju to według mnie bzdura".

Chambrun był wiernym rycerzem Chanel przez ponad trzydzieści lat.

Jesienią 1953 roku Chanel napisała do Carmen Snow z „Harper's Bazaar": „Myślę, że byłoby zabawnie znowu zabrać się do pracy [...] pewnego dnia mogę stworzyć nowy styl dostosowany do dzisiejszego życia. [...] Czuję, że ten czas już nadszedł"[20]. Pierre Wertheimer zgadzał się z tym: to wspaniały sposób ożywienia franczyzy Chanel.

W paryskim światku mody wrzało od plotek. „Mademoiselle Chanel wraca! Chanel wraca do krawiectwa!". „Mam jeszcze dwie lub trzy rzeczy do powiedzenia", oznajmiła prasie. Kiedy zbliżało się Boże Narodzenie 1953 roku, media doniosły, że „powrót Chanel zapowiadany jest na luty". Niektórzy paryscy krawcy gratulowali jej, inni drżeli. A ona zebrała kilkoro dawnych pracowników, zaangażowała trochę nowych ludzi. Ręce często bolały ją z powodu artretyzmu, w końcu przekroczyła już siedemdziesiątkę. Cecil Beaton, fotografik i projektant kostiumów, zauważył, że palce Chanel „wydają się dość silne, by podkuć konia". Czołgała się na czworakach, własnoręcznie podpinając spódnice, zawsze w słomkowym kapeluszu, by ukryć łyse placki, z nieodłącznym camelem w ustach.

Kilka tygodni przed pokazem rozmawiała z „Vogue'iem": „Zacznę od kolekcji [...] około stu [sztuk] [...]. To nie będzie rewolucja [...]. Będzie to kolekcja przygotowana z miłością przez kobietę".

Pierwszy powojenny pokaz mody Chanel odbył się 5 lutego 1954 roku, znowu piątego, bo była przekonana, że piątka to jej szczęśliwa liczba. Tym razem tak nie było. Paryscy znawcy kiwali głowami na staranną choreografią przygotowaną przez Chanel w jej wystawnym, odnowionym salonie. Reporter jednego z większych francuskich dzienników „L'Aurore" napisał: „Wszyscy przyszli tu, spodziewając się znaleźć atmosferę pokazów, które rzucały Paryż na kolana w dawnych latach. Ale z tamtego czasu nie pozostało nic, jedynie modelki paradujące przed publicznością, która nie może się zmusić do aplauzu". I dodał: „Dość melancholijna retrospektywa"[21]. Lucien François z „Combat" (przez jakiś czas pisał tu Camus) o pierwszej powojennej kolekcji Chanel zamieścił druzgocący tekst: „Jej suknie nadają się do sprzątania biur"[22]. Modelki Chanel porównał do „stada gęsi"[23].

Po pokazie Pierre Wertheimer odwiedził Chanel w jej butiku przy ulicy Cambon. Zastał ją na kolanach upinającą doły sukien. Przez chwilę obserwował, jak pracuje, a potem odprowadził ją do Ritza. „Wiesz, że mam ochotę pracować dalej – powiedziała. – Pracować dalej i zwyciężyć".

„Masz rację – odpowiedział. – Masz rację, że chcesz pracować dalej”[24].

Mimo nieprzychylnej reakcji francuskiej prasy, mimo lekceważenia Anglików, którzy uznali jej pokaz za klapę, media amerykańskie były pod wrażeniem. „Life” donosił: „[Chanel] oddziałała na wszystkie dzisiejsze kolekcje. W wieku siedemdziesięciu jeden lat proponuje nam coś więcej niż styl, wywołuje prawdziwą burzę. Postanowiła wrócić i zdobyć swoją dawną pozycję – pierwsze miejsce”[25]. „Harper's Bazaar” i „Vogue” były tego samego zdania. Marlena Dietrich zjawiła się na ulicy Cambon i zamówiła kilka kostiumów, w tym *tailleurs Chanel,* które staną się sławne w 1956 roku[26].

Kreacje Chanel mogły być udane, ale Dom Mody Chanel miał wielkie problemy finansowe. Jej powrót kosztował około 35 milionów franków (równowartość niemal 800 tysięcy dolarów w 2010 roku). Firma była zrujnowana[27]. Znowu wkroczył anioł stróż Chanel – Pierre Wertheimer. Wiosną 1954 roku Chanel i przedsiębiorstwo Wertheimerów podpisali ostateczną ugodę biznesową: ona sprzedała Wertheimerom swój dom mody, nieruchomości komercyjne i wszystkie udziały z nazwiskiem Chanel. Wertheimerowie zobowiązali się pokrywać wszystkie jej wydatki, apartament w Ritzu, pomoc domową, rachunki telefoniczne, koszty przesyłek i inne wydatki na życie. Ona miała tylko pomagać w tworzeniu i rozwoju nowych perfum i prowadzić krawiectwo[28]. Dla Chanel była to bezcenna umowa. W nadchodzących latach dla Wertheimerów okazała się maszynką do robienia pieniędzy.

Jesienią 1956 roku Chanel zaprezentowała następną kolekcję, która miała przychylne recenzje. „New York Times” donosił z Paryża: „Powrót [Chanel] na scenę krawiecką w lutym sprawił, że świat mody oczekiwał z jej strony niezwykłej rewolucji, która nie doszła do skutku. Projektowała w tym samym duchu, jaki prezentowała przed wojną, ale przez ostatnich osiem miesięcy oko przywykło do mody Chanel. Jej swoboda, zwyczajność i skromność odpowiadają potrzebom wielu dzisiejszych kobiet”[29].

Słynne schody na ulicy Cambon, odtworzone w musicalu *Coco* na Broadwayu, w którym zagrała Katharine Hepburn, 1970. Kostium (*tailleur*) aktorki jest autentycznym projektem Chanel

Chanel w okularach obserwuje pokaz mody ze swoich spiralnych schodów przy ulicy Cambon

Chanel wróciła i to z powodzeniem. Tamtego roku wprowadziła swój sławny kostiumik Chanel. I w tym samym roku ukazało się angielskie wydanie wspomnień Schellenberga *Labirynt* z przedmową brytyjskiego historyka Alana Bullocka, który napisał później ważną i dobrze przyjętą przez krytykę biografię Hitlera. Nie było tam ani słowa o Chanel.

Po raz kolejny Coco mogła odetchnąć z ulgą.

Jak przystało na królową mody, Chanel dostała zaproszenie do Dallas w Teksasie, od dynamicznego, pełnego innowacyjnych pomysłów Stanleya Marcusa słynącego z wystawiania w swoim sklepie w Dallas nieprzyzwoicie kosztownych towarów[30]. W katalogach gwiazdkowych proponował odpowiednio dobrane osobne wanny dla niego i dla niej, takież samoloty i miniaturowe łodzie podwodne. W 1957 roku Chanel pojechała do Dallas, żeby odebrać nagrodę Neimana Marcusa za Dobrą Służbę na Polu Mody – jak na ironię towarzyszył jej H. Gregory Thomas, obecnie prezes firmy perfumeryjnej Chanel.

Amerykańskie obyczaje wydawały się Chanel wulgarne, ale, znów jak na ironię, chciała odwiedzić teksaskie ranczo. Zorganizowano wizytę na Black Mark Farm, farmie brata Marcusa, z kolacją w wiejskim stylu i pokazem ujeżdżania mustangów i chwytania na lasso.

Niestety okazało się, że Chanel nie smakuje westernowe jedzenie, wrzuciła więc talerz z grilowanym mięsem i fasolą pod stół, prosto na eleganckie atłasowe pantofelki innego gościa, Elizabeth Arden, która siedziała obok. Coco znowu dała o sobie znać.

W drodze powrotnej do Paryża przez Nowy Jork Chanel udzieliła w hotelu Waldorf-Astoria przy Park Avenue wywiadu reporterowi „New Yorker". Reporterowi wydała się „niesamowicie wręcz przystojna z ciemnobrązowymi oczami, cudownym uśmiechem i żywotnością dwudziestolatki, a kiedy ściskając mu mocno rękę, powiedziała «I am *très, très fatiguèe*», było to zapewnienie kobiety, która wie, że może sobie na nie pozwolić"[31].

Były jeszcze inne honory. Po wielu latach producent z Broadwayu Frederick Brisson zaproponował wystawienie musicalu pod tytułem *Coco* z Katharine Hepburn w roli tytułowej. Wszystko zostało dopięte na ostatni guzik, gdy Hepburn spędziła kilka dni z Chanel w Paryżu. Aktorka przypomniała sobie, że przypadkiem przerwała popołudniową drzemkę Chanel. „Wyjeżdżałam z Paryża pewna, że mogę zagrać Chanel", powiedziała Hepburn[32].

Jakkolwiek nieprawdopodobne może się to wydawać, po 1962 roku Chanel w wieku siedemdziesięciu dziewięciu lat wzięła sobie nowego przystojniaczka. François Mironnet był kawalerem,

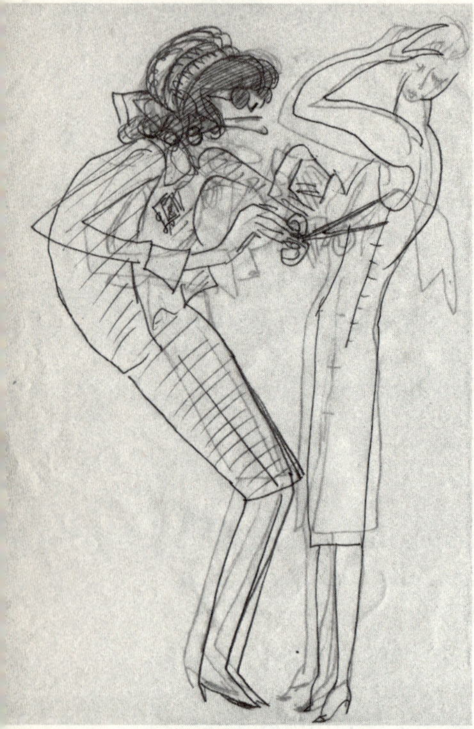

Chanel na rysunku Cecila Beatona

kiedy Chanel zaangażowała go jako kamerdynera. Urodą przypominał Bendora, księcia Westminsteru. Według Lilou Marquand Grumbach, asystentki i bliskiej przyjaciółki, była to niemal „miłość od pierwszego wejrzenia"[33]. Mironnet wkrótce stał się towarzyszem i powiernikiem Chanel. Podawał jej ramię, kiedy potrzebowała pomocy na schodach, przypominał, żeby wzięła lekarstwa. Aby wynagrodzić jego lojalność, Chanel nauczyła Mironneta projektować biżuterię[34]. Często był gościem przy jej prywatnym stoliku w jadalni Ritza. Zapominając o dzielących ich trzydziestu latach, Chanel zakochała się we François, wspomina Grumbach, która codziennie widywała tę parę. Według niej, Chanel poprosiła go kiedyś, żeby się z nią ożenił[35].

Janet Wallach, autorka jednej z biografii Chanel, tłumaczy to inaczej: uważa mianowicie, że Chanel bała się samotności. „Pod koniec życia otoczyła się kobietami, świat mody sądził, że dokonała zmiany kochanków, z mężczyzn na kobiety. Jej młode i piękne modelki, czasami lesbijki, ale wszystkie ukształtowane na jej obraz, stały się obiektem jej uczuć"[36]. Chanel była samotna i chociaż mogła flirtować ze swoimi pięknymi modelkami, rozpaczliwie potrzebowała bliskości. Potrzebowała mężczyzny u boku, a François Mironnet był jej ostatnim przyjacielem płci męskiej.

Claude Delay, francuska pisarka, psychoanalityk i bliska przyjaciółka Chanel, proponuje jeszcze inne wyjaśnienie: liczne miłości Chanel, jej zauroczenia i względy wobec François Mironneta najlepiej określiła ona sama. „Bez względu na wiek kobieta niekochana jest zgubiona, jeśli nie jest kochana, równie dobrze może umrzeć”[37]. W miarę upływu lat sposób wyrażania się Chanel łagodniał. Ale nadal musiała dominować.

Chanel pozowała dla „Vogue'a” w jednym ze swoich firmowych kostiumów, z futerkiem i w toczku. Mimo staranności i wysiłków osobistej *maquilleuse* osiemdziesięciojednoletnia Chanel przypominała liść na schnącym drzewie. Była coraz bardziej uzależniona od wieczornego zastrzyku morfiny.

Dziesięć miesięcy przed śmiercią Chanel Cecil Beaton zrobił jej zdjęcie i uchwycił ów „wieczny powab”[38].

Szczytowy moment kariery Chanel nastąpił osiem miesięcy przed jej śmiercią. Claude Pompidou, żona francuskiego prezydenta Georges'a Pompidou, od wielu lat była klientką i wielbicielką Chanel. W czerwcu 1970 roku zaprosiła projektantkę na kolację do Pałacu Elizejskiego. Po przyjęciu, jeśli możemy wierzyć biografowi Pierre'owi Galante, Chanel zauważyła: „Za moich czasów nie zapraszało się swojej krawcowej na kolację”[39].

Gabrielle „Coco” Chanel zmarła w swoim apartamencie w Ritzu wieczorem 10 stycznia 1971 roku. Była przy niej pokojówka Jeanne. Jej ostatnie słowa brzmiały: „A więc tak się umiera”[40].

Nieco przed siódmą w zimny poranek 13 stycznia zamkniętą trumnę z ciałem Chanel przywieziono do wspaniałego kościoła de la Madeleine, o kilka minut spacerkiem od ulicy Cambon i hotelu Ritz. Na zewnątrz było jeszcze ciemno. Paryż właściwie milczał. Około dziewiątej do kościoła zaczęli się schodzić goście: Lilou Marquand Grumbach pod rękę z Salvadorem Dali, sześć modelek Chanel ubranych w jej kostiumiki, starzy przyjaciele Serge Lifar i lady Abdy, a także mnóstwo konkurentów Chanel, wśród nich Yves Saint Laurent i Marc Bohan od Diora. Luchino Visconti przysłał dwa wieńce czerwonych róż.

Po mszy trumnę wstawiono do karawanu Renault i powieziono do Lozanny, gdzie Chanel zamówiła marmurową kryptę z głowami pięciu lwów i prostym krzyżem ze swoim nazwiskiem.

Fortuna Chanel w chwili jej śmierci – w zarządzie powierniczym COGA administrowanym przez cioteczną wnuczkę Gabrielle Palasse Labrunie i szwajcarskich adwokatów – oceniano na ponad 10 milionów dolarów, co stanowiło równowartość około 54 milionów dolarów w 2010 roku. I niemal każdy chciał coś z tego uszczknąć.

W trzecią środę marca 1973 były opiekun i pomocnik Chanel – człowiek, który miał być rzekomo jej ostatnią miłością, François Mironnet – stanął przed składem sędziowskim głównego trybunału cywilnego w Paryżu[41]. Mironnet domagał się części fortuny Chanel. Uzasadniając swoje roszczenia, pokazywał list od Chanel. Zgodnie z tym listem Chanel zapisywała Mironnetowi milion dolarów, nieruchomość w Lozannie i biżuterię. Jego roszczeniom zaprzeczali szwajcarscy prawnicy Chanel i przedstawiciele Union de Banques Suisses na polecenie Gabrielle Labrunie[42]. Roszczenia Mironetta popierało wiele paryskich sław, a wsród nich: Jean Cau, były sekretarz Jeana Paula Sartre'a i nagradzany autor „L'Express", „Le Figaro" i „Paris Match"; Jacques Chazot, przyjaciel Chanel i znany tancerz; „dama dworu" i zarazem sekretarka Chanel Lilou Marquand Grumbach[43]. Lilou utrzymywała, że Chanel przeczytała jej w maju 1968 roku list dający fortunę Mironnetowi[44]. Kiedy dokument zaprezentowano w sądzie, Szwajcarzy uznali go za „fałszywkę", a francuscy eksperci za „autentyk"[45].

Jak to się skończyło? Według Gabrielle Labrunie, sprawę załatwiono poza salą sądową. Jednak nie rozwijała tego tematu[46].

Dincklage zmarł trzy lata później, wieczorem 24 marca 1976 roku, niedaleko Orlego Gniazda Führera, w którym Hitler przyjmował kiedyś księcia i księżnę Windsoru. Jedną z ostatnich osób, jaka widziała Dincklagego przed śmiercią, była Huberta von Dehn, z którą mieszkał w miasteczku Schönau am Königssee,

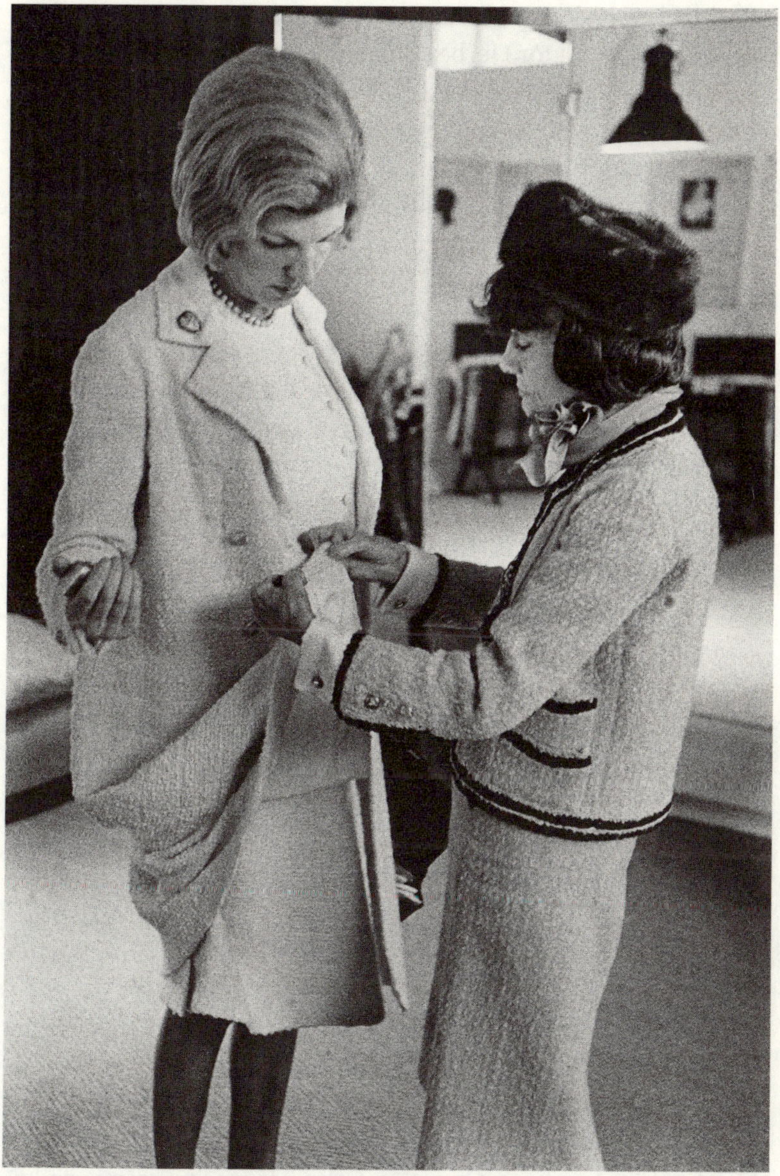

Claude Pompidou, żona prezydenta Republiki Francuskiej, była stałą klientką Coco Chanel. Na zdjęciu: w Domu Mody Chanel, 1962

koło Berchtesgaden, pochodząca z bawarskiej rodziny arystokratycznej, a także doktor Herbert Pfistere. Zapytany o to, co pamięta z ostatnich lat życia Dincklagego, doktor stwierdził, że Dincklage powiedział mu kiedyś, że po wojnie został na krótko uwięziony i że był oficerem SS.

Dincklage został skremowany w pobliskim Salzburgu[47], a jego prochy przewieziono do Hanoweru, rodzinnego miasta Dincklage'ów od przeszło stu lat. Tutaj na cmentarzu nad jeziorem złożono jego prochy obok grobów mieszkańców Hanoweru, którzy zginęli podczas dwóch wojen światowych lub padli ofiarą alianckich bombardowań. Był to odpowiedni koniec niemieckiego wojownika, człowieka, który służył swojej ojczyźnie ponad czterdzieści lat i podczas dwóch wojen.

Jedenaście miesięcy później w wieku sześćdziesięciu pięciu lat w willi pod Paryżem umarł Louis de Vaufreland. Los tego płatnego agenta Abwehry w Paryżu w czasie wojny i powojennej nemezis Chanel był po wyjściu z więzienia bardzo urozmaicony.

Vaufreland zamieszany był w liczne przekręty we Francji i w Irlandii, w tym w próbę fałszowania banknotów studolarowych i udawanie funkcjonariusza policji. W 1956 roku siedział w więzieniu Fresnes i Santé.

W 1951 roku źródła francuskiego wywiadu poinformowały, że Vaufrelanda widziano w La Sauvageonne, w willi Donalda Macleana w pobliżu Saint-Maxime na Lazurowym Wybrzeżu. Był to akurat moment, kiedy Maclean i Guy Burgess, należący do szpiegowskiej Piątki z Cambridge, uciekli z Wielkiej Brytanii do Związku Radzieckiego.

Gregory Thomas, emerytowany prezes Chanel. Inc., zmarł na Florydzie w wieku osiemdziesięciu pięciu lat. Thomas, odznaczony wieloma medalami oficer OSS w czasie drugiej wojny światowej, kawaler francuskiej Legii Honorowej, pracował też jako don Armando Guevaray Sotto Mayor, by pomóc rodzinie Wertheimerów w okupowanej Francji. Po odejściu z wojska pracował przez ponad trzydzieści lat na wysokich stanowiskach w firmach Wertheimerów. Amator wina, był założycielem i wielkim mistrzem Commanderie de Bordeaux w Stanach Zjednoczonych – elitarnej grupy miłośników wina bordeau.

EPILOG

And forever shalt thou dwell
In the spirit of this spell[1]

RALPH WALDO EMERSON, WIDE WORLD

W ostatnich latach życia Chanel jej talent twórczy doczekał się uznania. André Malraux, francuski historyk i jeden z ulubionych ministrów Charles'a de Gaulle'a, zauważył: „Z tego stulecia we Francji pozostaną trzy nazwiska: de Gaulle, Picasso i Chanel"[2].

Z wielu powodów Chanel nadal cieszy się rozgłosem na całym świecie. O niezwykłej atrakcyjności jej projektów świadczą klientki z rodzin królewskich i światowych elit, które ubierała i perfumowała już po swoim wielkim powrocie: madame Claude Pompidou, żona prezydenta Francji; Jacqueline Kennedy, która miała na sobie różowy kostiumik Chanel, kiedy jej męża zamordowano w Dallas; aktorki Jeanne Moreau, Romy Schneider, Elizabeth Taylor i Marilyn Monroe, która twierdziła, że w łóżku ma na sobie tylko Chanel No. 5.

W ujęciu Jeana Cocteau brzmi to mniej heroicznie: „Patrzy na ciebie czule, kiwa głową i jesteś skazany na śmierć!"[3].

Dwa spojrzenia, heroiczne i demoniczne.

W filmie *Boccaccio '70* Luchina Viscontiego Romy Schneider w klasycznym stroju Chanel otacza się kosztownymi błyskotkami, nie wyłączając perfum Chanel No. 5 →

Marlboro
Marlboro

ONDE MEDIE

Do filmu *Zeszłego roku w Marienbadzie* Chanel zaprojektowała dramatyczne kostiumy z piór i koronki dla grającej główną rolę Delphine Seyrig

Jeanne Moreau w filmie *Kochankowie* Louisa de Malle'a
z 1958 roku w „małej czarnej" Chanel

Pierre Reverdy, romantyczny poeta i mężczyzna dziewiętnastowieczny, wierzył, że kobiety są słabe, a kiedy się zakochają, wpadają we władanie mężczyzny i robią to, co on chce. Kochał Chanel mocno i głęboko, i chciał wierzyć, że dostała się we władzę Dincklagego. „Spatz był jej przekleństwem"[4].

Reverdy zdawał sobie zapewne sprawę z rozmiarów samotności i strapienia Chanel. Nigdy nie poznał zakresu jej kolaboracji. Jako dobry katolik zwalczył swój niesmak wobec tego, co Chanel robiła w czasie wojny, i rozgrzeszył ją ze słabości i godnych potępienia kontaktów z Niemcami. Katolicki poeta wierzył, że Chanel musi być wolna od poczucia winy.

Zanim w 1960 roku Reverdy zmarł w wieku lat siedemdziesięciu w benedyktyńskim opactwie Saint-Pierre w Solesmes, błogosławił Chanel w poezji. Ten zdeterminowany i zaangażowany bojownik ruchu oporu, który sprzeciwiał się niemieckim najeźdźcom i reżimowi Vichy, który zerwał z przyjaciółmi, bo kolaborowali z nazistami, poświęcił Chanel ostatnie epitafium[5].

Droga Coco, oto jest
moja ręka i to co mam najlepszego
ofiaruję tobie
wraz z mym sercem
wraz z moją ręką
nim udam się w stronę
ciemnego końca drogi.
Jeśli będziesz potępiona
lub będzie ci przebaczone
wiedz, że jesteś kochana.

PODZIĘKOWANIA

Przyjaciołom, kolegom i wszystkim wspierającym, którzy pomogli mi odkryć nieznane szczegóły z życia Gabrielle Chanel, winien jestem wdzięczność. Jeśli komuś zapomniałem podziękować, proszę uznać, że robię to tu i teraz. Niektóre osoby, które pomagały przy tworzeniu tej książki, pragną pozostać anonimowe, im przekazuję specjalne *merci, mesieurs!*

Wszystkich proszę o wyrozumiałość, wszelkie błędy w tej książce to wyłącznie moja wina.

Na moje najgorętsze podziękowania zasługują przede wszystkim Edward Knappman i jego żona Elisabeth Goldschmidt oraz Charles Robertson, przyjaciele i koledzy od wielu lat. Ich rady i pomoc były darem niebios. Serdeczne podziękowania dla kolegów resercherów, Sally Gordon Mark w Paryżu, Michaela Foedrowitza w Berlinie i Philipa Parkinsona w Londynie, za wnikliwe podejście do historycznej kwerendy w skomplikowanym labiryncie państwowych i rodzinnych archiwów. Susannah Kemple w Nowym Jorku doskonale pomogła mi w tłumaczeniu materiałów Dincklagego i innych w języku niemieckim.

Moja asystentka w Nowym Yorku, Pamela Zimmerman, pomagała mi już przy trzech książkach, miliony podziękowań dla Pam i jej męża Gerry'ego. Doktorowi Alainowi T. Marty'emu dziękuję za udostępnienie niepublikowanego, monumentalnego *A Walking Guide to Occupied Paris. The Germans and Their Collaborators.*

Cioteczna wnuczka panny Chanel, Mme Gabrielle Palasse Labrunie, ukazała mi wyjątkowy wizerunek Chanel. Jej serdeczna i pełna wdzięku gościnność pomogła mi docenić pracę Coco Chanel i nabrać dla niej podziwu. Pani Labrunie wiedziała, że pokażę historię Chanel taką, jak wynika z dokumentów.

Na podziękowania zasługuje mój adwokat John Logigian; moja agentka Tina Bennett z firmy Janklow & Nesbitt, a także doradca prawny Bennett Ashley za pomoc w rozwiązaniu wielu drażliwych problemów. We Francji specjalne podziękowania składam adwokatom André Schmidtowi, Jeanowi Marcowi Baudelowi i Wallace'owi Bakerowi, którzy pomogli rozwikłać dwuznaczne kwestie francuskiego prawa; podobne zasługi ma Yves Ozanam w kwestiach paryskiego Pałacu Sprawiedliwości. Podziękowania należą się przyjacielowi i koledze z CUI, historykowi Pierre'owi de Longuemarowi. Wielkie dzięki dla pana Zachary'ego Seliga za podzielenie się ze mną swoją wiedzą i dokumentacją w sprawie Very Bate Lombardi.

Gorące podziękowania dla redaktor Laury Starrett za wspaniałą robotę. Wprost brak mi słów, by podziękować Carmen Johnson z wydawnictwa Alfred A. Knopf za jej wyczulenie na szczegóły i pomoc w ostatnich miesiącach pracy nad książką.

I na koniec winien jestem dozgonną wdzięczność Victorii Wilson, starszemu redaktorowi i wiceprezes wydawnictwa Alfred A. Knopf, za wsparcie na długiej drodze redagowania i kończenia tej książki.

Nie mógłbym jej napisać bez pomocy mojej żony dr Phuong Nguyen i B.B.B.

PRZYPISY

SKRÓTY

ADV	Archives du Département du Var (Archiwa Departamentu Var)
APP	Archives de la Préfecture de Police (Archiwa Prefektury Policji)
ASM	Archives de la ville de Sanary-sur-Mer (Archiwa miasta Sanary-sur-Mer)
BCRA	Bureau Central de Renseignements et d'Action (Centralne Biuro Informacji i Działania)
BMT	Bibliothèque municipal de Toulon (Biblioteka Miejska w Tulonie)
BNA	British National Archives, Kew (Brytyjskie Archiwum Państwowe)
BNF	Bibliothèque nationale de France (Francuska Biblioteka Narodowa)
BRO	Berlin Registry Office (Urząd Stanu Cywilnego w Berlinie)
CARAN	Centre d'accueil et de recherche des Archives nationales (Centrum Informacyjno-Badawcze Archiwów Państwowych)
CHADAT	Centre historique des archives, département de l'armée de terre, kartoteki 2ème bureau (Ośrodek Historyczny Archiwów, Dział Wojsk Lądowych, kartoteki wywiadu)
EFP	Eidgenössische Fremdenpolizei (Oddział Policji Krajowej do spraw Cudzoziemców, Archiwum Państwowe, Szwajcaria)
HRC	Harry Ransom Center, University of Texas, Austin (Centrum im. Harry'ego Ransoma, Uniwersytet Teksański, Austin)
HRO	Hanover Registry Office (Urząd Stanu Cywilnego w Hanowerze)
KEW	British National Archives (Brytyjskie Archiwa Państwowe)
LASH	Landesarchiv, Szlezwik-Holsztyn (Archiwum landu Szlezwik-Holsztyn)
MDN	Ministero della Difesa Nazionale (Ministerstwo Obrony Narodowej, Rzym)
MVN	Mairie de la ville de Nice (Merostwo Nicei)
NARA	U.S. National Archives (Archiwa Państwowe Stanów Zjednoczonych)
PVM	Paris-Var-Méditeranée
SB	Schweizerische Bundesanwaltschaft (Szwajcarska Prokuratura Krajowa)
SSF	Services spéciaux français (Francuskie Służby Specjalne)
USWD	U.S. War Department (Departament Wojny Stanów Zjednoczonych)

PROLOG

1 P. Morand, *The Allure of Chanel*, London, 2008, s. 181.

2 H. Dorsey, *Looking Back on the Life of Chanel*, „International Herald Tribune", 26 września 1972.

3 Tamże.

4 Komentarz Victorii Wilson, starszego redaktora i wiceprezes Knopfa, grudzień 2010.

5 R.O. Paxton, *Vichy France. Old Guard and New Order, 1940–1944*, New York 1972.

6 M. Frudenheim, *Chanel's Past Haunts Exhibit*, „The Salt Lake Tribune", 29 września 1972.

7 H. Dorsey, „International Herald Tribune", 26 września 1972.

8 Tamże.

9 Kiedy wiosną 2009 roku poinformowałem Edmonde Charles-Roux, autorkę biografii Chanel, o swoich odkryciach i pokazałem jej dokumenty francuskiego kontrwywiadu, przyznała, że w 1974 roku, kiedy kończyła książkę o Chanel (*L'Irrégulière on mon itinéraire Chanel*, Paris 1974), René de Chambrun, prawnik Chanel, wmówił jej, że Dincklage był zwykłym playboyem.

10 Gabrielle Palasse Labrunie w rozmowie telefonicznej z autorem, Yermenonville, Francja, 8 listopada 2009.

11 J. Ousby, *Occupation. The Orderal of France 1940–1944*, London 1999, s. 310.

12 CARAN Z/6/672 greffe 5559. Dokumenty personalne niemieckiej Abwehry: Personalalbogen, 159, Paris, den 9. Juni 1941. Także: W.L. Shirer, *The Rise and Fall of the Third Reich. A History of Nazi Germany*, New York 1990, s. 1044.

13 *Annuaire de la Magistrature*, n.p.

14 CARAN Z/6/672 greffe 5559. APP BA 1990. SSF. CARAN: fiszka z napisem „Gabrielle Chanel" i wzmianką o art. 75 I 4787, co oznacza „Śledztwo w sprawie Chanel zostało otwarte zgodnie z francuskim kodeksem karnym, artykuł 75, kontakt z wrogiem".

15 CARAN Z/6/672 greffe 5559.

16 Dokument SSF.

17 BNA, KV2/159, Ledebur file.

METAMORFOZA – CHANEL PRZEMIENIA SIĘ W COCO

1 Za S. Degunst, *Coco Chanel. Citations*, Paris 2008, s. 8, 44.

2 Istnieją liczne przykłady usuwania „s" i innych liter we francuskich nazwiskach czy słowach takich jak Surène zamiast Suresne czy Quénel zamiast Quesnel. Chasnel dawniej i obecnie to dość popularne francuskie nazwisko.

3 E. Charles-Roux, *Chanel*, London, 1976, s. 40.

4 M. Haedrich, *Coco Chanel*, Paris 1987, s. 120.

5 Tamże.

6 P. Morand, dz.cyt., s. 54–55.

ZAPACH KOBIETY

1 A. Gold i R. Fizdale, *Misia*, London 1980, s. 26.
2 Tamże, s. 38.
3 Tamże, s. 4.
4 Tamże, s. 197–198.
5 P. Morand, dz.cyt., s. 65.
6 Obecnie równowartość 769 tysięcy dolarów. H. Gidel, *Coco Chanel*, Paris 2000, s. 131.
7 Tamże.
8 A. Madsen, *Chanel. A Woman of Her Own*, New York 1990, s. 82.
9 Tamże.
10 Analiza inflacji Union Bank of Switzerland z 2010.
11 Landesarchiv (LASH) Büro für Kriegstammrollen, SW 29 (Berlin), Wojskowy Rząd Niemiec, Fragebogen, niedatowany dokument. Teczka Dincklagego ze Schlezwika--Holsztynu.
12 U.S. War Department, *Histories 251 Divisions of the German Army with Participated in the War 1914–1918*, s. 729.
13 W.L. Shirer, *Berlin Diary*, Baltimore 1941, s. XIII.
14 Oficjalna nazwa firmy brzmiała Th. Momm & Co. Baumwoll-spinnerai und Weberei (e-mail Michaela Foedrowitza do autora, sierpień 2008).
15 Militiärregierung, U.S. Army Military Government files, DET 1370, około 1946. Numer Momma w NSDAP podany jako 4 428 309.
16 Dokument SSF 814; Dincklage Army Major – hasło biograficzne. Bundesarchiv Berlin.
17 Landesarchiv Antrag „Request". War Department Histories, 23565, Government Printing Office, Washington D.C., 1920. Pamiętniki w archiwach szwajcarskich.
18 CHADAT 7NN2973.
19 Christian Ingrao bada mit *Völkisch* w *Croire et détruire – les intellectuels dans la machine de guerre SS*, Paris 2010.
20 Generał SS Heinrich Himmler, cyt. w: R.G.L. Walte, *Vanguard of Nazism. The Free Corps Movement in Postwar Germany 1918–1923*, Cambridge Mass. 1952, s. 29. O powiązaniach Dincklagego z Freikorps w: M. Haedrich, dz.cyt., s. 137; M. Flügge, *Amer Azur. Artistes et écrivains à Sanary*, Paris 2007, s. 61; „Sybille Bedford utrzymywała, że [Dincklage] brał udział w zamordowaniu Róży Luxemburg w 1919". Manfred Flügge w rozmowie z autorem w Paryżu 13 września 2009.
21 SSF, Dec. 814.
22 MI6, raport o Ledeburze, BNA.
23 Modląc się i opłakując stratę Boya Capela, Chanel doświadczyła w Wenecji religijnego uniesienia. Wtedy to nabrała zwyczaju, który towarzyszył jej do końca życia: gromadziła karty z modlitwami do katolickich świętych: świętej Teresy od Dzieciątka Jezus, świętej Agaty, Madonny, kartę z modlitwą dedykowaną błogosławionemu Pierre'owi Marie Louisowi Chanel (1803–1841) z jej rodziny. Trzymała je w niewielkim portfeliku wraz z odręczną notatką: „Jestem katoliczką. W razie

poważnego wypadku czy przewożenia do szpitala proszę, by przyszedł do mnie katolicki kapłan. Jeśli umrę, proszę o błogosławieństwo Kościoła katolickiego. Podpisane: Chanel, ulica Cambon 31, Paryż". Po śmierci Chanel w 1971 roku w jej torebce znaleziono ten portfelik wraz z fotografiami jej siostrzeńca André Palasse'a i dwóch jego wnuczek. I. Fiemeyer, *Coco Chanel. Un parfum de mystère*, Paris 1999, s. 65–66.

24 P. Galante, *Mademoiselle Chanel*, Chicago 1973, s. 50.

25 Tamże, s. 51.

26 Tamże, s. 64.

27 Tamże, s. 54.

28 A. Madsen, dz.cyt., s. 116.

29 Cytaty, przysłowia i maksymy Chanel zamieszczone na stronie www.citation-du-jour.fr w przekładzie na angielski autora tej książki.

30 A. Gold, R. Fizdale, dz.cyt., s. 230.

31 P. Morand, *L'Allure de Chanel*, Paris 1996, s. 32.

32 P. Galante, dz.cyt., s. 60.

33 P. Assouline, *Simenon. A Biography*, New York 1997, s. 73.

34 P. Galante, dz.cyt., s. 2.

35 Tamże, s. 62.

36 J. Wallach, Coco *Chanel. Her Style and Her Life*, New York 1998, s. 42.

37 J. Fiemeyer, dz.cyt., s. 87.

38 E. Charles-Roux, *Chanel*, dz.cyt., s. 220.

39 Tamże, s. 224. Obecnie rękopisy przechowywane są w Yermenonville we Francji w domu Gabrielle Palasse Labrunie.

40 W nocy 16 grudnia 1916 roku dwóm mężczyznom wspomaganym przez tajnych agentów brytyjskich udało się podać Rasputinowi truciznę. Następnie pobili go niemal śmiertelnie. Ale „święty mnich" nie chciał umrzeć. Dokończyli dzieła strzelbą i wrzucili bliskiego śmierci Rasputina do lodowatej rzeki Newy, gdzie zmarł z wyziębienia. Później podejrzewano, że Dymitr Pawłowicz zastrzelił mnicha.

41 H. Gidel, dz.cyt., s. 171.

42 A. Madsen, dz.cyt., s. 135.

43 P. Galante, dz.cyt., s. 146.

44 Tamże.

45 M. Haedrich, *Coco Chanel. Her Life, Her Secrets*, Boston 1972, s. 156.

46 APP BA 1990.

ZŁOTY DIUK COCO

1 Francuski „Vogue", marzec 2009, s. 295.

2 P. Morand, *The Allure of Chanel*, s. 157.

3 Tamże, s. 186.

4 C. Delay, *Chanel solitaire*, Paris 1983, s. 125. J. Wallach, dz.cyt., s. 2. Delay, szanowana francuska psychoanalityczka i wielokrotnie nagradzana pisarka, jest jedyną

biografką Chanel, która przytacza anegdotę o Chanel i księciu. To może być jeden z licznych wymysłów Chanel, ale jej krótki romans z księciem potwierdziła w rozmowie z autorem Edmonde Charles-Roux w 2010 roku.

5 E. Charles-Roux, *Chanel*, dz.cyt., s. 249–250.

6 Chanel do przyjaciółki, uciekinierki z Rosji i projektantki lady Iyi Abdy w: *L.F. Bendor, the Golden Duke of Westminster*, London 1986, s. 183.

7 P. Galante, dz.cyt., s. 96–99.

8 APP BA 1990.

9 C. Delay, dz.cyt., s. 126.

10 L. Field, dz.cyt., s. 184.

11 P. Morand, *The Allure of Chanel*, s. 158.

12 G. Ridley, F. Welsh, *Bend'Or, Duke of Westminster*, London 1985, s. 74.

13 Tamże, s. 196–197. Churchill i Bendor walczyli ramię w ramię w wojnie burskiej. W 1918 roku byli razem na froncie zachodnim wraz z księciem Walii.

14 E. Charles-Roux, *L'Irrégulière*, s. 417–418.

15 W 1931 roku w Wielkiej Brytanii aktywność homoseksualna była przestępstwem. Siódmy earl Beauchamp miał Order Podwiązki, niósł miecz podczas koronacji króla Jerzego V w 1909 roku. Był filarem Kościoła anglikańskiego i Izby Lordów, ojcem siedmiorga dzieci lady Lettice. Donos Bendora zrujnował go, uciekł do Francji. Po dwudziestu dziewięciu latach małżeństwa rozwiodła się z nim żona. Król zareagował na wieści o Beauchampie słowami: „Sądziłem, że tacy mężczyźni strzelają sobie w łeb" i „Zdawało mi się, że tak postępują tylko za granicą". Zdruzgotana lady Lettice, cierpiąca na „załamanie nerwowe", przeniosła się do brata. Powiedziała Bendorowi, że nigdy nie słyszała o homoseksualizmie i nie rozumiała, o czym mówi jej brat. L. Field, dz.cyt., s. 244–247.

16 P. Morand, *The Allure of Chanel*, s. 136–138.

17 J. Wallach, dz.cyt., s. 72.

18 Tamże, s. 75.

19 Według Gabrielle Palasse Labrunie Chanel była uzależniona od papierosów Camel. Rozmowa z autorem w Yermenonville we Francji, 9 czerwca 2009.

20 Zdjęcie w: E. Charles-Roux, *Le Temps Chanel*, Paris 1979, s. 244.

21 J. Picardie, *Coco Chanel*, London 2010, s. 166.

22 L. Field, dz.cyt., s. 184–185.

23 M. Haedrich, *Coco Chanel*, s. 124.

24 Sir Winston Churchill Archive Trust, CHAR 2157.

25 Churchill może się odnosić do faktu, że w czasie pierwszej wojny światowej Vera była z panią Churchill na zachodnim froncie jako pielęgniarka. L. Field, dz.cyt., s. 201.

26 Tamże.

27 J. Wallach, dz.cyt., s. 166.

28 P. Galante, dz.cyt., s. 95.

29 L. Field, dz.cyt., s. 201.

30 Zdjęcie w: J. Wallach, dz.cyt., s. 82.

31 P. Galante, dz.cyt., s. 116. Uwaga: Edmonde Charles-Roux twierdzi, że Chanel wydawała na to własne pieniądze. E. Charles-Roux, *Chanel*, s. 255.
32 P. Galante, dz.cyt., s. 120.
33 Tamże, s. 141.
34 Tamże, s. 111.
35 L. Field, dz.cyt., s. 183.
36 Tamże, s. 207.
37 R. Peyrefitte, *Les Juifs*, Paris 1965, s. 71–72.
38 APP BA 1990, kartoteka Chanel.
39 Tamże.
40 P. Morand, *L'Allure de Chanel*, s. 192.
41 E. Charles-Roux, *L'Irrégulière*, s. 458.
42 M. Haedrich, *Coco Chanel. Her Life, Her Secrets*, s. 130.
43 H. Gidel, dz.cyt., s. 237–238.
44 Tamże, s. 238.
45 Tamże, s. 240.
46 A. Gold, R. Fizdale, dz.cyt., s. 240.
47 M. Haedrich, *Coco Chanel. Her Life, Her Secrets*, s. 205.
48 L. Field, dz.cyt., s. 225.
49 P. Galante, dz.cyt., s. 113–114.
50 Wiarygodne źródła, a także autorka biografii Chanel Edmonde Charles-Roux (*L'Irrégulière*) podają, że Dincklage z żoną wędrowali po Lazurowym Wybrzeżu i mieszkali na nim od 1928 roku. Według francuskiej policji i źródeł kontrwywiadu, Dincklage wjechał na terytorium Francji w 1929.
51 CHADAT 7NN 2620.
52 M. Schuetze-Coburn, B. Dorson, M. Ullmann, *Against the Eternal Yesterday – Essays Commemorating the Legacy of Lion Feuchtwanger*, s. 26.
53 CHADAT 7NN 2620.
54 Abwehra często posługiwała się agentami z rodzin żydowskich. Była to dobra przykrywka, Abwehra mogła grozić represjami rodzinie agenta w Niemczech. Żydzi współpracowali ze służbami wywiadowczymi albo wiedzeni uczuciami patriotycznymi wobec niemieckiej ojczyzny, albo – po 1933 roku – próbując w ten sposób zabezpieczyć siebie i rodzinę przed prześladowaniami.
55 Niemieccy oficerowie Abwehry Ledebur i Feihl zeznali, że Maximiliane miała udziały w I.G. Farben. Pisarka Sybille Bedford, przyrodnia siostra Catsy, mówi o matce Catsy jako o kobiecie zamożnej.
56 Niemieckie archiwa Berlina 1929, „Dincklage", s. 139.
57 CHADAT 7NN 2973.
58 17 listopada 1934. Tamże.
59 Papiery Sybille Bedford, HRC, pudło 46-1, lipiec 1932.
60 J. Grandjonc, T. Grundtner, *Zones d'ombres 1933–1944. Exil et internement d'Allemands et d'Autrichiens dans le sud-est de la France*, Aix-en-Provence 1990, s. 50–52.
61 Tamże.

62 CHADAT 7NN2973.
63 Warszawa, Archiwum Akt Nowych; F. du Plessix Gray, *Them*, London 2006, s. 136.

HOLLYWOODZKIE PRZYJEMNOŚCI

1 Obliczeń dokonano na podstawie Consumer Price Index.
2 M. Etherington-Smith, *Patou*, London 1983, s. 121–130.
3 B. Moore, *Two for the Runway*, „Los Angeles Times", 4 maja 2005.
4 W rozmowie telefonicznej z autorem 6 września 2009 Gabrielle Palasse Labrunie potwierdziła, że Chanel oceniła Hollywood jako „wulgarny". Także w: E. Charles-Roux, *L'Irrégulière*, s. 474–475.
5 C. Delay, dz.cyt., s. 149.
6 „Vogue", cyt. w: M. Etherington-Smith, dz.cyt., s. 115.
7 *Mlle Chanel to Aid Films*, „New York Times", 20 stycznia 1931.
8 A. Gold, R. Fizdale, dz.cyt., s. 249–257.
9 Tamże.
10 Tamże, s. 231.
11 F. Steegmuller, *Cocteau. A Biography*, Boston 1992, s. 389.
12 Sertowie wspólnie błagali francuski episkopat katolicki o unieważnienie ich małżeństwa. Później, w 1938 roku, Roussy umarła na gruźlicę, a Sertowie zeszli się z powrotem. A. Gold, R. Fizdale, dz.cyt., s. 281, 303–312, 332, 335.
13 *Chanel Visits America*, „New York Times", 8 marca 1931.
14 Tamże.
15 Tamże.
16 Tamże.
17 „Los Angeles Examiner", 17 marca 1931.
18 P. Galante, dz.cyt., s. 159–161.
19 Tamże.
20 Tamże.
21 P. Morand, *L'Allure de Chanel*, s. 59.
22 „Sunday Express" (Londyn), 21 lutego 1932 , cyt. w: P. Galante, dz.cyt., s. 162.
23 E. Charles-Roux, *Chanel*, s. 269–270.
24 A. Madsen, dz.cyt., s. 194.

PAUL SCHODZI ZE SCENY, WKRACZA SPATZ

1 P. Galante, dz.cyt., s. 164.
2 Kiedy Boy Capel zauważył, że Chanel ma lekkiego zeza i potrzebuje okularów, załatwił jej wizytę u specjalisty. Mimo to Coco odmawiała noszenia okularów. J. Wallach, dz.cyt., s. 104.
3 A. Madsen, dz.cyt., s. 197.
4 M. Haedrich, *Coco Chanel. Her Life, Her Secrets*, s. 236–237.
5 J. Flanner, *31 rue Cambon*, „The New Yorker", 14 marca 1931, s. 25.

[6] Tamże.
[7] P. Galante, dz.cyt., s. 149.
[8] J. Wallach, dz.cyt., s. 87–92.
[9] A. Madsen, dz.cyt., s. 109.
[10] P. Galante, dz.cyt., s. 166.
[11] R.S. Wistrich, *Who's Who in Nazi Germany*, Cambridge Mass. 1952, s. 78.
[12] Tamże, s. 29.
[13] Abwehra, od niemieckiego *abwehren* („bronić, odpędzać"), była agencją wywiadu i kontrwywiadu (szpiegowanie i łapanie szpiegów) wojskowej Reichswehry, późniejszego hitlerowskiego Wehrmachtu. D.M. Crowe, *Oskar Schindler*, New York 2004, s. 15.
[14] CHADAT 7NN2973.
[15] Tamże.
[16] M. Flügge, dz.cyt., s. 61–62; rozmowa Flüggego z Sybille Bedford w Chelsea w Anglii w styczniu 2000. E. Charles-Roux (*L'Irrégulière*, s. 556) opowiada, w jaki sposób Dincklage dostarczał „fizycznej satysfakcji" Chanel i swoim licznym kochankom.
[17] W książce *Zones d'ombres 1933–1944* Jacques Grandjonc i Theresia Grundtner ujawniają, że gdy oficer marynarki francuskiej Charles Coton zaprzyjaźnił się w 1930 roku z małżeństwem Dincklage w Sanary, było wiadomo, że Dincklage jest niemieckim agentem. O Charles'u Cotonie, zob. J. Grandjonc, T. Grundtner, dz.cyt., s. 50–52, O Gaillardzie, zob. CHADAT 7NN 2973.
[18] Furgonetki wynajęto od Gustava Knauera, Wichmannstrasse 62. Para przeprowadziła się na ulicę Pergolèse 64.
[19] List Dincklagego do Herr Goerscha, ok. 1958; listy 1961; PAdAA dokument 681/5, 3 października 1933.
[20] CARAN F/7/15327 „Feihl Statment", PADAA, teczka Deutsche Botschaft.
[21] Tamże.
[22] CHADAT 7NN 2737.
[23] Tamże.
[24] Tamże.
[25] Tamże.
[26] Tamże.
[27] E. Charles-Roux, *Chanel*, s. 290.
[28] „Le Témoin", 24 lutego 1933.
[29] E. Charles-Roux, *Chanel*, s. 290–291.
[30] Tamże.
[31] Gabrielle Palasse Labrunie w telefonicznej rozmowie z autorem, 7 września 2009.
[32] I. Fiemeyer, dz.cyt., s. 109. Sedol, silny francuski środek uspokajający produkowany był przez Theraplix. Zawierał *morphine chlorhydrate*.
[33] Wallman/Wartell/Crosby, *My Woman*, nagranie Teda Lewisa i jego orkiestry, Columbia Records 2635-D. Chanel śpiewała to, jadąc samochodem z Gabrielle Palasse Labrunie. Rozmowa telefoniczna z Labrunie, 6 września 2009.
[34] R. Churchill, *Mlle Chanel's Tribute*, „Daily Mail", 20 czerwca 1934.
[35] W.L. Shirer, *Berlin Diary*, s. 21.

36 CHADAT 7NN 2719.

37 BNA, list na papierze z nagłówkiem ambasady brytyjskiej w Berlinie z 3 stycznia 1935.

38 R.S. Wistrich, dz.cyt., s. 38.

39 P. Allard, *Quand Hitler espionne la France*, Paris 1939, s. 38–50.

40 Raport Ledebura, FSS; Ledebur nazwał dwie dziewczyny „siostrami Joyce".

41 Archiwa niemieckiego Ministerstwa Spraw Zagranicznych, 1934.

42 Tamże.

43 CHADAT 7NN 2973. Wprawdzie zdjęcia Dincklagego i Lucie Braun wymienia się jako załączniki, w teczce jest tylko fotografia Lucie Braun.

44 Telegram z datą 2 grudnia 1935, Chartwell Trust.

45 CHADAT 7NN 2973.

46 Tamże.

47 Tamże. Aga Baltic to szwedzki producent odbiorników radiowych z superheterodyną; www.doctsf.com/grandlivre/index.php.

48 CHADAT 7NN 2973.

49 Tamże. Podpisane: kapitan Paillole. Paul Paillole był „jedną z najsłynniejszych postaci francuskiego kontrwywiadu w czasie wojny, wysokim rangą oficerem wywiadu Wolnych Francuzów i ważnym członkiem francuskiego ruchu oporu". D. Porch, *The French Secret Services. From the Dreyfus Affair to the Gulf War*, New York 1995, s. 44. Okupowanie Francji przez Trzecią Rzeszę zamroziło procesy wydalania Niemców z kraju. Dopiero w 1947 roku Francuzi legalnie wydalili Hansa Günthera von Dincklagego i jego żonę Maximiliane.

50 CHADAT 7NN 2973.

51 Tamże Raport wymienia następnie siedem tablic rejestracyjnych, w tym niemieckie, włoskie i brytyjskie. Samochód należący do Dincklagego zarejestrowany był w Monako. Raport nie podaje marki samochodu, jakim jeździł Dincklage.

52 Pełne nazwisko Dessoffy brzmi: hrabina Dessoffy de Czerneck et Tarko, z domu Bonneau du Chesne de Beauregard. CHADAT 7NN 2650.

53 CHADAT 7NN 2973.

54 Tamże.

55 Tamże.

56 Tamże.

57 Teczka SSF „Dincklage". Okupacja Francji sprawiła, że Maximiliane von Dincklage jako jedna z wielu obywatelek niemieckich została wypuszczona z obozu Gurs. Podczas wojny mieszkała w okupowanym Paryżu. Jej rodzina żywiła niesłuszne przekonanie, że jako Żydówka musi nosić żółtą gwiazdę Dawida przyszytą do ubrania. Rozmowa asystentki Sally Gordon-Marks z rodziną Schoenebecków w Hinterstoder w Austrii, 3 lipca 2009.

58 M. Haedrich, *Coco Chanel. Her Life, Her Secrets*, s. 148.

59 Gabrielle Palasse Labrunie w rozmowie z autorem, 18 maja 2009.

60 P. Lazareff, *Deadline. The Behind the Scenes Story of the Last Decade in France*, przełożył [na ang.] D. Partridge, New York 1942, s. 110.

61 Lazareff, znany jako „Piotrek w szelkach", był około 1931 roku gigantem prasy francuskiej; redaktor „Paris Soir", potem założyciel „France-Soir" (w 1970 roku sprzedano 2 miliony egzemplarzy), osobowość telewizyjna.
62 P. Lazareff, dz.cyt., s. 100, 111, 117.

I WTEDY NADESZŁA WOJNA

1 P. Picasso, „New York Review of Books", 25 listopada – 8 grudnia 2010, s. 27.
2 W.L. Shirer, *Berlin Diary*, s. 6–8.
3 C. Roulet, *Ritz. A Story That Outshines the Legend*, Paris 1998, s. 99.
4 E. Charles-Roux, *L'Irrégulière*, s. 524.
5 Gabrielle Palasse Labrunie w rozmowie telefonicznej z autorem, 28 kwietnia 2009.
6 E. Charles-Roux, *Chanel*, dz.cyt., s. 298.
7 Gabrielle Palasse Labrunie w rozmowie z autorem, Yermenonville, Francja, 27 kwietnia 2009; L. Field, dz.cyt., s. 262.
8 J. Wallach, dz.cyt., s. 19.
9 Tamże, s. 112.
10 P. Galante, dz.cyt., s. 169.
11 E. Charles-Roux, *Chanel*, s. 304.
12 A. Madsen, dz.cyt., s. 220.
13 Tamże, s. 221.
14 E. Charles-Roux, *Chanel*, s. 302.
15 C.B. Luce, *Europe in the Spring*, New York 1940, s. 61, 63, 126.
16 E. Charles-Roux,*Chanel*, s. 305.
17 M. Haedrich, *Coco Chanel. Her Life, Her Secrets*, s. 142.
18 E. Charles-Roux w rozmowie z autorem, Paryż 21 kwietnia 2009.
19 L. Field, dz.cyt., s. 265.
20 ADGMD , papiery osobiste, Lombardi Alberto, No. B728.
21 Archivio centrale dello Stato (ACS), odręczny list Lombardiego w sprawie żony, Very Bate, do ministra sprawiedliwości: znaczek SPD 12.8.41, data na górze 23.8.41, n.111684 A4-24.8.41.
22 ACS, Ministerstwo Spraw Wewnętrznych, koperta 216, raport o Verze Lombardi.
23 Tamże.
24 Gabrielle Palasse Labrunie w rozmowie z autorem, Yermenonville, Francja, 27 kwietnia 2009.
25 P. Galante, dz.cyt., s. 141.
26 Tamże.
27 E. Charles-Roux, *L'Irrégulière*, s. 536–537.
28 Tamże, s. 535.
29 Tamże, s. 533–534.
30 Tamże, s. 534.
31 P. Morand, *L'Allure de Chanel*, s. 206.

32 Artykuł pod tytułem *Gems of Far East Blend With Gowns* Lathleen Cannell ukazał się w „New York Times" dopiero po 6 maja 1940.

33 H. Gidel, dz.cyt., s. 292–293.

34 Tamże, s. 302.

35 C. Roulet, dz.cyt., s. 106–107.

36 *Half-Year Mark*, „Time", 11 marca 1940.

37 *Germany. To Paris*, „Time", 20 maja 1940, s. 32.

38 J. Ousby, dz.cyt., s. 6. Drastycznie sformułowane: gdyby wszyscy francuscy żołnierze polegli na wojnie 1914–1918 zmartwychwstali i szli w normalnym tempie pod Łukiem Triumfalnym, przejście to zajęłoby jedenaście dni i nocy.

39 J. Ousby, dz.cyt., s. 22.

40 Tamże, s. 14.

41 M. Bloch, *The Secret File of the Duke of Windsor. The Private Papres 1937–1972*, New York 1988, s. 149.

42 C. Roulet, dz.cyt., s. 103–104.

43 A.P.H. w „Punch", London, 14 lutego 1940, za: C.B.Luce, dz.cyt., *Przedmowa*.

44 *Half-Year Mark*, „Time", 11 marca 1940.

45 C. Roulet, dz.cyt., s. 109.

46 Szwajcarskie archiwa państwowe n-7811B.A.6.

47 Tamże. Tablica rejestracyjna nr L 878995.

48 CHADAT 7NN2650.

49 F. du Plessis Gray, dz.cyt., s. 170.

50 CHADAT 7 NN2650.

51 E. Charles-Roux w rozmowie z autorem, Paryż, 11 kwietnia 2009.

52 ADV 158W848.

53 Schweizerisches Bundesarchiv: raport policji z Lugano z datą 1 grudnia 1939, podpisany „Botta". W 1939 roku nielegalne było przebywanie w Szwajcarii bez wcześniejszego zezwolenia szwajcarskich władz federalnych lub kantonalnych. Rygorystyczne prawo nakazywało cudzoziemcom meldować się albo w hotelu, albo u miejscowej policji. Formularze meldunkowe były zbierane co wieczór przez funkcjonariusza policji i przekazywane do centralnego szwajcarskiego rejestru w Bernie do rutynowego sprawdzenia. Każdy niepożądany cudzoziemiec mógł być natychmiast ukarany i wydalony.

54 Tamże.

55 Schweizerisches Bundesarchiv, Police de Sûreté, 24 listopada 1939.

56 Tamże.

57 Dokumenty FSS.

58 Podsumowanie dokumentów z państwowych archiwów szwajcarskich przetłumaczonych przez Michaela Foedrowitza, 2009.

59 NAARA WAAG Secret, 26 stycznia 1946, U.S. Forces Summary. Schweizerisches Bundesarchiv, raport z 24 listopada 1939.

60 *Germany. To Paris*, „Time", 20 maja, 1940, s. 32.

61 W.L. Shirer, *Berlin Diary*, s. 332–333.

62 Tamże, s. 335.
63 Tamże, s. 385.
64 „Harper's Bazaar", październik 1939.
65 C.B. Luce, dz.cyt., s. 230.

OKUPACJA PARYŻA, UCIECZKA CHANEL

1 E. Charles-Roux, *Chanel*, s. 265. To zdanie zostało przetłumaczone na angielski „nie może zdradzić swoich zmysłów".
2 W. Brownell, R.N. Billings, *So Close to Greatness. A Biography of William C. Bullitt*, New York 1987, s. 255.
3 W.L. Shirer, *Berlin Diary*, s. 412–413.
4 W czerwcu 1940 na drogach Francji znajdowało się cztery miliony uchodźców. H. Vaughan, *FDR's Twelve Apostles. The Spies Who Paved the Way for the Invasion of Noth Africa*, Guilford, Conn. 2006, s. 28.
5 *Foreign News*, „Time", 17 czerwca 1940, s. 32.
6 *Foreign News*, „Time", 1 lipca 1940, s. 32.
7 Gabrielle Palasse Labrunie w rozmowie z autorem, Yermenonville, Francja, 27 kwietnia 2009.
8 J. Ousby, dz.cyt., s. 63, P. Montagnon, *La France dans la guerre de 39–45*, Paris 2009, s. 179.
9 Labrunie posłużyła się terminem użytym przez Chanel: „zdrada" – *trahison*. Rozmowa z Labrunie, 27 kwietnia 2009.
10 J. Ousby, dz.cyt., s. 63.
11 P. Montagnon, dz.cyt., s. 187.
12 W ciągu sześciu tygodni w maju i czerwcu 1940 straty armii francuskiej wynosiły 120 tysięcy rannych i 120 tysięcy zabitych lub zmarłych wskutek odniesionych ran. Niemcy mieli 45 tysięcy zabitych, Belgowie 7500, Holendrzy 2900, Brytyjczycy 6800. P. Montagnon, dz.cyt., s. 207.
13 M. Haedrich, *Coco Chanel. Her Life, Her Secrets*, s. 144.
14 W.S. Shirer, *Berlin Diary*, s. 422.
15 Tamże, s. 79–81.
16 T. Wieder, *Découverte du projet de „statut des juifs"*, „Le Monde", 5 października 2010, s. 10.
17 Rozmowa z Labrunie, 19 maja 2009.
18 Katharina i dziewczynki dowiedziały się, że André miał okazję uciec z Linii Maginota, zanim dostał się do niewoli. Jego czteroosobowa jednostka miała jeden rower. Kiedy przyszła jego kolej na korzystanie z pojazdu, mógł bez trudu uciec. Ale pozwolił koledze wziąć rower i uciec parę godzin przed kapitulacją linii. Kolega po przybyciu do domu napisał do pani Palasse, opowiadając o postępku André i o tym, że prawdopodobnie dostał się on do niemieckiej niewoli.
19 A.L. Dubois, *À travers trois Républiques*, Paris 1972, s. 56–60.
20 M. Haedrich, *Coco Chanel. Her Life, Her Secrets*, s. 143.
21 A. Mitchell, *Nazi Paris.The History of the Occupation, 1940–1944*, s. 13–14.

22 F. Spotts, *The Shameful Peace. How the French Artists and Intelectuals Survived the Nazi Occupation*, New Haven, Conn. 2008, s. 33.

23 Opis niemieckich najeźdźców w Paryżu, 1940, zob. zdjęcia i tekst, D. Pryce-Jones, *Paris in the Third Reich*, London 1981, s. 3–29.

24 F. du Plessix Gray, dz.cyt., s. 218.

25 CHADAT 7NN 2973. Brytyjskie Archiwa Państwowe w Kew i państwowe archiwa francuskie zawierają dokumenty BCRA (wywiad generała de Gaulle'a) o Dincklagem jako agencie Abwehry we Francji.

26 Rozmowa z Labrunie, 18 maja 2009.

27 CARAN AJ/40/871, „Seizure of the Ritz", zob. C. Roulet, dz.cyt., s. 107. Interwencję Dincklagego, dzięki której Chanel nadal mogła mieszkać w Ritzu, potwierdza artykuł w magazynie „Time" z czerwca 1998. Edmonde Charles-Roux w *L'Irrégulière* *i* Alex Madsen podają różne wersje powrotu Chanel do Ritza w sierpniu 1940. Pierre Galante unika tego tematu.

28 Tamże. „Instrukcja dotycząca hotelu Ritz" wydana przez Der Militärbefehlshaber in Frankreich, służba porządkowa, Paryż, 2 lutego 1941.

29 Zob. CARAN Aj/40/871. O znakomitych gościach nazistów, zob. C. Roulet, dz.cyt., s. 108–109.

30 C. Roulet, dz.cyt., s. 111.

31 H. Amouroux, *La Vie des Français sous l'Occupation*, Paris 1990, s. 141.

32 M. Haedrich, *Coco Chanel*, s. 136.

33 P. Galante, dz.cyt., s. 181.

34 M. Haedrich, *Coco Chanel. Her Life, Her Secrets*, s. 136.

35 CARAN F/7/15327. Folder 209 „FEIHL".

36 APP DB 540.

37 Gabrielle Palasse Labrunie w rozmowie z autorem w Yermenonville we Francji, 9 czerwca 2009.

38 Dokument SSF. Fern Bedaux użyła francuskiego terminu *une intoxiquée*.

39 P. Morand, *The Allure of Chanel*, s. 10.

40 A. Madsen, dz.cyt., s. 242.

41 B. Lambauer, *Francophile contre vents et marée? Otto Abetz et les Français, 1930–1958*, „Bulletin du Centre de Recherche Français de Jérusalem" 18 (2007), s. 159. Wspomniane meble Rothschildów należały do barona Eliego Roberta, który był więziony w nazistowskich Niemczech w czasie wojny.

42 J. Ousby, dz.cyt., s. 112.

43 Tamże, s. 84.

44 Wspominając o ojcu, Josée często mówi o Chanel. Zob. Y. Pourcher, *Pierre Laval vu par sa Fille*, Paris 2002, s. 213, 215, 313.

45 Y. Pourcher, dz.cyt., s. 213–214.

46 Keating w niepublikowanym artykule, 1981, zob. H. Vaughan, *Doctor to the Resistance. The Heroic True Story of an American Surgeon and His Family in Occupied Paris*, Dulles 2004, s. 44, 46–48.

47 D. i P. Kladstrup, *Wine and War. The French, the Nazis and the Battle for France's Greatest Treasure*, New York 2002, s. 112–116.

DINCKLAGE U HITLERA, CHANEL W ABWEHRZE

1 F. du Plessix Gray, dz.cyt., s. 218.
2 CHADAT 7NN 2717.
3 CHADAT 7NN 2973.
4 CARAN 117M128.
5 Należące do Francuzów jugosłowiańskie kopalnie naziści skonfiskowali w 1940 roku. Zadziwiająca rewelacja w raporcie francuskiego kontrwywiadu: „Po nieudanej próbie likwidacji von D. [...] gestapo postanowiło iść z nim ramię w ramię. Dincklage w Berlinie i próba zlikwidowania go przez gestapo, zob. CHADAT 7NN 2973; Vaufreland w Berlinie i Tunezji, zob. dokument BNA, kartka 317, H57/139.
6 CARAN Z/6/672 greffe 5559, Vaufreland, teczka personalna Abwehry, Personalbogen, 9 czerwca 1941.
7 Tamże. Vaufreland opowiada, że zanim poznał Chanel, wiedział, że pragnie ona sprowadzić André Palasse'a z Niemiec do domu.
8 Tamże.
9 Francuskie, brytyjskie i amerykańskie raporty dyplomatyczne i oceny służb wywiadowczych potwierdzają raport Londynu. BNA: depesze brytyjskie, 20 stycznia 1941, Z 407/132/17 i Z 5423. Konsul amerykański, Casablanca, list, 30 maja 1941. CARAN 171mi/125 i127: Ściśle tajne, 25 czerwca 1944, raport: członkowie służb niemieckich.
10 CARAN Z/6/672 greffe 5559.
11 APP BA1990.
12 Telegram: CARAN Z/6/672 greffe 5559.
13 Edmonde Charles-Roux utrzymuje, że Brian Wallace posługiwał się pseudonimem „Ramon", kiedy Chanel była w Madrycie w 1943 na polecenie nazistów ze swoją drugą misją. Zob. E. Charles-Roux, *L'Irrégulière*, s. 595.
14 BNA dokument 1139.
15 CHADAT 7NN 2717.
16 Zeznania Vaufrelanda przed sądem, CARAN Z/6/672 greffe 5559.
17 E. Charles-Roux, *Chanel*, s. 320.

W SZACHU WERTHEIMERÓW

1 M. Haedrich, *Coco Chanel. Her Life, Her Secrets*, s. 146.
2 O Sartrze, zob. tamże, s. 157.
3 J. Josephs, *Swastica Over Paris*, New York 1989, s. 70.
4 J. Updike, *Qui qu'a vu Coco?*, „New Yorker", 21 września 1998, s. 135–136.
5 A. Gold, R. Fizdale, dz.cyt., s. 287.
6 W złożonych po wojnie zeznaniach Vaufreland stwierdził, że książę Ratibor-Corvey dał mu listy polecające do doktora Blankego, „od którego chciałem uzyskać powrót firmy perfumeryjnej panny Chanel, Les Parfums Chanel, gdzie większościowymi

udziałowcami byli panowie Wertheimer, i zaklasyfikować ją jako «interes żydowski» przeznaczony do oddania w tymczasowy zarząd komisaryczny". CARAN Z/6/672 greffe 5559; tekst listu Vaufrelanda do francuskiego sędziego śledczego Rogera Serre, 2 grudnia 1946, s. 34–36. Z innych dokumentów wynika, że żona księcia Ernesta Ratibora-Corveya, przyjaciela Vaufrelanda, była przyjaciółką Dincklagego, który wykorzystywał ją jako swoją skrzynkę pocztową w Szwajcarii w 1939 roku.

7 Dokument MBF.

8 Martin Jungius i Wolfgang Seibel z uniwersytetu w Konstancji opisali, jak doktor Blanke wykazywał się inteligencją, determinacją i przywiązaniem do własnych przekonań... skupiając całą energię i pomysłowość na stworzeniu skutecznego mechanizmu ekonomicznego prześladowania Żydów. Działalność Blankego w czasie wojny wiele mówi o nazistowskich biurokratach i ich udziale w prześladowaniu ofiar Holokaustu. W okupowanej Francji Blanke nie miał żadnych zahamowań przed pozbawieniem tysięcy Żydów materialnych podstaw egzystencji, czyniąc ich w ten sposób jeszcze bardziej bezbronnymi wobec ataków SS, gestapo i francuskich kolaborantów. Blanke osobiście wizytował przedsiębiorstwa należące do Żydów, sam wymierzał kary za naruszenie antyżydowskich przepisów, mając pełną świadomość, jak wpłyną one na losy poszczególnych osób. Szczególnym celem Blankego było wyłączenie Żydów z francuskiej gospodarki. Jego ofiarami we Francji nie byli żydowscy sąsiedzi z klasy średniej, jakich znał w swoim rodzinnym mieście, tylko żydowscy kupcy i właściciele sklepików na przedmieściach Paryża (wielu pochodziło z Europy Wschodniej), a także bardziej prominentni Żydzi, których nazwiska podkreśla w swoim „Odżydzeniu francuskiej ekonomii". To były typowe cele niemieckiego antysemityzmu, a Blanke akceptował antysemickie stereotypy nazistów. Blanke był jednym z niezbędnych biurokratów Holokaustu... M. Jungius, W. Seibel, *The Citizien as Perpetrator. Kurt Blanke and Aryanization in France, 1940–1944*, „Holocaust and Genocide Studies" 22, nr 3 (zima 2008), s. 441–474.

9 W noc kryształową, z 9 na 10 listopada 1938 roku, na terenie całych Niemiec i Austrii zostało zamordowanych 91 Żydów, a 25 do 30 tysięcy aresztowano i wysłano do obozu koncentracyjnego; zniszczono 267 synagog, tysiące domów i sklepów splądrowano.

10 Société d'Emboutissage et de Constructions Mécaniques. Przekazanie 50 milionów franków francuskich kompanii lotniczej Amiota w sierpniu 1939, CHADAT 7NN 2659.
W raporcie francuskiego kontrwywiadu stwierdzono: „Amiot dał plany bombowca Amiot 370".

11 Pieniądze przesłano Amiotowi via Banque Manheimer-Mendelsohn w sierpniu 1939. Tamże.

12 B. Abescat, Y. Stavridès, „L'Express", 11 lipca 2005, s. 1.

13 W latach 1940–1945 Amerykanie i uchodźcy w Nowym Jorku tęsknili za Paryżem i Francją, uczucie to szczególnie często występowało w dużych amerykańskich miastach. W owym czasie klęska Francji była tematem książek, artykułów

w magazynach i hollywoodzkich filmów fabularnych. Typowy był film *Casablanca* z 1942 roku z Humphreyem Bogartem, Ingrid Bergman i Paulem Henreidem.

[14] Opis Thomasa, zob. NARA OSS teczki personalne „Thomas, Herbert Gregory", entry 168A, Box 2. Aline, hrabina Romanones była agentką OSS w Madrycie, pracowała dla Thomasa, pseudonim Argus. Jej opis potwierdza wzrost Thomasa. A. Griffith, Countess of Romanones, *The Spy Wore Red. My Adventures as an Undercover Agent in the World War II*, New York 1987, s. 83.

[15] National Archives, NARA, OSS Personnel File, „Thomas Herbert Gregory", Personal History Statement, S.A. – One.

[16] *Jasmin de Grasse*, naturalny olejek potrzebny do produkcji perfum Chanel No. 5, można uzyskać jedynie w Grasse w południowej Francji, musiał więc być przetransportowany w dużych ilościach do Stanów Zjednoczonych. Niektórzy eksperci uważają, że Thomas przewiózł koncentrat, *absolu de jasmin*, 40–50 kilogramów koncentratu wystarczyłoby na kilka lat produkcji. Choć nielegalnie, ale dałoby się przewieźć koncentrat w walizce pociągiem do Lizbony, a stamtąd statkiem do Nowego Jorku.

John Updike napisał w „New Yorker", że „siedemset funtów jaśminu [Thomas] musiał przeszmuglować z Grasse we Francji do Hoboken". J. Updike, *Qui qu'a vu Coco?*, „New Yorker", 21 września 1998, s. 135–136. Nowojorskie Stowarzyszenie Towarów Toaletowych poinformowało w 1941 roku State Department: „Funt [0,4535 kg – przyp. red.] cennego naturalnego aromatycznego produktu [jak jaśmin] w 1941 roku można było sprzedać za cztery czy nawet pięć tysięcy dolarów. O recepturze znajdującej się w sejfie Chanel, zob. V. Maurus, *No. 5, l'éternel parfum de femme*, „Le Monde", 20 kwietnia 1997, s. 9. Stosowanie antysemickich przepisów, zob. J. Updike, *Qui qu'a vu Coco?*, „New Yorker", 21 września 1998, s. 135–136. NARA: list Stowarzyszenia Amerykańskich Producentów Perfum do Departamentu Stanu, 25 marca 1941. „Siedemset funtów jaśminu", zob. J. Updike, *Qui qu'a vu Coco?*, „New Yorker", 21 września 1988. Klasyczny flakon Chanel No. 5 zaprojektowany w 1924 roku przez Jean Helleau, wystawiony jest w Muzeum Sztuki Nowoczesnej (MOMA) w Nowym Jorku od 1958 roku. No. 5 stał się ulubionym zapachem Marilyn Monroe, Catherine Deneuve i Vanessy Paradis. W 2010 roku flakon o pojemności 7,5 ml kosztował w głównych miastach Stanów Zjednoczonych i za granicą ponad 100 dolarów. Data podróży Thomasa: *Studies Cosmetics Needs*, „New York Times", 18 sierpnia 1940. Pseudonim Thomasa rozszyfrowano dzięki notatce Petera Sichela *Commanderie de Bordeaux History*. Adresy i życiorysy Thomasa za: NARA, OSS Personal Name File, Thomas, Entry 168A, Box 2. Po przystąpieniu Stanów Zjednoczonych do wojny w grudniu 1941 roku Thomas wziął urlop w firmie Wertheimera i pracował w Office of Strategic Services (OSS) generała Williama Donovana, „Dzikiego Billa". Jako szef placówki w Madrycie i Lizbonie stał na czele wszystkich amerykańskich operacji wywiadowczych na strategicznym Półwyspie Iberyjskim. Odpowiadał także za wysyłanie i prowadzenie agentów OSS we Francji. Po zakończeniu wojny Wertheimerowie wynagrodzili Thomasa, mianując go w 1945 roku prezesem Chanel, Inc., na którym to stanowisku pracował aż do emerytury w 1972 roku. Allen Dulles, wyższy oficer OSS (a później szef CIA), przeprowadzał rozmowę z Thomasem przed przyjęciem go do OSS. W kwietniu 1942 napisał: „Thomas ma dość niezwykłe kwalifikacje i robi duże wrażenie. Jeśli sprawdzian wypadnie zadowalająco, to moim zdaniem powinniśmy go wykorzystać".

17 Szczegóły francuskiej misji Thomasa dla Wertheimerów w 1940 na podstawie: B. Abescat, Y. Stavridès, *Derrière l'empire Chanel*, „L'Express", 4–12 sierpnia 2005, s. 2; P. Berman, Z. Sewaya, *The Billionaires Behind Chanel*, „Forbes", 3 kwietnia 1989, s. 104; J. Updike, *Qui qu'a vu Coco?*, „New Yorker", 21 września 1988; Awans Thomasa w Chanel, Inc. w: *Executive Changes*, „New York Times", 14 kwietnia 1971. Zob. www.zoominfo.com/people/Sichel_Peter_14493897.aspx.

18 Peter Sichel, e-mail do autora, październik 2007 i maj 2008. Louis d'or (luidor) wprowadził Ludwik XIII w 1640 roku. Nazwa bierze się od przedstawienia portretu króla Ludwika na jednej stronie monety. Na rewersie francuski herb królewski.

19 Pomoc gangsterów, zob. P. Berman, Z. Sewaya, *The Billionaires Behind Chanel*, „Forbes", 3 kwietnia 1989.

20 „Excalibur" używany był przez amerykańską armię do przewozu żołnierzy. Został zatopiony u wybrzeży Afryki Północnej w listopadzie 1942 podczas bitwy morskiej w ramach inwazji Afryki Północnej przez siły amerykańskie i brytyjskie.

MISJA DLA HIMMLERA

1 „Le Matin", poniedziałek 9 listopada 1942, strona tytułowa.

2 „Le Petit Parisien", 10 listopada 1942, strona tytułowa.

3 Słowa Churchilla, zapożyczone z wypowiedzi Talleyranda w 1812 roku po bitwie pod Borodino, wygłoszone na obiedzie z okazji Lord Mayor's Day w Londynie, 10 listopada 1942.

4 C. Callil, *Bad Faith. A Forgotten History of Family, Fatherland and Vichy France*, New York 2006, s. 305. Audycja BBC, zob. F. Spotts, dz.cyt., s. 255.

5 O tym, że Josée Laval de Chambrun posiadała obrazy ukradzione przez nazistów rodzinie Schloss i z kolekcji Rosenbergów, zob. C. Callil, dz.cyt., s. 335, 352.

6 *Black List*, „Life", 24 sierpnia 1942, s. 86.

7 Zob. CARAN F/7/14939, Black List, 27/12/43, *Black List* , „Life", 24 sierpnia 1942, s. 86. Chambrun powiedział redakcji „New York Times" w październiku 1941, że te zarzuty są „humorystyczne". R. de Chambrun, *Mission and Betrayal*, Stanford, Calif. 1993, s. 140.

8 Y. Pourcher, dz.cyt., s. 270, niepublikowany maszynopis.

9 Więcej informacji o kolaboracji Chambruna, zob. CARAN F/7/15327, folder 208 3. Chambrun jako przedstawiciel National City Bank i General Motors (GM) w Paryżu i ich przedsięwzięcia w okupowanej Francji, a także inwestycje GM w nazistowskich Niemczech, zob. P. Abramovici, *Enquete avec Carine Lournaud. Un rocher bien occupè. Monaco pendant la guerre 1939–1945*, Paris 2001, s. 78–79. Chambrun był synem chrzestnym marszałka Pétaina. Działał jako łącznik pomiędzy Pétainem a Lavalem i pomiędzy Vichy a Stanami Zjednoczonymi. Po wyzwoleniu Paryża

Chambrunowie ukrywali się w okolicach miasta. Władze francuskie poleciły aresztować René de Chambruna, później stanął przed sądem departamentu Sekwany i 11 sierpnia 1948 został oczyszczony ze wszystkich zarzutów. Źródło: M. Vallée, M. Vielledent, Parquet de la Cour de Justice du Departement de la Seine, 11 sierpnia 1948, Affaire: Pineton de Chambrun René, Ordonnance de Classement. Został także przywrócony do francuskiej palestry, a jego „patriotyzm «uznano» za niekwestionowany". Zob. także: „Rapport de René de Chambrun au Juge Marchat lors de son inculpation, au lendemain de la Liberation", dokument odbity na powielaczu, n.d. Zob. D. Thompson, *A Biographical Dictionnary of War Crimes Proceedings, Collaboration Trials and Similar Proceeding Involving France in World War II*, napisany i zestawiony dla Grace Dangberg Foundation, Inc., reocities.com.

10 www.meteo-paris.com.

11 H. Vaughan, *Doctor to the Resistance*, s. 78.

12 A. Mitchell, dz.cyt., s. 94–98.

13 Cytat na temat uwagi wygłoszonej przez Chanel na Lazurowym Wybrzeżu za: A. Beevor, A. Cooper, *Paris After the Liberation 1944–1949*, London 2007, s. 134, Lista śmierci: CARAN F/7/14939/ „Black List", 27/12/43. Zob. także: APP BA 1990.

14 Zob. raport francuskiego kontrwywiadu BCRA, CHADAT 7 NN 2973.

15 BNA, KV 2/159. W teczce Ledebura poprawnie identyfikuje się brata Momma jako szefa ekonomicznego wywiadu Abwehry w Stambule: „IWi K.O. Stambuł, Turcja" (Litery IWi K.O. oznaczają szpiegostwo gospodarcze w obcym kraju). Autor korespondował z córkami Theodora Momma, Moniką i Kathrin (nazwiska do wiadomości autora), w Niemczech. Monika początkowo w połowie stycznia 2010 gotowa była się spotkać z niemieckim asystentem autora. Stwierdziła, że jej siostra Kathrin dysponuje dokumentami i zdjęciami związanymi z misją Chanel w 1943 roku. Jednak w ostatniej chwili Kathrin zdecydowała, że dopóki żyje żona Momma (nazwiska nie podajemy), ona nie zgodzi się na ujawnienie żadnych „prywatnych papierów/listów". E-maile do autora od asystenta w Berlinie Michaela Foedrowitza, 26 stycznia i 8 lutego 2010.

16 Gabrielle Palasse Labrunie potwierdza, że ciotka chciała zatrzymać Dincklagego w Paryżu. Rozmowa telefoniczna z autorem, 12 lutego 2010.

17 BNA KV2/159, teczka Josepha von Ledebura-Wichelna.

18 Tamże.

19 O matce Dincklagego – Valery Cutter von Dincklage, zwanej „Lorry" – i jej pobycie w Rosencrantz w Schinkel w pobliżu Kilonii w 1943 roku, zob. Szwajcarska kartoteka, L878995 Hf. Do 1945 roku niemal połowa Kilonii została zniszczona przez alianckie bombardowania.

20 Teczka Josepha von Ledebura-Wichelna, National Archives, Kew.

21 H. Gidel, dz.cyt., s. 315.

22 W odręcznej notatce MI5 stwierdzono: „pojechał do Włoch za wiedzą Ministerstwa Spraw Zagranicznych, żeby rozwijać swoje kontakty. Znacznie przekroczył instrukcje". MI5 nie zdecydowało się go aresztować, może z powodu poparcia, jakie otrzymywał od członków parlamentu (być może także od Nevilla Chamberlaina),

i krępującej sytuacji, jaką by to wywołało. Lonsdale-Bryans był w przyjacielskich stosunkach z ważnymi przedstawicielami brytyjskiej arystokracji: lordem Halifaxem, księciem Buccleuch i lordem Brocketem, którzy również byli sympatykami nazistów.

23 R.S. Wistrich, dz.cyt., s. 114.

24 R.R. Doerries, *Hitler's Intelligence Chief, Walter Schellenberg*, New York 2009, s. 107.

25 Tamże, s. 172.

26 William L. Shireer, *The Rise and Fall of the Third Reich*, s. 653.

27 A. Cave Brown, *Bodyguard of Lies*, New York 1975, s. 457.

28 NARA, teczka Schellenberga, s. 224.

29 R.R. Doerries, dz.cyt., s. 39.

30 Dokument MI6 i służb specjalnych, SSF i BNA, KV2/159.

31 Tamże.

32 Tamże. Szpiegowskie działania Dincklagego w Szwajcarii, zob. teczka szwajcarska L878995 Hf.

33 Cyt. za teczka Ledebura, SSF i BNA, KV2/159.

34 Teczka Ledebura w KEW, tamże. Nie udało mi się sprawdzić, z jakich archiwów korzystał Ledebur.

35 Tamże.

36 Dokument SSF.

37 NARA, 27 grudnia 1946, raport polityczny doradcy USA w Niemczech, CI-FIR/130. Nie udało mi się znaleźć informacji o dokładnej sumie pieniędzy, jaką Chanel dostała od SS, ani o tym, jak te fundusze zostały wydane. Chanel i Dincklage z pewnością potrzebowali dużych sum, by sfinansować wyjazd do Madrytu. Po wojnie Kutschmann był poszukiwany w Niemczech za udział w masowym mordzie polskich Żydów w 1942 roku i trzydziestu sześciu polskich intelektualistów w 1941. W 1945 roku zbiegł do Argentyny przebrany za karmelitę. Do czasu gdy władze zachodnioniemieckie wydały nakaz jego aresztowania w 1967 roku, zdążył już zniknąć gdzieś w Argentynie.

38 R.R. Doerries, dz.cyt., s. 85.

39 W 1943 roku poproszono ambasadora Papena i agenta Abwehry Ericha Vermehrena, by spotkali się w Stambule z arcybiskupem (później kardynałem) Francisem Spellmanem. Gestapo dowiedziało się o „pokojowej inicjatywie" Vermehrena i kazało zawezwać go do Niemiec. Vermehren uciekł w Stambule do Brytyjczyków. Razem z żoną został wysłany do Anglii. Niewykluczone, że Momm chciał, żeby Dincklage przejął obowiązki Vermehrena dla Abwehry w Turcji. Dyskusja Schellenberga z ambasadorem Papenem, zob. tamże, s. 136.

40 U. Goni, *The Real Odessa*, London 2002, s. 910.

41 R.R. Doerries, dz.cyt., s. 77.

42 Z niemieckich archiwów państwowych: NSDAP v. 1.5.37 Nr 4428309. Jednostkę Abwehry Momma zidentyfikowano jako Abwehrstelle, Wehrbezierke-Generalkommando. Zob. także APP GA LI2.

43 Data wizyty Momma w Berlinie podana jest błędnie w brytyjskim zapisie przesłuchania Schellenberga. Została niepoprawnie zapisana jako kwiecień 1944. Mogło to

być przejęzyczenie Schellenberga albo błąd w teczce z zapisem przesłuchania. Mnóstwo archiwalnych dokumentów w Kew, papiery Churchilla z Chartwell datują wizytę Momma na późną jesień lub wczesną zimę 1943. NARA, teczka Schellenberga, s. 65.

44 Nie jest jasne, czy Momm wrócił wtedy do Paryża. Mógł przekazać telefonicznie lub przez bezpieczny system łączności SS polecenie Schellenberga, by sprowadzić Chanel do Berlina.

45 Prawdopodobny sposób podróżowania Chanel, jej przyjazd i pobyt w Berlinie zrekonstruował Michael Foedrowitz.

46 W. Schellenberg, cyt. w: R.R. Doerries, dz.cyt., s. 240.

47 Zob. APP BA1990, raport o paszporcie Chanel. 1944 dokumenty z Chartwell dotyczące daty listu Chanel z Madrytu.

48 Lombardi nie był uwięziony.

49 Badoglio był włoskim generałem i politykiem. 24 lipca 1943, kiedy Włochy doznały licznych niepowodzeń na wojnie, Mussolini zwołał Wielką Radę Faszystowską, która przegłosowała wotum nieufności dla niego. Następnego dnia Il Duce został usunięty z rządu przez króla Wiktora Emanuela III i aresztowany. Premierem Włoch został Pietro Badoglio i podczas gdy we Włoszech panowało powszechne zamieszanie, podpisał w końcu z aliantami umowę o zawieszeniu broni. Z włoskich dokumentów wynika, że w czasie spotkania Schellenberg–Chanel pułkownik Alberto Lombardi, mąż Very Bate, dowodził włoską jednostką na froncie śródziemnomorskim i aktywnie walczył z oddziałami alianckimi. Mussolini został później ocalony przez wojska niemieckie i ustanowił Włoską Republikę Socjalną z siedzibą rządu w Salò w północnych Włoszech, pod nazistowskim patronatem.

50 Wizyta Chanel, Momma i Dincklagego opisana jest w: NARA, „Raport końcowy", teczka Schellenberga, 65; teczka OSS, XE001752, pudło 195,65. O przynależności Dincklagego do Abwehry i SD i o Scheiberze zob. R.R. Doerries, dz.cyt., s. 164–165; zob. tamże, s. 240 o szczegółach przygotowania raportu i o tym, że Brytyjczycy nie podzielili się wszystkim informacjami z OSS. W NARA widać, że raport jest niekompletny, nie udało mi się zlokalizować materiałów utajnionych przez Brytyjczyków. W swojej biografii *The Labyrinth* (New York 1956) Schellenberg nie wspomina o Chanel, jej wizycie czy o swoich zamiarach wykorzystania jej do kontaktu z Churchillem, ani o tym, jak troskliwie dbała o niego, kiedy alianci zwolnili go z więzienia dla zbrodniarzy wojennych. R.R. Doerries, dz.cyt., s. 164.

51 E. Charles-Roux, *Chanel*, s. 332–337. Pomimo wielu próśb nie udało mi się dostać egzemplarza listu.

52 ACS, minister spraw wewnętrznych, policja polityczna, 21 kwietnia 1941, raport.

53 The Sir Winston Churchill Archive Trust, CHAR 2/255, Bate, list, czerwiec 1935.

54 Włoskie Archiwa Państwowe, King's Provincial Police Headquarters, 12 listopada 1943.

55 Tamże, 24 listopada 1943.

56 APP BA 1990. Data urodzenia Chanel podana niepoprawnie, o dziesięć lat późniejsza, 1893. Nigdy nie odkryłem, kto wydał paszport Verze Lombardi na podróż z Rzymu do Paryża i Madrytu.

57 APP BA 1990.

58 CHAR 20/198 List, Pierson Dixon do Rowana, 30 września 1944.

59 U. Goni, dz.cyt., s. 241.

60 NARA, 10 grudnia 1946, raport. NARA, teczka Schellenberga, 65.

61 Dokumenty zawierające odręczny list Chanel do Churchilla odnalezione w British National Archives w Kew. Prywatne papiery Churchilla w Chartwell i powojenne zeznania hrabiego Josepha Ledebura potwierdzają, co się wydarzyło po przybyciu Chanel do Madrytu zimą 1943–1944.

62 NARA, teczka Schellenberga, 65.

63 Tamże.

64 Randolph Churchill był bliskim przyjacielem Chanel. Dopisek z listu Hankeya i Chanel z archiwum w Chartwell, CHAR 20/198 A.

65 Informacja o chorobie Churchilla, zob. Field Marshal Lord Alanbroke, *War Diaries*, London 2001, s. 497–515.

66 Les Archives du Monde, 8–9 lutego 2004, 81. Akapit zaczerpnięty z E. Charles-Roux, *L'Irrégulière*, s. 601.

67 CHAR 20/198A. Koperta zaadresowana do lady Sankey pochodzi z papeterii Ritza, co pozwala się domyślać, że Vera zatrzymała się w hotelu, prawdopodobnie na koszt Chanel. Odkąd wypuszczono ją z rzymskiego więzienia, Vera nie miała ani grosza.

SZCZĘŚCIE COCO

1 „Le Matin", 7 czerwca 1944, strona tytułowa.

2 CARAN F/7/14939. Nazwisko Chanel pojawia się na liście w raporcie FFI datowanym 27.12.43.

3 Stephen E. Ambrose, *The Supreme Commander. The War Years of General Dwight D. Eisenhower*, Garden City, 1969, s. 419.

4 William L. Shirer, *The Rise and Fall of the Third Reich*, s. 1041.

5 Tamże. O samobójstwie i pogrzebie Rommla, s. 1078–1080.

6 „Paris-Soir", 7 czerwca 1944, strona tytułowa. Sadza od palenia dokumentów: Centre historique des archives nationales, *La France et la Belgique sous l'occupation allemande 1940–1944*, s. 46. Mieszkanie przy ulicy Cambon: telefoniczna rozmowa z Gabrielle Palasse Labrunie, 12 lutego 2010.

7 Do kapitulacji Niemiec rok później Schellenberg nigdy nie zarzucił prób znalezienia dróg ucieczki dla siebie i Himmlera. Wiedzieli, jaki los ich czeka w rękach aliantów. Zob. R.R. Doerries, dz.cyt., s. 302, 327; H. Vaughan, *Doctor to the Resistance*, s. 158.

8 C. Eder, *Les Comtesses de la Gestapo*, Paris 2006, s. 208.

9 CARAN Z/6/672 greffe 5559.

10 Próby Lifara, ewakuacja i przebywanie w mieszkaniu Chanel, zob. D. Pryce-Jones, dz.cyt., s. 188.

11 P. Galante, *Mademoiselle Chanel*, s. 185.

12 F. Spotts, dz.cyt., s. 254.

[13] E. Roussel, *Charles de Gaulle*, Paris 2002, s. 450.

[14] Zob. A. Gold, R. Fizdale, *Misia*, s. 292.

[15] E. Charles-Roux, *Chanel*, s. 345.

[16] D. Pryce-Jones, dz.cyt., s. 206.

[17] SSF.

[18] Tamże.

[19] Informacje o rodzinie von Schoenebeck, rozmowy Sally Gordon-Mark, Griesser Haus, Hinterstoder, Austria, 1–3 lipca 2009.

[20] SSF.

[21] Tamże.

[22] Tamże. Wśród osób wydających przychylne referencje była Catherine Jouhakoff, która dostarczała Catsy damską bieliznę.

[23] Nazwisko Gabrielle Chanel zostało zapisane z takim błędem na świadectwie urodzenia z 1883 roku.

[24] Telefoniczne ostrzeżenie Catsy von Schoenebeck przez Abetza zostało przekazane jej służącej, Mme Bartuel, w jej mieszkaniu w Paryżu przy ulicy Longchamps 77.

[25] Rozmowa z rodziną Schoenebeck, Sally Gordon-Mark, Hinterstoder, Austria, 3 lipca 2009.

[26] CARAN F/7/14939.

[27] Francuskie służby wywiadu podejrzewały, że Chanel dostarcza „informacje nieprzyjacielowi". APP BA 1990. List młodszego archiwisty CARAN do Sally Gordon-Mark, Paryż, 2 lipca 2008.

[28] P. Galante, dz.cyt., s. 186; M. Haedrich, *Coco Chanel. Her Life, Her Secret*, s. 148; A. Madsen, dz.cyt., s. 262.

[29] Gabrielle Palasse Labrunie w rozmowie telefonicznej z autorem, 8 listopada 2009.

[30] P. Morand, *The Allure of Chanel*, s. 178. E. Charles-Roux potwierdza interwencję Duffa Coopera. Rozmowa autora z Edmonde Charles-Roux, Paryż, 12 stycznia 2010.

[31] Gabrielle Palasse Labrunie w rozmowie telefonicznej z autorem, 12 lutego 2010. Labrunie ponownie potwierdziła, że służąca Chanel, Germaine, powiedziała jej o wiadomości od ambasadora Coopera z Westminsteru.

[32] Ch. Higham, *The Duchess of Windsor. The Secret Life*, Somerset 2005, s. 359–362.

[33] A. Madsen, dz.cyt., s. 263.

[34] A. Gold, R. Fizdale, dz.cyt., s. 300–301.

[35] Sir Winston Churchill Archive Trust, CHAR, 20/198A, list od P.N. Loxleya, 28 grudnia 1944.

[36] Ta data jest błędna. Lombardi przyjechała do Paryża dopiero pod koniec października 1943.

[37] CHAR 20/198 list, Pierson Dixon do Rowana, 30 września 1944.

[38] Telegram, Ministerstwo Spraw Zagranicznych do Madrytu, D. 15.10, 4 stycznia 1945. CHAR 20/198.

[39] Zob. 8 stycznia 1945, Ściśle tajne do płk. Hill-Dillona. CHAR 20/198.

[40] CHAR 20/198.

41 Generał SS Schellenberg przejął Abwehrę po aresztowaniu admirała Canarisa za zdradę w 1945 roku.

42 Szwajcarskie Archiwa Federalne, list United-Silk Weaving Mill Ltd. Kreefeld, Berlin, 21 listopada 1944 do poselstwa szwajcarskiego, Berno. Tłumaczenie Michael Foedrowitz.

43 Podsumowanie sprawy Dincklagego, Szwajcarskie Archiwum Państwowe, JAEGGI, listopad 1950, i Berno 15 stycznia 1950.

44 List od starszego archiwisty CARAN do Sally Gordon-Mark, Paryż 2 lipca 2008.

45 CARAN Z/6/672, Paryż, 8 lipca 2008.

46 „Derriere l'empire Chanel", E. Charles-Roux, *L'Irrégulière*, s. 646–648.

47 E. Charles-Roux, *L'Irrégulière*, s. 649.

48 Z rozmaitych powodów Vaufreland został w ciągu tych pięciu lat zwolniony i ponownie aresztowany. Na wybór przysięgłych wpłynął fakt, że nie ciążyły na nich zarzuty kolaboracji z nieprzyjacielem. Procedury procesu kolaborantów z reżimem nazistowskim w czasie okupacji ustalił we wrześniu 1944 Tymczasowy Rząd Republiki Francuskiej generała de Gaulle'a.

49 Memorandum przygotowane przez Jules'a Marca Baudela, który analizował francuskie dokumenty prawne, by pomóc autorowi tej książki.

50 Zeznania Gabrielle Chanel 4 czerwca 1948 przed sądem (Pałac Sprawiedliwości) w Paryżu przed sędzią Fernandem Paulem Leclerkiem. CARAN Z/6/672 greffe 5559.

51 C. Eder, dz.cyt., s. 204.

52 CARAN Z/6/672 greffe 5559. Zeznania André Palasse'a, lat czterdzieści dwa, siostrzeńca Chanel, przed sędzią Rogerem Serre, 20 listopada 1947.

53 Tamże.

54 Tamże.

55 Na podstawie licznych oświadczeń złożonych autorowi w 1953 roku i później.

56 A. Madsen, dz.cyt., s. 264.

57 Rozmowa Michaela Foederwitza z Volkmarem von Arnim w Schinkel w Niemczech, 11 sierpnia 2008. Także teczka Ministerstwa Spraw Zagranicznych BNA.

58 BNA teczka Ministerstwa Spraw Zagranicznych. Beglaubigte Abschrift (autoryzowany stenogram), certyfikat podpisany przez kpt A.H. Haynesa, 3 grudnia 1945.

59 BNA, 16 marca 1948, list Ministerstwa Wojny do pani Pollack.

60 BNA. List do niemieckiego departamentu spraw wewnętrznych, Foreign Office, Londyn, 13 listopada 1947.

61 Wielka Brytania, Zonal Executive Offices, B.A.O.R.1. List do Foreign Office, Londyn, 25 lutego 1948.

POWRÓT COCO

1 P. Morand, *The Allure of Chanel*, s. 174.

2 V. Lawford, *Horst*, New York 1984, s. 192.

3 Gabrielle Palasse Labrunie w telefonicznej rozmowie z autorem, 9 września 2010.

[4] P. Morand, *The Allure of Chanel*, s. 178.
[5] Tamże, s. 179.
[6] Tamże.
[7] Tamże.
[8] E. Charles-Roux, *Chanel*, s. 357–358. R.S. Wistrich, dz.cyt., s. 22.
[9] R.R. Doerries, dz.cyt., s. 284, na podstawie wspomnień doktora Langa.
[10] E. Charles-Roux, *Chanel*, s. 380.
[11] P. Galante, dz.cyt., s. 189–190.
[12] Tamże.
[13] Tamże.
[14] V. Lawford, dz.cyt., s. 322–324.
[15] B. Abescat, Y. Stavridès, *Derrière l'empire Chanel*, „L'Express", 4–12 lipca 2005.
[16] P. Galante, dz.cyt., s. 193.
[17] „Chanel No. 5 Perfume History", D. Norton-Smith, www.suite101.com/content/icons-chanel-no-5-perfume-244263, 11 lutego 2008.
[18] C. Delay, dz.cyt., s. 242.
[19] René de Chambrun dożył dziewięćdziesięciu dwóch lat, zmarł w 2002 roku. Dokument BBC *Reputations* ostatni raz nadano w BBC 4 stycznia 2009. Data pierwszej emisji nieznana.
[20] P. Galante, dz.cyt., s. 204–209.
[21] Tamże.
[22] Cyt. w: E. Charles-Roux, *Le Figaro Madame*, rozmowa Edmonde Charles-Roux i Audrey Tautou, 11 maja 2009.
[23] Edmonde Charles-Roux w rozmowie z autorem, Paryż, 21 kwietnia 2009.
[24] E. Charles-Roux, *Chanel*, dz.cyt., s. 367.
[25] P. Galante, dz.cyt., s. 210–211.
[26] Tamże, s. 21.
[27] Tamże, s. 207.
[28] Tamże, s. 217. A także H. Gidel, dz.cyt., s. 350.
[29] *Ease and Caualness Abound in Chanel's Automn Showing*, „New York Times", 6 października 1954.
[30] S. Marcus, *Minding the Store*, Denton 2001.
[31] L. Ross, *The strong Ones*, „The New Yorker", 28 września 1957.
[32] A. Madsen, dz.cyt., s. 315.
[33] L. Marquand, *Chanel m'a dit*, Paris 1990, s. 125.
[34] M. Haedrich, *Coco Chanel. Her Life, Her Secrets*, s. 256–257.
[35] L. Marquand, dz.cyt., s. 127.
[36] J. Wallach, dz.cyt., s. 160.
[37] C. Delay, dz.cyt., s. 252–253.
[38] J. Wallach, dz.cyt., s. 165. Fotografie: tamże, kolekcja zdjęć: E. Charles-Roux, *Le Temps Chanel*, Paris 1979, s. 330; V. Lawford, dz.cyt., s. 154.
[39] P. Galante, dz.cyt., s. 263.
[40] Tamże, Także: I. Fiemeyer, dz.cyt., s. 161.

41 B. Dethomas, „Le Monde", 23 marca 1973 w: *Le Monde, Les Grands Procès: 1944–2010*, s. 211–213.

42 Tamże.

43 Tamże.

44 Tamże.

45 Tamże.

46 Rozmowa telefoniczna z Gabrielle Palasse Labrunie, 26 marca 2010.

47 Informacja o skremowaniu zwłok Dincklagego: niemieckie memo od Floriana M. Beierla do autora, listopad 2009, a także w notatce służbowej do mnie od Michaela Foedrowitza, mojego asystenta w Berlinie, 3 kwietnia 2010.

EPILOG

1 „Tak żyć będziesz, tak się schowa / Byt twój w cieniu tego słowa", G. Byron, *Manfred*, przeł. Jan Kasprowicz i Józef Paszkowski.

2 Ch.L. Foulon, *André Malraux et le rayonnement culturel de la France*, s. 99; M. Guerrin, *André Malraux, la culture en solitaire*, „Le Monde", 25 czerwca 2010.

3 P. Galante, dz.cyt., s. 260.

4 E. Charles-Roux, *L'Irrégulière*, s. 648.

5 Wiersz Pierre'a Reverdy'ego przedrukowany w: tamże, s. 49.

BIBLIOGRAFIA

ARCHIWA

Archiwa miasta Sanary-sur-Mer, Francja
Series 12, policja ds. cudzoziemców, uchodźców

Archiwa departamentu Var, Francja
158 W 848

Archiwa prefektury policji w Paryżu
Serie BA: 1745, 1846, 1990, 2140, 2141, 2176, 2369, 2430
Serie DB:540
Serie GA: D2, R8, L12, P8, S6, T2

29 lipca 2009, list od komisarz Françoise Gicquel, Gabinet Prefekta, Administracja Archiwów i Muzeum

Francuska Biblioteka Narodowa
„Paris-Var Méditeranée", 1935–36, 1938, JO-55926

Archiwa Państwowe, Berlin, teczki SS, archiwa federalne

Centralne Archiwa Państwowe, dokumenty sekretarza Mussoliniego:
Zwykła korespondencja, koperta 1726, teczka nr 523074

Ośrodek Historii Archiwów Wydziału Armii Lądowej CHADAT, Vincennes, Francja
Seria 7NN 2eme bureau: 2145, 2162, 2164, 2268, 2402, 2502, 2515, 2641, 2650, 2655, 2659, 2708, 2717, 2719, 2735, 2736, 2737, 2752, 2973
Ośrodek Badawczy Archiwów Państwowych CARAN, Paryż:
Serie AJ/40 Niemcy/kartoteki ekonomiczne: 871
Serie F/7/Policja: 14713, 14714, 14939, 14940, 14946, 15142, 15299, 15305, 15327, 15332
Serie 3AG2 prefiks 171/MI/BCRA kartoteki:
112, 119, 125, 127, 128, 326
Serie 3W/354 archiwa berlińskie: wykaz 2597, wykaz 2745, nr 4
Serie Z/6/762, greffe 5559 kartoteka sądowa

Fundusz powierniczy Chartwella, West Kent, Wielka Brytania:
1/272/83
2/255/25–27
20/173/44
20/181/19
20/198A/62, 63, 65–69, 71–82, 86–92

Urząd Stanu Cywilnego w Hanowerze:
Standesamt nr 0193 Eintrag 7181

Centrum im. Harry'ego Ransoma, Uniwersytet stanu Teksas w Austin:
Papiery Sybille Bedford, Pudło 461

Archiwum Krajowe, Berlińskie Archiwum Państwowe:
Bestand B Rep 012
Abt. 460 nr 1789, odnośnik D120 – kartoteka denazyfikacja
Abt. 611 Sta nr 53778 kartoteka obywatelstwo
Abt. 761 nr 18049 kartoteka reparacje

Ministerstwo Obrony, Rzym:
Prot. n M_D?GMIL. V 16 5/0367479

Archiwum Państwowe – Ministerstwo Spraw Wewnetrznych, policja polityczna, teczki osobowe
Rzym: B728, „Lombardi Alberto"

Archiwa Narodowe i Administracja Zbiorów, College Park, Maryland:
„Walter Schellenberg", teczka nr XE001752, pudło 195
RG nr 319, magazyn 270, rząd 84, przedział 8, półka 3
„OSS Schellenberg", 125 A, pudło 2, folder 21
RG nr 226, magazyn 190, rząd 7, przedział 19, półka 3
„OSS Schellenberg", 171, pudło 10, folder 61
RG nr 226, magazyn 190, rząd 9, przedział 10, półka 6
„CIA teczka osobowa Alois Brunner", RG N 263, magazyn 2000
Rząd 6, przedział 4, pudło 9

Archiwa Państwowe, Kew, Anglia:
Nr registratury Z 407/132/17 i Z/5423/1698/17
List podpisany Eric Phipps, Ambasada Brytyjska, Berlin, 3 stycznia 1935
Teczka nr CG503503184
Teczka: Premier 3/181/10

Polityczne Archiwa niemieckiego Ministerstwa Spraw Zagranicznych, Ambasada Niemiecka, Paryż
Akta 681c attaché prasowy, 2 tomy, 1933-36
Akta 681/5 c Paris IV attaché prasowy , teczka 1
działalność ogólna
Akta 1726

Francuskie służby specjalne, w tym:
służba wywiadu
służba bezpieczeństwa
policja

Szwajcarskie Archiwa Federalne i Kantonalne, Berno:
Teczki nr C16 1373 1939–1940; 878995 1950

Departament Stanu USA, Waszyngton:
RG 59, centralna kartoteka dziesiętna 1940–44, 800–20252/29 Lombardi, Vera

Archiwalne kwerendy dla autora w wymienionych poniżej miejscach przeprowadziły niżej wymienione osoby:

Stany Zjednoczone (Carolyn C., Miller)
National Archives and Records Administration, College Park, Maryland
United States Holocaust Memorial Museum, Waszyngton

Niemcy i Szwajcaria (Michael Foedrowitz)
Aufstellung der benutzten Archive und Institutionen
Militärgeschichtliches Forschungsamt MGFA, Poczdam
Politisches Archiv des Auswärtigen Amtes PAdAA, Berlin
Stadtarchiv Hanower
Landesarchiv, Berlin
Bundesarchiv, Berlin
Bundesarchiv-Militärarchiv Freiburg BAMA
Stadtarchiv Kaufbeuren
Wehrmachtsauskunftsstelle WASt, Berlin
Archivgemeinschaft Gettorf
Landesarchiv Schleswig Holstein LASH, Szlezwik
Schwezerischen Bundesarchiv BAR, Berno
Freie Universität Berlin, Institut für Meteorologie
Archives cantonales vaudoises
Einwohnermeldeamt Gemeinde Berchtesgaden
Einwohnermeldeamt Gemeinde Schönau

Teksas (Milanne Hahn)
The Sybille Bedford Papers, Harry Ransom Center of the University of Texas, Austin

Francja (Sally Gordon-Mark)
Archives du Département du Var, Draguignon
Archives de la Préfecture de police, Paryż
Archives de la ville de Paris
Archives de la ville Sanary-sur-Mer
BDIC, Nanterre
Bibliothèque municipale de la ville de Toulon
Bibliothèque nationale de France, Site Mitterand et Richelieu, Paryż
Cabinet de ministre de l'interieur, Mission des Archives Nationales, Paryż

Centre d'accueil et de recherche des archives nationales, Paryż
Centre des Archives Contemporains Fontainebleau
Centre Historique des archives du Département de l'armée de terre Vincennes
Éstablissement de Communication et de Production Audiovisuelle de la Défense, Ivry--sur-Seine
La mairie de la ville de Nice
Service spécial, Paryż

Rzym (Francesca di Pasquale)
Archivio centrale dello Stato
Archivio della Direzione generale per il personale militare del Ministero della difesa
Archivio di stato di Genova
Archivio di stato di Roma
Biblioteca dell'archivio centrale dello stato
Biblioteca di storia moderna e contemporanea
Biblioteca universitaria Alessandrina

Wielka Brytania (Philip Parkinson)
British Library, Londyn
British Library Newspaper Library, Londyn
Churchill College, Cambridge
Hurlingham Polo Association, Little Coxwell, Faringdon
National Archives, Kew
Westminster Reference Library, Londyn

Warszawa (Joanna Beta)
Archiwum Akt Nowych
Archiwum Państwowe m.st. Warszawy
Instytut Pamięci Narodowej

KORESPONDENCJA I WYWIADY

(z autorem, chyba że zaznaczono inaczej)

Abramovici Pierre, Paryż, marzec 2009.

Almeida Fabrice d', historyk i dyrektor l'Institut d'Histoire du Temps Présent, kwiecień 2009.

Arnim Alexandra i baron Volkmar von, 11 i 16 sierpnia 2008.

Baudel Jules-Marc, honorowy obrońca, były członek Conseil de l'Ordre. O kwestiach prawnych związanych z oskarżeniem Chanel i procesem Louisa de Vaufrelanda, Paryż, 3 marca 2010.

Charles-Roux Edmonde, Paryż, 21 kwietnia 2009, wywiady telefoniczne z 2010.

Engelhardt baron Wilfried von Hinterstoder, Austria, 3 lipca 2009, wywiad przeprowadzony przez Sally Gordon-Mark.

Flügge Manfred, Paryż, grudzień 2009.

Foedrowitz Michael, Berlin i Paryż, sierpień 2008, osobiste rozmowy z autorem i konsultacje telefoniczne, 2008–2010.

Griffith Aline, hrabina Romanones, styczeń 2008.

Higham Charles, wywiad telefoniczny z Philipem Parkinsonem, asystentem biorącym udział w badaniach, Londyn, kwiecień 2008.

Klarsfeld Serge, Stowarzyszenie Dzieci Żydów Deportowanych z Francji, korespondencja, 2008.

Labrunie Gabrielle Palasse, wywiady przeprowadzone osobiście i przez telefon, kwiecień 2009–kwiecień 2010, Yermenonville, Francja.

Rodzina Momm, wywiad z Michaelem Foedrowitzem, luty–marzec 2010.

Muller Florence, historyk mody, marzec 2009.

Munchhausen Ernst-Friedemann baron von, 8 sierpnia 2008.

Ozanam Yves, wywiad z Michaelem Foedrowitzem, 4 marca 2010, w Pałacu Sprawiedliwości w Paryżu.

Roese Manfred, Towarzystwo Archiwalne, Gettorf, Niemcy, 7 sierpnia 2008, wywiad z Michaelem Foedrowitzem.

Schmidt Eric, 6 czerwca 2009.

Schoenebeck baron Andre von Hinterstoder, Austria, 3 lipca 2009, wywiad przeprowadzony przez Sally Gordon-Mark.

Sichel Peter, rozmowy telefoniczne i korespondencja e-mail z autorem, Nowy Jork, 2007–2010.

Testa Eleanor, archiwistka Mémorial de la Shoah, 11 czerwca 2008, Paryż.

Tiedt Marietta Hinterstoder, Austria, 3 lipca 2009, wywiad przeprowadzony przez Sally Gordon-Mark.

ARTYKUŁY

Abescat B. i Y. Stavridès, *Derrière l'empire Chanel*, „L'Express", 4–12 lipca 2005.

Angus Ch., *Chanel. Un parfum d'espionage*, „L'Express", 16 marca 1995.

Arnaud C., *Mademoiselle L'oeil noir frondeur, un petit tailleur mythique, un jersey enchanteur, un N°5 universel, une allure libérée mais disciplinée, des rencontres inouïes, Cocteau, Diaghilev ou Renoir... Portrait impressioniste de Gabrielle Chanel*, „Vogue", marzec 2009.

Ascot's Brilliant Pageant – Brilliant in Spite of Rain Threat, „The Daily Mail", 20 czerwca 1934.

Battle of Births, „Time", 5 lutego 1940.

Berman P. i Z. Sewaya, *The Billionaires Behind Chanel*, „Forbes", 3 kwietnia 1989, nr 165.

Bernstein R., *An Archive Puts Faces on Nazis' Young Victims*, „New York Times", 18 grudnia 1984, nr A2.

Berton G., *Au ban de la nationale*, „Le Monde", 7 listopada 2008.

Black List, „Life", 24 sierpnia 1942, nr 86.

Blum's Debut, „Time", 15 czerwca 1936.

Blumenthal R., *U.S. Suit Says French Trains Took Victims to the Nazis*, „New York Times" 13 czerwca 2001.

Bower B., *Chez Chanel*, „Smithsonian", lipiec 2001, nr 60.

Brady J., *The Truth About Chanel from Her Last Amour*, „Crain's New York Business", 25 kwietnia 2005, nr 3.

Brunner Tried in Absentia for Sending Orphans to Deaths, „Toronto Star", 3 marca 2001.

Cannell K., *Gems of Far East Blend with Gowns*, „New York Times", 6 maja 1940.

Ceaux P., *Soixante ans de douleur dans une valise*, „Le Monde", wrzesień 2006, nr 3.

Chauffour C., *Le Musée d'Auschwitz doit préserver la memoire collective*, „Le Monde", wrzesień 2006, nr 3.

Chanel Arrives, Perfumed and Wearing Pearls!, „Illustrated Daily News", 17 marca 1931, nr 12.

Chanel étudie une réorganisation mondiale i *Chanel renouvelle ses dirigeants et revoit ses structures*, „Les Échos", 16 stycznia 2008.

Chanel l'album de sa vie, de sa fortune et de sa gloire, „Paris Match", 23 stycznia 1971.

Chanel, the Couturier, Dead in Paris, nekrolog, „New York Times", 11 stycznia 1971.

Chanel Visits America, „New York Times", 8 marca 1931.

Churchill R., *Mlle Chanel's Tribute*, „Daily Mail", 20 czerwca 1934.

Coco, encore et toujours, „Vouge", marzec 2009, nr 150.

Concentration Camp Near Paris Is Closed, „New York Times", 10 września 1945.

Cousteau P., *Coco Chanel vue par les RG*, „Minute", 29 kwietnia 2009.

Cox E., *Private Lives*, „Los Angeles Times", 27 marca 1940, A14.

Coyle G., *Spy vs. Spy*, „The Intelligencer. Journal of U.S. Intelligence Studies", jesień 2009, nr 2, s. 61.

Davies L., *Coco Chanel Back in Vogue as France Celebrates an Icon*, „Guardian", 25 sierpnia 2008.

Delavoie S., *De Fulco pour Coco*, „Vogue", marzec 2009, nr 245.

Dethomas B., *Coco Chanel et son maître d'hôtel*, „Le Monde", 23 marca 1973.

Dixon J., *Women Behind the News*, „Los Angeles Times", 1 lutego 1931, nr A4.

Dorsey H., *Looking Back on the Life of Chanel*, „International Herald Tribune", 26 września 1972.

Drapac V., *A King Is Killed in Marseille. France and Yugoslavia in 1934* w: *French History and Civilization*, referat wygłoszony na konferencji Gorges Rude Society w 2005 roku, www.h-france.net/rude/2005conference/Drapac2.pdf.

Erich Vermehren, „The Independent", 3 maja 2005.

Flanner J., *31 rue Cambon*, „New Yorker", 14 marca 1931, nr 25.

France Admits Guilt but Says 'Jews Have Been Given Enough', „Times of London", 17 lutego 2009.

Free Trade, „Time", 12 października 1936.

French Jews Sent to a Nazi Oblivion, „New York Times", 1 kwietnia 1943.

Frudenheim M., *Chanel's Past Haunts Exhibit*, „Salt Lake Tribune", 29 września 1972, nr 28.

Germany Cornered, „Time", 22 kwietnia 1940.

Gestapo über alles, „Vendémiaire", 4 września 1935.

Gildea R., *How to Understand the Dreyfus Affair*, „New York Review of Books", 10 czerwca 2010, nr 43–44.

Grassin S., *Chanel aurait été folle de vous! Edmonde Charles-Roux à Audrey Tautou*, „Mme Figaro", 18 kwietnia 2009, nr 84.

Grassin S., *«Coco Avant Chanel». Portrait de Femme*, „Mme Figaro", 18 kwietnia 2009, nr 80.

Grassin S., *Edmonde Charles-Roux à Audrey Tautou. «Chanel aurait été folle de vous!»*, „Mme Figaro", 18 kwietnia 2009, nr 84.

Grimes W., *Recovering Lost Relatives from Holocaust Oblivion*, „New York Times", 20 września 2006.

Guerrin M., *André Malraux, la culture en solitaire*, „Le Monde", 25 czerwca 2010.

Half-Year Mark, „Time", 11 marca 1940.
H. Gregory Thomas, Chanel Executive, 82, nekrolog, „New York Times", 10 października 1990.
Hilberg R., *«C'est un travail sans fin»...*, wywiad z Thomasem Wiederem, „Le Monde", 20 października 2006.
Hitler Endorsed by 9 to 1 in Poll on His Dictatorship, but Opposition Is Doubled, „New York Times", 19 sierpnia 1934.
If Blonde, Use Blue Perfume, says Chanel, „Los Angeles Examiner", 17 marca 1931, nr 5.
Jungius M. i W. Seibel, *The Citizen as Perpetrator. Kurt Blanke and Aryanization in France, 1940–1944*, „Holocaust and Genocide Studies", zima 2008, nr 3, s. 441–474.
Katz Y., *Int'l Hunt on for Top Nazi Fugitive*, „Jerusalem Post", 28 grudnia 2005.
King of Perfume, „Time", 14 września 1953.
Krick J., *Gabrielle «Coco» Chanel 1883–1971 and House of Chanel*, The Costume Institute, The Metropolitan Museum of Art, październik 2004, www. metmuseum.org.
Le fébrile activité de «la Gestapo» en France, „Vendémiaire, 11 września 1935.
Lambauer B., *Francophile contre vents et marée? Otto Abetz et les Français, 1930–1958*, „Bulletin du Centre de Recherche Français de Jérusalem", 2007, nr 18, s. 153–160.
Le Bars S., *Institutions juives, Cimenter une communauté dispersée*, „Le Monde", 23 czerwca 2008.
Long T., *Paris Purge Jails Many by Mistake*, „New York Times", 8 września 1944.
Mademoiselle Chanel Here, Hollywood-Bound, „New York Times", 5 marca 1931.
Mandelbaum J., *Nuit et brouillard, affaire trouble*, „Le Monde", 22 sierpnia 2006.
Marguin-Hamon E., *Une campagne anti-sémite en 1290*, „Historia", październik 2006.
Maurus V., *No. 5, l'éternel parfum de femme*, „Le Monde", 20 kwietnia 1997.
Merrick M., *Hollywood in Person*, „Los Angeles Times", 19 grudnia 1932, nr A5.
Miller M., *Audrey Tautou, ou le fabuleux destin de Coco*, „Mme Figaro", 13 grudnia 2008, nr 92.
Mlle Chanel, New Czarina of Film Fashions, Arrives, „Hollywood Daily Citizen", 17 marca 1931, nr 4.
Mlle Chanel, Paris Stylist, Meet Stars, „Los Angeles Evening Herald", 17 marca 1921, nr A-15.
Mlle Chanel to Wed Her Business Partner; Once Refused the Duke of Westminster, „New York Times", 19 listopada 1933.
Mme Chanel, „New York Times", 15 marca 1931.
Moore B., *Two for the Runway*, „Los Angeles Times", 4 maja 2005, nr E-1.
Moubray J. de, *Obituary. Jacques Wertheimer*, „The Independent", 10 lutego 1996.
No, Without Bayonets, „Time", 20 lipca 1936.
Nye M., *Society of Cinemaland*, „Los Angeles Times", 22 marca 1931, nr 24.
Nekrolog Very Lombardi Arkwright, „Il Messaggero", 24 maja 1947.
On and Off the Avenue, Feminine Fashions, „New Yorker", 19 marca 1932 i 27 sierpnia 1932.
Parfums Chanel Sued by Designer, „New York Times", 3 czerwca 1946.
Paris Letter column, „New Yorker", 3 grudnia 1933.
Perfume Industry Hit by Lack of Oils, „New York Times", 12 lutego 1941.
Philip P.J., *France Crippled by Wild Cat Strikes; Blum Is in Power*, „New York Times", 5 czerwca 1936.
Philip P.J., *Paris Ends Strikes* „New York Times", 18 września 1936.
Philip P.J., *300,000 on Strike in France as Blum Prepares to Rule*, „New York Times", 4 czerwca 1936.

Present & Future Plans, „Time", 8 kwietnia 1940.

Return of Welles, „Time", 8 kwietnia 1940.

Riding A., *The Fight Over a Suitcase and the Memories It Carries*, „New York Times", 16 września 2006.

Roberts G., *Movie-makers Fight over Coco's Life Story – from Chanel No. 5 to Nazi Spy*, „Prada's Meadow", 9 czerwca 2007, www.forum.purseblog.com.

Ross L., *The Strong Ones*, „New Yorker", 28 września 1957.

Salsman R.M., *The Cause and Consequences of the Great Depression*, cz. 1, *What Made the Roaring '20s Roar*, „The Intellectual Activist", czerwiec 2004, 18, nr 6, s. 16.

Savigneau J., *Le Vel' d'Hiv avant le désastre*, „Le Monde", 31 października 2008.

Schultz J., *Paris Memories Horrible, Indelible*, „Atlanta Journal-Constitution", 7 sierpnia 2005, nr B1.

Sischy I., *The Designer Coco Chanel*, „Time", 8 czerwca 1998.

Skidelsky R., *The Remedist*, „New York Times", 12 grudnia 2008.

Strong Nerves, „Time", 19 czerwca 1936.

Studies Cosmetic Needs, „New York Times" 18 sierpnia 1940.

Style Creator Tells How to Become «Chic» „Los Angeles Times", 18 marca 1931, nr A1.

Thurman J., *Scenes from a Marriage. The House of Chanel at the Met*, „New Yorker", 23 maja 2005.

Tradition Upheld by Noted Star i *Style Creator Praises Modes?*, „Los Angeles Times", 2 grudnia 1931, nr 7.

Trescott J., *Detention Camp Archive Donated by Red Cross to Holocaust Museum*, „Washington Post", 3 lipca 1998, nr D-2.

Updike J., *Qui qu'a vu Coco?*, „New Yorker", 21 września 1998.

Whitaker A., *Sugar and Spice*, „Los Angeles Times", 29 marca 1931, nr 21.

Wieder T., *Découverte du projet de 'statut des juifs'*, „Le Monde", 5 października 2010, nr 10.

Wildman S., *Paris' Dirty Secret*, „Jerusalem Report", 1 listopada 2004, nr 26.

KSIĄŻKI

Abramovici P., *Un rocher bien occupé. Monaco pendant la guerre 1939–1945*, Paris, Editions du Seuil, 2001.

Alanbrooke F.M., *War Diaries*, London, Weidenfeld & Nicolson, 2001.

Allard P., *Quand Hitler espionne la France*, Paris, Les Éditions de France, 1939.

Ambrose S.E., *The Supreme Commander. The War Years of General Dwight D. Eisenhower*, Garden City, N.Y., Doubleday & Company, 1969.

Amouroux H., *La vie des français sous l'occupation*, Paris, Librairie Arthème Fayard, 1990.

Annuaire de la Magistrature, France, Sofiac, 1996.

Arthaud Ch., *La Côte d'Azur des écrivains*, Aix-en-Provence, Édisud, 1999.

Assouline P., *Simenon. A Biography*, przekład Jon Rothschild, New York, Alfred A. Knopf, 1997.

Atelier vidéo-histoire du Lycée Jean-Baptiste-Say, *Paris, carrefour des résistances*, Paris, Paris-Musées, 1994.

Barth J., *International Spy Museum Handbook of Practical Spying*, Preface by Peter Earnest, Washington, D.C., National Geographic Society, 2004.

Bedford S., *Jigsaw*, London, Penguin Books, 1990.
Bedford S., *Quicksands. A Memoir*, London, Penguin Books, 2006.
Beevor A. i A. Cooper, *Paris After the Liberation 1944–1949*, London, Penguin Books, 2007.
Berg A.S., *Goldwyn. A Biography*, New York, Riverhead Trade, 1998.
Bloch M., *The Secret File of the Duke of Windsor. The Private Papers, 1937–1972*, New York, Harper & Row, Bantam Press in Great Britain, 1988.
Bothorel J., *Louise, ou, la vie de Louise de Vilmorin*, Paris, Éditions Grasset & Fasquelle, 1993.
Breward Ch., *Fashion*, New York, Oxford University Press, 2003.
Brissaud A., F. Laroche, J. Mabire i F. d'Orcival, *Histoire secrète de la Gestapo*, 4 t., Geneva, Éditions Farnot, 1974.
Brown F., *For the Soul of France. Culture Wars in the Age of Dreyfus*, New York, Alfred A. Knopf, 2010.
Brownell N. i R.N. Billings, *So Close to Greatness. A Biography of William C. Bullitt*, New York, Macmillan Publishing Co., 1987.
Browning Ch., *The Origins of the Final Solution*, Lincoln, University of Nebraska Press, 2004.
Buisson P., *1940–1945 Années érotiques. Vichy ou les infortunés de la vertu*, Paris, Éditions Albin Michel, 2008.
Bullock A., *Hitler. A Study in Tyranny*, London, Penguin Books, 1962.
Burrin P., *France Under the Germans. Collaboration and Compromise*, New York, The New Press, 1998.
Cadogan A. sir, *The Diaries of Sir Alexander Cadogan, O.M. 1938–45*, New York, G.P. Putnam's Sons, 1972.
Callil C., *Bad Faith. A Forgotten History of Family, Fatherland and Vichy France*, New York, Alfred A. Knopf, 2006.
Catherwood Ch., *Winston Churchill. The Flawed Genius of World War II*, New York, Berkeley Publishing Group, 2009.
Cave Brown A., *Bodyguard of Lies*, New York, Harper & Row, First Edition, 1975.
Charles-Roux E., *Chanel*, London, Jonathan Cape, 1976.
Charles-Roux E., *Le Temps Chanel*, Paris, La Martinière/Grasset, 1979.
Charles-Roux E., *L'Irrégulière ou mon itinéraire Chanel*, Paris, Grasset, 1974.
Chauvy G., *Histoire secrète de l'Occupation*, Paris, Editions Payot, 1991.
Christophe F., *Guy s'en va. Deux chroniques parallèles*, Paris, l'Harmattan, n.d.
Christophe F., *Une Petite Fille privilégiée*, Paris, l'Harmattan, n.d.
Cline S., *Zelda Fitzgerald. Her Voice in Paradise*, New York, Arcade Publishing, 2003.
Cointet J.P., *Expier Vichy. L'Épuration en France, 1943–1958*, Paris, Perrin, 2008.
Coles S.F.A., *Franco of Spain*, London, Neville Spearman Limited, 1955.
Collins L. i D. Lapierre, *Is Paris Burning?*, New York, Werner Books, 1991.
Cowles V., *The Beginning of the End Flight from Paris. June 1940*, w: *Reporting World War II*, t. 1: *American Journalism 1938–1944*, Library of America, New York, Penguin Books, 1995, s. 53–62.
Crowe D.M., *Oskar Schindler*, New York, Basic Books, 2004.
Chambrun R. de, *Mission and Betrayal*, Stanford, Calif., Hoover Institution Press, 1993.
Degunst S., *Coco Chanel. Citations*, Paris, Éditions du Huitième Jour, 2008.
Delay C., *Chanel solitaire*, Paris, Éditions Gallimard, 1983.
Doerries R.R., *Hitler's Intelligence Chief, Walter Schellenberg*, New York, Enigma Books, 2009.

Doerries R.R., *Hitler's Last Chief of Foreign Intelligence. Allied Interrogations of Walter Schellenberg*, Portland, Ore., Frank Cass Publishers, 2003.

Dreyfus J.M. i S. Gensburger, *Des camps dans Paris*, Paris, Librairie Arthème Fayard, 2003.

Dubois A.L., *À travers trois Républiques*, Paris, Plon, 1972.

Gray F. du Plessix, *Them*, London, Penguin Books, 2006.

Dutton R. i L. Holden, *The Land of France*, New York, Scribner's, 1939.

Eder C., *Les Comtesses de la Gestapo*, Paris, Grasset, 2006.

Edwards M., *Perfume Legends. French Feminine Fragrances*, Carlsbad, Calif., Crescent House Publishing, czerwiec 1998.

Escoffier A., *L'Aide-mémoire culinaire*, Paris, Flammarion, 1919 Re-édition.

Etherington-Smith M., *Patou*, London, Hutchinson & Co., 1983.

Etherington-Smith M., *Patou*, traduit de l'anglais par Marie-Françoise Vinthière, Paris, Les Éditions Denoël, 1984.

Everett P., *Matisse's War*, New York, Vintage Books, 1997.

Farago L., *The Game of the Foxes*, London, Pan Books Ltd., 1973.

Field L., *Bendor, the Golden Duke of Westminster*, London, Weidenfeld and Nicolson, 1986.

Fiemeyer I., *Coco Chanel. Un parfum de mystère*, Paris, Petite Bibliothèque Payot, 1999.

Fleischauer I. i B. Pinkus, *The Soviet Germans Past and Present*, New York, St. Martin's Press, 1986.

Flügge M., *Amer azur. Artistes et écrivains à Sanary*, Paris, Éditions du Félin, 2007.

Foulon Ch. L., *André Malraux et le rayonnement culturel de la France*, Brussels, Éditions Complexe, 2004.

Fry V., *La liste noire*, przekład Edith Ochs, Paris, Éditions Plon, 1999. W oryginale wydrukowane jako *Surrender on Demand*, New York, Random House, 1945.

Galante P., *Les Années Chanel*, Paris, Mercure de France, 1972.

Galante P., *Mademoiselle Chanel*, Chicago, Henry Regnery Company, 1973.

Gallet D., *Mme de Pompadour ou le pouvoir féminin*, Paris, Librairie Arthème Fayard, 1985.

Gidel H., *Coco Chanel*, Paris, Éditions J'ai lu/Flammarion, 2000.

Glass Ch., *Americans in Paris. Life and Death under Nazi Occupation, 1940–44*, London, Harper's Press, 2009.

Gold A. i R. Fizdale, *Misia*, London, Macmillan, 1980.

Gold A. i R. Fizdale, *Misia. La Vie de Misia Sert*, przekład Janin Herisson, Paris, Éditions Gallimard, 1981.

Goñi U., *The Real Odessa*, London, Granta Books, 2002.

Grandjonc J. i T. Grundtner, *Zones d'ombres, 1933–1944. Exil et internement d'Allemands dans le Sud-Est de la France*, Aix-en-Provence, Alinea, 1990.

Green N.L., *Ready-to-wear and Ready-to-work. A Century of Industry and Immigrants in Paris and New York City*, Durham, N.C., Duke University Press, 1997.

Greene G. i H. Greene, *The Spy's Bedside Book*, New York, Bantam Books, 2008.

Griffith A., hrabina Romanones, *The Spy Wore Red*, New York, Random House, 1987.

Haedrich M., *Coco Chanel*, Paris, Pierre Belfond, 1987.

Haedrich M., *Coco Chanel. Her Life, Her Secrets*, przekład Charles Lam Markmann, Boston, Little, Brown and Company, 1972.

Hassell A. von i S. MacRae, *Alliance of Enemies*, New York, Thomas Dunne Books, St. Martin's Press, 2006.

Higham Ch., *The Duchess of Windsor. The Secret Life*, Somerset, N.J., John Wiley & Sons, Inc., 2005.
Higham Ch., *Trading with the Enemy*, New York, Delacorte Press, 1983.
Hodson J.L., *Through the Dark Night*, London, Victor Gollancz Ltd., 1941.
Hoffman T., *The Spy Within*, New York, Random House, 2008.
Hoisington W.A. Jr., *The Assassination of Jacques Lemaigre Dubreuil*, London and New York, RoutledgeCurzon, Taylor & Francis Group, 2005.
Ingrao Ch., *Croire et détruire – les intellectuels dans la machine du guerre SS*, Paris, Fayard, 2010.
Jenkins R., *Churchill*, New York, Plume, 2002.
Josephs J., *Swastika Over Paris*, New York, Arcade Publishing, 1989.
Kahn D., *Hitler's Spies. German Military Intelligence in World War II*, Cambridge, Mass., Da Capo Press Edition, 2000.
Kaplan J., (red.), *Bartlett's Familiar Quotations*, 70th Ed, New York, Little, Brown and Company, 2003.
Karbo K., *The Gospel According to Coco Chanel. Life Lessons from the World's Most Elegant Woman*, ilustracje Chesley McLaren, Guilford, Conn., Globe Pequot Press, 2009.
Karski J., *Mon témoignage devant le monde. Histoire d'un État clandestin*, Paris, Robert Laffont, S.A., 2010.
Kersaudy F., *De Gaulle et Roosevelt, le duel au sommet*, Paris, Perrin, 2004.
Kirkland D., *Coco Chanel. Three Weeks 1962*, New York, Glitterati Incorporated, 2009.
Kitson S., *The Hunt for Nazi Spies. Fighting Espionage in Vichy France*, Chicago, University of Chicago Press, 2007.
Kladstrup D. i P. Kladstrup, *Wine and War. The French, the Nazis, and the Battle for France's Greatest Treasure*, New York, Broadway Books, 2002.
Krauze J. i D. Rioux, *Le Monde. Les Grands Reportages, 1944–2009*, Paris, Éditions Les Arènes, 2009.
Kurowski F., *The Brandenburger Commandos. Germany's Elite Warrior Spies in WW II*, Mechanicsburg, Pa., Stackpole Books, 2005.
Lawford V., *Horst*, New York, Alfred A. Knopf, 1984.
Lazareff P., *Deadline. The Behind the Scenes Story of the Last Decade in France*, przekład David Partridge, New York, Random House, 1942.
Leese E., *Costume Design in the Movies*, New York, Dover Publications, 1991.
Livre Troisième. Des crimes, des délits et leur punition, Code Pénal et Code de Justice, Paris, Armée de Terre, Paris, Librairie Dalloz, 1994.
Lloyd A., *Franco*, New York, Doubleday & Company, 1969.
Luce C.B., *Europe in the Spring*, New York, Alfred A. Knopf, 1940.
Madsen A., *Chanel. A Woman of Her Own*, New York, Owl Books/Henry Holt and Company, 1990.
Manchester W., *The Last Lion. Winston Spencer Churchill. Alone 1932–1940*, Boston, New York, London, Little, Brown and Company, 1988.
Marcus S., *Minding the Store*, Denton, Tex., University of North Texas Press, 2001.
Marrus M.R. i R.O. Paxton, *Vichy France and the Jews*, Stanford, Calif., Stanford University Press, 1995.
Marty A.T., „A Walking Guide to Occupied Paris. The Germans and Their Collaborators", niepublikowany rękopis.
Meyer-Stabley B., *Les Dames de l'Élysée. Celles d'hier et de demain*, Paris, Librairie Académique Perrin, 1999.

Mitchell A., *Nazi Paris. The History of an Occupation, 1940–1944*, New York, Berghahn Books, 2008.
Montagnon P., *La France dans la guerre de 39–45*, Paris, Pygmalion, 2009.
Morand P., *L'Allure de Chanel*, ilustracje Karl Lagerfeld, Paris, Hermann Éditeurs des sciences et des arts, 1996.
Morand P., *The Allure of Chanel*, przekład z francuskiego E. Cameron, London, Pushkin Press, 2008.
Morand P., *Journal inutile, 1968–1972*, Paris, Éditions Gallimard, 2001.
Murphy R., *Diplomat Among Warriors*, New York, Doubleday & Company, 1964.
Nieradka M., *Waiting Room by the Mediterranean. Marta and Lion Feuchtwanger in French Exile*, N.P., n.d.
Norwich J.J., *The Duff Cooper Diaries 1915–1951*, London, Wiedenfeld & Nicolson/Orion Publishing Group, 2005.
Ousby I., *Occupation. The Ordeal of France 1940–1944*, London, Pimlico, 1999.
Padfield P., *Himmler. Reichsführer-SS*, London, Macmillan London, 1990.
Paxton R.O., *L'Armée de Vichy*, przekład z angielskiego Pierre de Longuemar, Paris, Tallandier Éditions, 2004.
Paxton R.O., *Vichy France. Old Guard and New Order, 1940–1944*, New York, Alfred A. Knopf, 1972.
Paxton R.O. i M.R. Marrus, *Vichy France and the Jews*, New York, Basic Books, 1981.
Peyrefitte R., *Les Juifs*, Paris, Flammarion, 1965.
Picardie J., *Coco Chanel*, London, Harper Collins, 2010.
Porch D., *The French Secret Services. From the Dreyfus Affair to the Gulf War*, New York, Farrar, Straus & Giroux, 1995.
Pourcher Y., *Pierre Laval vu par sa fille*, Paris, Le Cherche midi, 2002.
Poznanski R., *Jews in France during World War II*, Waltham, Mass., Brandeis University Press, 2002.
Pryce-Jones D., *Paris in the Third Reich*, London, William Collins Sons & Co., 1981.
Rector F., *The Nazi Extermination of Homosexuals*, New York, Stein & Day Publishers, 1981.
Reese M.E., *General Reinhard Gehlen. The CIA Connection*, Fairfax, Va., George Mason University Press, 1990.
Reile O., *L'Abwehr, le contre-espionnage allemand en France de 1935 à 1945*, Paris, Éditions France-Empire, 1970.
Richelson J.T., *A Century of Spies. Inteligence in the Twentieth Century*, Oxford, Oxford University Press, 1997.
Ridley G. i F. Welsh, *Bend'Or, Duke of Westminster*, London, Robin Clark, Namara Group, 1985.
Robert-Diard P. i D. Rioux, *Le Monde. Les Grands Procès 1944–2010*, Paris, Éditions Les Arènes, 2010.
Roulet C., *Ritz. A Story That Outshines the Legend*, Paris, Quai Voltaire, 1998.
Roussel É., *Le Naufrage*, Paris, Gallimard, 2009.
Roussel É., *Paris libéré!*, Paris, Gallimard, 2002.
Sachs M., *La décade de l'illusion*, Paris, Gallimard, 1950.
Sadosky L. i L. Joly, *Berlin 1942. Chronique d'une détention par le Gestapo*, Paris, CNRS Editions, 2009.
Scheijen S., *Diaghilev. A Life*, New York, Oxford University Press, 2009.
Schellenberg W., *The Labyrinth*, przekład Louis Hagen, New York, Harper & Brothers, 1956.

Schwarberg G., *The Murders at Bullenhuser Damm*, przekład Erna Baber Rosenfeld i Alvin H. Rosenfeld, Bloomington, Indiana University Press, 1984.
Shirer W.L., *Berlin Diary*, Baltimore, Md., Johns Hopkins University Press, 1941.
Shirer W.L., *The Rise and Fall of the Third Reich. A History of Nazi Germany*, New York, Simon and Schuster Paperbacks, 1990.
Smith R.H., *OSS. The Secret History of America's First Central Intelligence Agency*, Guilford, Conn., The Lyons Press, 2005.
Spotts F., *The Shameful Peace. How French Artists and Intellectuals Survived the Nazi Occupation*, New Haven, Conn., Yale University Press, 2008.
Steegmuller F., *Cocteau. A Biography*, Boston, David R. Godine, 1992.
Templewood V., *Ambassador on Special Mission. Sir Samuel Hoare*. London, Collins, 1946.
Thompson D., *A Biographical Dictionary of War Crimes Proceedings, Collaboration Trials and Similar Proceeding Involving France in World War II*, reocities.com/Pentagon/bunker/7729/FRANCE/French_Trials.html, 1999–2002.
Trachtenberg J., *The Devil and the Jews. The Medieval Conception of the Jew and Its Relation to Modern Anti-Semitism*, Philadelphia, Jewish Publication Society, 2002.
Vaughan H., *Doctor to the Resistance. The Heroic True Story of an American Surgeon and His Family in Occupied Paris*, Dulles, Va., Potomac Books, 2004.
Vaughan H., *FDR's Twelve Apostles. The Spies Who Paved the Way for the Invasion of North Africa*, Guilford, Conn., The Lyons Press, 2006.
Veillon D., *La Mode sous l'Occupation, nouvelle édition revue et augmentée*, Paris, Éditions Payot & Rivages, 2001.
Veillon D., *Vivre et survivre en France 1939–1947*, Paris, Éditions Payot & Rivages, 1995.
Verheyde P., *Les mauvais comptes de Vichy. L'aryanisation des entreprises juives*, Paris, Perrin, 1997.
Vilmorin L. de, *Mémoires de Coco*, Paris, Éditions Gallimard, 1999.
Vreeland D., *DV*, New York, Alfred A. Knopf, 1984.
Waite R.G.L., *Vanguard of Nazism. The Free Corps Movement in Postwar Germany, 1918–1923*, Cambridge, Mass., Harvard University Press, 1952.
Wallach J., *Chanel. Her Style and Her Life*, New York, Nan A. Talese/Doubleday, 1998.
Wistrich R.S., *Who's Who in Nazi Germany*, London, Routledge, 1995.
Zdatny S., *Fashion, Work, and Politics in Modern France*, New York, Palgrave Macmillan, 2006.

STRONY INTERNETOWE

www.ancestry.com
www.camp-de-drancy.asso.fr
www.essortment.com/all/perfumefrench_rlot.htm
www.fmd.asso.fr
www.jpost.com
www.larousse.fr
www.lemonde.fr
www.lexpress.fr
www.meteo-paris.com/chronique/?d=1943
pagesperso-orange.fr/d-d.natanson/etoile.htm

www.press.uchicago.edu
pubs.acs.org/doi/abs/10.1021/cr950068a
www.sanarysurmer.com/culture/index.html
www.suite101.com/content/icons-chanel-no-5-perfume-a44263
www.thepeerage.com
www.usmbooks.com

ŹRÓDŁA ILUSTRACJI

strona
8 © Condé Nast Archive / Corbis / Fotochannels
16 © Underwood & Underwood / Corbis / Fotochannels
21 Kolekcja Edmonde Charles-Roux
23 Kolekcja Sirot-Angel
25 SPADEM, Paryż
26 © Lebrecht Music & Arts
29 © Lebrecht Music & Arts / Corbis
30 © Lebrecht Music & Arts
33 Dzięki uprzejmości Michaela Foedrowitza
39 © Pictures, Inc / Getty
41 © Hulton Archive / Getty Images
42 © Photo Sasha. Hulton Archives / Getty
47 RIA Novosti
51 © Musée Carnavalet / Roger-Viollet
53 © Albert Harlingue / Roger-Viollet
55 © Keystone / Gamma Rapho
66 © Hulton Archives / Getty
68 © Condé Nast Archives / Corbis
71 © Hugo Vickers Collection
72 © UPI / Bettmann News Photos, New York
77 © Boris Lipnitzki / Roger-Viollet
87 Zdjęcie Walter Bondy. Miasto Tulon, Francja, Biblioteka Miejska, fonds Bondy
88 Dzięki uprzejmości Waltera Bondy'ego
90 © Bettmann / Corbis
95 © United Artists / Photofest
97 © United Artists / Photofest
98 © Paramount Pictures / Photofest
100–101 © United Artists / Photofest
106 © Roger-Viollet
109 Dzięki uprzejmości Mme Edmonde Charles-Roux
114 „Le Témoin"
122 Zdjęcie z Them Francine du Plessix Gray
132 © Keystone / Gamma-Rapho
135 © François Kollar

137 Dzięki uprzejmości Archives Ullstein Bild
158 © Granger Collection / BE&W
161 Prywatna kolekcja Gabrielle Palasse Labrunie
163 Prywatna kolekcja Gabrielle Palasse Labrunnie
172 © Ullstein Bild Roger-Viollet
174 © Keystone / France / Gamma Rapho
176 Archives Nationales, Paryż, AJ / 40 / 871
177 CARANAJ / 40 / 871
179 © Roger-Viollet
182 © LAPI / Roger-Viollet
184 Centre historique des archives
187 Francuskie Archiwa Państwowe
188 Prefecture de Police, Paris, BA1990, „Chanel"
189 Kolekcja prywatna
205 New York World's Fair 1939–1940 records, Manuscripts and Archives Division, The New York Public Library, Astor, Lenox and Tilden Foundation
206 © Granger Collection / BE&W
211 Dzięki uprzejmości Michaela Foedrowitza
217 National Archives, Kew
222 Dzięki uprzejmości Michaela Foedrowitza
225 Dzięki uprzejmości Michaela Foedrowitza
226 Prefecture de Police, Paris, BA 1990, „Chanel"
228 Z prywatnej kolekcji Michaela Foedrowitza
229 Charwell Trust, 20 / 198
239 © Keystone / Getty Images
240 © Three Lions / Getty Images
246 (góra) The Sir Winston Churchill Archive Trust, CHAR 20 / 198A
(dół) The Sir Winston Churchill Archive Trust, CHAR 20 / 198A
251 Chartwell Trust
252 Szwajcarskie Archiwum Państwowe
255 Francuskie Archiwum Państwowe
259 © Albert Harlingue / Roger-Viollet
262 Dzięki uprzejmości Michaela Foedrowitza
264 © Condé Nast Archive / Corbis / Fotochannels
267 © U.S. National Archives
269 © Bridgeman Art Library
275 Cecil Beaton – Camera PressLondon
276 Photo12 / DR
278 National Portret Gallery, Londyn
281 © Jean Mounicq / Roger-Viollet
284 © Granger Collection / BE&W
286–287 © Embassy Pictures Corp. / Photofest
288 © Astor Pictures Corp. / Photofest
289 © Zenith International Films / Photofest

SPIS TREŚCI